西条祭り
（10月，西条市）

新居浜太鼓祭り
（10月，新居浜市）

どろんこ祭り
（休止，西予市城川町）

伊予絣（松山市）

姫だるま（松山市）

タルト（松山市）

砥部焼（伊予郡砥部町）

真珠（宇和島市）

ミカン(県下全域)

水引工芸(四国中央市)

桜井漆器(今治市)

タオル(今治市)

伝統・特産品

文化財

道後温泉本館(どうごおんせんほんかん)
(松山市(まつやまし))

松山城(まつやまじょう)(松山市)

旧開明学校(きゅうかいめいがっこう)
(西予市(せいよし))

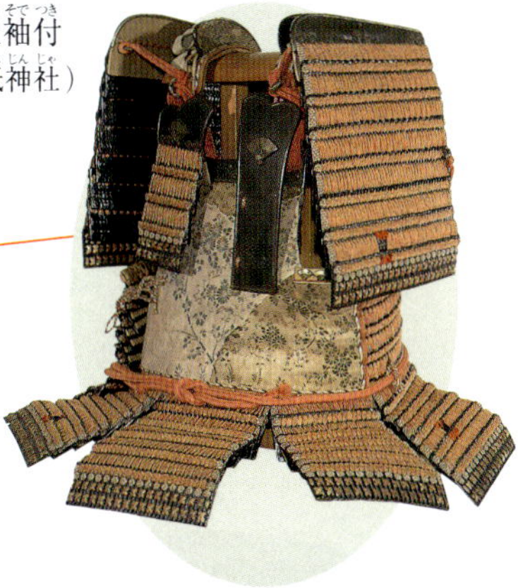

赤絲威鎧・大袖付
（今治市大山祇神社）

旧広瀬邸（新居浜市）

天赦園（宇和島市）

内子座
（喜多郡内子町）

自然

しまなみ海道（来島海峡大橋。今治市）

肱川の鵜飼い（大洲市）

日振島（宇和島市）

宇和海海中公園
（南宇和郡愛南町）

石鎚山天狗岳（西条市）

面河渓（上浮穴郡久万高原町）

だんだん畑（宇和島市）

四国カルスト（上浮穴郡久万高原町）

もくじ　赤字はコラム

いで湯と文学の町松山

❶ 城下町の風情残る松山 -- 4
　子規堂／二之丸史跡庭園／萬翠荘／秋山兄弟の生誕地／松山城／東雲神社／明教館／庚申庵／庶民の娯楽文化／大宝寺

❷ 子規・一遍と湯の町道後 -- 13
　道後温泉本館／宝厳寺／伊佐爾波神社／松山市立子規記念博物館／道後村めぐり／湯築城跡／石手寺／石手寺と衛門三郎伝説／常信寺／一草庵／道後周辺食べ歩き／ロシア人墓地と来迎寺／ロシア人捕虜と松山

❸ 松山の海の玄関──松山城北部・三津・中島 ------------------------ 24
　鍵谷カナ頌功堂／伊予源之丞人形頭／大可賀新田とアイテムえひめ／石崎汽船本社／三津内港と港山城跡／坊っちゃん列車／太山寺／円明寺／忽那氏と泰之山城跡／本山城跡／文中年間の板碑／「熟田津」論争／桑名神社絵馬

❹ 河野氏のふるさと風早──北条 ------------------------------------ 31
　鹿島／一茶の道／大通寺／難波奥の谷古墳／庄薬師堂／国津比古命神社／宗昌寺／光徳院／文化の森公園／善応寺

❺ 旧国名「伊予」を冠した地域──伊予市・伊予郡松前町 -------------- 41
　松前城跡／義農作兵衛の墓／伊予岡八幡神社古墳群／灘町の家並み／伊予港（旧称萬安港・郡中港）／伊予市と花かつお／伊予稲荷神社

❻ 久米官衙と金毘羅街道──松山東部・東温市 ------------------------ 47
　日尾八幡神社／浄土寺／久米官衙遺跡群／久米の金毘羅街道と遍路道／三島神社／川上神社古墳／医王寺

❼ 土佐街道・三坂越え ── 松山南部・砥部・久万高原 ・・・・・・・・・・・・・・・・・・・ 54
　天山と星ノ岡／椿神社／豊島家住宅／荏原城跡／渡部家住宅／大下田古墳群／久谷の札所と遍路道／陶芸の里・砥部／大森彦七と鬼女伝説／仰西渠／砥部焼／大除城跡／大宝寺／岩屋寺／上黒岩岩陰遺跡／赤蔵ヶ池と鵺伝説

今治と瀬戸の島々

❶ タオル文化の発信地 ── 今治 ・・・・・・・・・・・・・・・・・・・・・・・・・・・・・・・・・・ 72
　今治城跡／継ぎ獅子／今治市河野美術館／別宮大山祇神社／鶏卵饅頭／阿方貝塚／テクスポート今治／乗禅寺石塔群／野間神社石造宝篋印塔／鯨山古墳／野間馬ハイランド／別名の大楠
❷ 古代の風かおる ── 桜井周辺 ・・・・・・・・・・・・・・・・・・・・・・・・・・・・・・・・・・ 81
　国分尼寺塔跡／志島ヶ原と綱敷天満宮／桜井漆器会館／今治藩主の墓／国分寺と国分寺塔跡／太平記の里／国分城(国府城)跡
❸ 水軍の盛衰としまなみ海道 ── 芸予諸島 ・・・・・・・・・・・・・・・・・・・・・・ 87
　大山祇神社／甘崎城跡／伯方ふるさと歴史公園／上島町の島々／能島城跡／三島村上水軍／芸予要塞と来島城跡
❹ 海運と伝統産業 ── 波止浜・波方・大西・菊間 ・・・・・・・・・・・・・・・・・ 95
　波止浜／江口貝塚／妙見山古墳／加茂神社
❺ 古墳の里 ── 朝倉と玉川 ・・・・・・・・・・・・・・・・・・・・・・・・・・・・・・・・・・・・・・・ 98
　野々瀬古墳群／奈良原神社銅宝塔

西条・新居浜と霊峰石鎚

❶ 水景の陣屋町 ── 西条 ・・・・・・・・・・・・・・・・・・・・・・・・・・・・・・・・・・・・・・・ 104
　禎祥寺／西条藩陣屋跡／弘法水／伊曽乃神社／保国寺／土居構跡／西条祭りと『西条祭絵巻』／西條神社／金剛院／八堂山遺跡／王至森寺／霊峰石鎚山と石鎚神社

もくじ

❷ 桜三里から讃岐街道──道前 -- 114
　　小松陣屋跡／『伊予小松藩会所日記』／近藤篤山邸と養正館跡／法安寺／松の町丹原と久妙寺／西山興隆寺／観念寺／世田山城跡／永納山城遺跡／林芙美子と東予

❸ 別子銅山ゆかりの工都──新居浜 --- 123
　　別子山／南光院本坊円通寺／旧端出場水力発電所／別子銅山記念館／瑞応寺／旧広瀬邸／広瀬宰平と宰平像／住友化学愛媛工場歴史資料館／別子銅山口屋跡／河内寺／一宮神社／慈眼寺／明正寺／ふぐざく

❹ 四国の十字路──四国中央市 -- 136
　　仏殿城跡／真鍋家住宅／東宮山古墳／三角寺／馬立本陣跡／土佐街道(笹ヶ峰越え)／三島神社／製紙業と水引工芸／八雲神社

水郷大洲と内子・宇和の町並み

❶ 藤樹を育んだ伊予の小京都──大洲 -------------------------------------- 148
　　三瀬諸淵生家跡／姜沆顕彰碑／大洲城／至徳堂(中江藤樹邸跡)／曹渓院／山本尚徳頌徳碑／臥龍山荘／如法寺／大洲銘菓・鵜飼い・いもたき／新谷藩陣屋跡／坂本龍馬と大洲藩／大洲の巨石遺跡

❷ 肱川河口の港町──長浜 -- 161
　　長浜大橋／沖浦観音／体感，肱川あらし／出石寺

❸ 木蠟と白壁の町──内子 -- 165
　　八日市・護国の町並み／蠟生産／内子座／大洲和紙／五十崎大凧合戦

❹ 二宮忠八を育んだ港町──八幡浜 -- 170
　　梅の堂三尊仏／八幡神社／斐光園／三島神社／真穴の座敷雛／旧白

　　　石和太郎洋館と愛媛蚕種／伝説の里，平家谷
❺　潮風と石積みの回廊──佐田岬半島-- 176
　　　塩成堀切と須賀の森／佐田岬灯台／岬アジ・岬サバ
❻　文化の里宇和と奥伊予──西予市-- 180
　　　朝日文楽の三瓶／俵津文楽の明浜／松葉城跡／旧開明学校／中町の
　　　町並み／高野長英の隠れ家／歯長寺／泉貨居士の墓／龍沢寺／乙亥
　　　大相撲／三滝城跡／どろんこ祭り／穴神洞遺跡

維新ゆかりの宇和島

❶　伊達10万石の城下町──宇和島-- 196
　　　和霊神社／宇和島城／天赦園／村田蔵六住居跡／児島惟謙生誕地／
　　　龍華山等覚寺／金剛山大隆寺／宇和島の祭り／西江寺／高野長英居
　　　住地跡／伊達氏以前の宇和島／宇和島市立歴史資料館／日振島
❷　法華津峠から陣屋の町へ──吉田-- 210
　　　法華津峠／大乗寺／吉田藩陣屋跡／安藤神社／大信寺
❸　予土交易の郷──鬼北盆地-- 214
　　　仏木寺／正法寺観音堂／大森城跡／旧庄屋毛利家住宅／鬼北地方の
　　　民俗芸能／旧等妙寺跡／岩谷遺跡／善光寺薬師堂／広福寺遺跡／河
　　　後森城跡／目黒ふるさと館の山形模型
❹　宿毛街道に沿って──南宇和-- 222
　　　柏坂遍路道／観自在寺／平城貝塚／常盤城跡／宇和海海中公園／文
　　　化の里外泊／松尾峠／篠山神社／戸たてずの庄屋

あとがき／愛媛県のあゆみ／地域の概観／文化財公開施設／無形民俗文化財／おもな祭
り／有形民俗文化財／無形文化財／散歩便利帳／参考文献／年表／索引

もくじ

[本書の利用にあたって]

1. 散歩モデルコースで使われているおもな記号は，つぎのとおりです。なお，数字は所要時間(分)をあらわします。

   ················· 電車　　　　　============ 地下鉄
   ─────── バス　　　　　▲▲▲▲▲▲▲▲▲▲▲▲▲▲ 車
   ------------------ 徒歩　　　　　〜〜〜〜〜〜〜〜 船

2. 本文で使われているおもな記号は，つぎのとおりです

   🚶 徒歩　　　🚌 バス　　　🅿 駐車場あり
   🚗 車　　　　⛴ 船　　　　✈ 飛行機

   〈M ▶ P.○○〉は，地図の該当ページを示します。

3. 各項目の後ろにある丸数字は，章の地図上の丸数字に対応します

4. 本文中のおもな文化財の区別は，つぎのとおりです。

   国指定重要文化財＝(国重文)，国指定史跡＝(国史跡)，国指定天然記念物＝(国天然)，国指定名勝＝(国名勝)，国指定重要有形民俗文化財・国指定重要無形民俗文化財＝(国民俗)，国登録有形文化財＝(国登録)
   都道府県もこれに準じています。

5. コラムのマークは，つぎのとおりです。

泊	歴史的な宿	憩	名湯	食	飲む・食べる
み	土産	作	作る	体	体験する
祭	祭り	行	民俗行事	芸	民俗芸能
人	人物	伝	伝説	産	伝統産業
!!	そのほか				

6. 本書掲載のデータは，2020年3月現在のものです。今後変更になる場合もありますので，事前にお確かめください。

Matsuyama

いで湯と文学の町松山

市内を走る「坊っちゃん列車」と松山城

道後温泉本館夜景

①子規堂	⑩道後温泉本館	⑱ロシア人墓地・来迎寺	㉕坊っちゃん列車（梅津寺パーク）
②二之丸史跡庭園	⑪宝厳寺	⑲鍵谷カナ頌功堂	㉖太山寺
③萬翠荘	⑫伊佐爾波神社	⑳伊予源之丞人形頭（宮前公民館）	㉗円明寺
④秋山兄弟の生誕地	⑬松山市立子規記念博物館	㉑アイテムえひめ	㉘泰之山城跡
⑤松山城	⑭湯築城跡	㉒石崎汽船本社	㉙本山城跡
⑥東雲神社	⑮石手寺	㉓三津内港	㉚文中年間の板碑
⑦明教館	⑯常信寺	㉔港山城跡	㉛桑名神社
⑧庚申庵	⑰一草庵		㉜鹿島
⑨大宝寺			

いで湯と文学の町松山

◎中予地域散歩モデルコース

松山中心部コース　伊予鉄道松山市駅 5 子規堂 20 二之丸史跡庭園 15 萬翠荘 10 秋山兄弟生誕地 10 松山城 25 明教館 5 伊予鉄道市内電車勝山町電停 20 伊予鉄道古町駅 5 庚申庵 5 JR予讃線松山駅 10 大宝寺 10 JR松山駅

道後とその周辺コース　1.伊予鉄道市内電車道後温泉駅 3 道後温泉本館 5 宝厳寺 1 伊佐爾波神社 3 松山市立子規記念博物館 2 湯築城跡 15 石手寺 5 道後温泉駅

2.伊予鉄道市内電車道後温泉駅 10 常信寺 10 道後温泉商店街(熟田津の道経由) 20 一草庵 10 ロシア人墓地・来迎寺 10 伊予鉄道市内電車清水町電停

松山城北部・三津・中島コース　1.伊予鉄道高浜線三津駅 10 宮前公民館(伊予源之丞) 10 アイテムえひめ 10 石崎汽船本社 2 三津内港 5 港山城跡 15 三津駅

2.JR予讃線伊予和気駅 30 太山寺 28 円明寺 2 JR伊予和気駅

3.高浜港 50 大浦港 10 忽那家(忽那家文書) 10 泰之山城跡 10 桑名神社 10 本山城跡 5 文中年間の板碑 10 大浦港 50 高浜港

北条コース　JR予讃線伊予北条駅 30 鎌大師 5 大通寺 10 最明寺・高橋邸 15 難波奥の谷古墳 10 庄薬師堂 5 国津比古命神社 5 宗昌寺 5 光徳院 40 文化の森公園 40 善応寺 40 JR予讃線柳原駅

伊予市・松前町コース　JR予讃線松山駅 15 松前城跡 7 義農作兵衛の墓 10 伊予岡八幡神社古墳群 5 灘町の家並み 7 伊予港 5 伊予稲荷神社 3 かわらがはな窯跡 3 石造層塔 20 JR予讃線向井原駅

松山市東部・東温市コース　1.伊予鉄道横河原線久米駅 5 日尾八幡神社 2 浄土寺 25 久米官衙遺跡群 20 久米駅

2.伊予鉄道松山市駅 45 川内バス停 4 三島神社 5 安国寺 5 川上神社古墳 5 医王寺 40 松山市駅

松山南部・砥部・久万高原コース　1.伊予鉄道松山市駅 10 椿神社 10 豊島家住宅 10 荏原城跡 2 渡部家住宅 5 八坂寺 3 浄瑠璃寺 10 愛媛県生涯学習センター・愛媛人物博物館 10 砥部焼伝統産業会館 5 陶板の道・陶祖ヶ丘 5 砥部町陶芸創作館 30 松山市駅

2.松山自動車道松山IC 40 仰西渠 10 大宝寺 5 久万美術館 20 岩屋寺 30 面河渓・面河山岳博物館 35 御三戸嶽 5 上黒岩岩陰遺跡 55 松山IC

㉝大通寺
㉞難波奥の谷古墳
㉟庄薬師堂
㊱国津比古命神社
㊲宗昌寺
㊳光徳院
㊴文化の森公園
㊵善応寺
㊶松前城跡
㊷義農作兵衛の墓
㊸伊予岡八幡神社古墳群
㊹灘町の家並み
㊺伊予港
㊻伊予稲荷神社
㊼日尾八幡神社
㊽浄土寺
㊾久米官衙遺跡群
㊿三島神社
(51)川上神社古墳
(52)医王寺
(53)天山・星ノ岡
(54)椿神社
(55)豊島家住宅
(56)荏原城跡
(57)渡部家住宅
(58)大下田古墳群
(59)陶芸の里・砥部
(60)仰西渠
(61)大除城跡
(62)大宝寺
(63)岩屋寺
(64)上黒岩岩陰遺跡

城下町の風情残る松山

愛媛の県都松山市は、江戸時代に加藤嘉明が築城した松山城を中心に城下町として発展した町。

子規堂 ❶
089-945-0400
〈M▶P.2,5〉松山市末広町16-3 P
伊予鉄道松山市駅大5分

子規がすごした生家を復元

　伊予鉄道松山市駅の東側の交差点を南へ進むと、正宗寺（臨済宗）がある。その境内に、俳人正岡子規が17歳で上京するまで住んでいた住居を、忠実に復元した子規堂（県史跡）があり、子規に関連するさまざまな資料を展示している。もともと子規の文学仲間であった正宗寺住職仏海禅師が、1926（大正15）年に柳原極堂の記憶に基づき、子規の居宅の一部を、境内に移築・復元したのが子規堂の始まりである。その後2度の火災にあい、現在の建物は1946（昭和21）年に再建したものである。

　また、子規堂横の墓地の入口には、正岡子規の遺髪を埋葬した埋髪塔（県史跡）と内藤鳴雪のあごひげを埋葬した髭塔が並んでたっている。2つの塔は子規の友人で、鳴雪の従兄である下村為山の設計による。さらに、境内には夏目漱石の小説『坊っちゃん』で描かれた列車の客車や、子規と野球との関係を記念したものなど子規関連の石碑がある。

　子規堂の前の道を少し南にくだると、赤穂浪士と関係の深い興聖寺（臨済宗）がある。赤穂事件のあと、松山松平家ほか4家にあずけられた赤穂浪士のうち、大石主税ら10人の切腹が1703（元禄16）年2月4日、松山藩江戸三田中屋敷で行われたが、その際に松山藩士の1人がもち帰った浪士の木村岡右衛門、大高源吾の遺髪を埋葬したという供養塔がこの寺に残っている。寺は2代目松山城主蒲生

子規堂

忠知の菩提寺でもあり，1778(安永7)年に遺臣の子孫である岡本孫作らがたてたとする忠知の供養碑もある。

二之丸史跡庭園 ❷
089-921-2000　〈M▶P.2.5〉松山市丸之内5　P
伊予鉄道市内電車県庁前電停 🚶10分

　愛媛県庁の西側の道を北に向かうと、二之丸史跡庭園への上り口がある。二之丸は西と南の内堀と石垣・櫓に囲まれて強固にまもられた構造で、2代城主蒲生忠知の時代に藩邸が完成したが、1872(明治5)年に焼失している。現在、この二之丸は1984(昭和59)年から3年間行われた発掘調査

大井戸の遺構

の成果をもとに、当時の遺構を覆土して保存するとともに、藩邸跡を表御殿と奥御殿に区分して、その間取りを柑橘類の木々や草花、砂利と芝生で再現、周囲を囲む多聞櫓も復元され、史跡庭園として整備している。

藩邸跡を生かした史跡庭園

　その庭園内に当時の大井戸の遺構が残っている。この遺構は東西18m・南北13m・深さ9mで、乱層積みおよび段積みの石垣で囲まれている。大井戸の東半分のうえには、屋敷がせりだしてたてられていたようである。庭園へは、松山城本丸より黒門口へ向かう登城路をくだるルートもある。

　二之丸史跡庭園をおりて西へ向かうと、三之丸の西堀の北端、伊予鉄市内電車本町三丁目電停付近に松山の札之辻がある。ここは、松山からのびる五つの街道(金毘羅街道・土佐街道・大洲街道・今治街道・高浜街道)の起点で

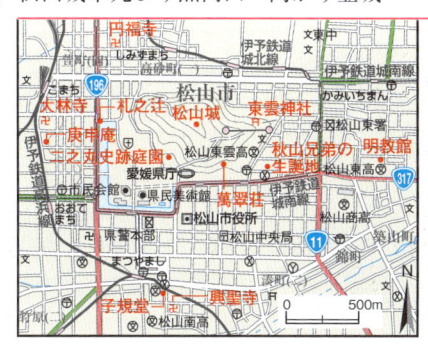
松山市中心部の史跡

城下町の風情残る松山

あり，藩の高札が掲げられた場所である。現在，目印となる石碑と五街道を示す石碑がたてられている。

萬翠荘 ❸
089-921-3711
〈M▶P.2.5〉松山市一番町3-3-7 Ｐ
伊予鉄道市内電車県庁前電停🚶5分

県庁に隣接する松山地方裁判所の東側に，北に向かう道があり，そのさきに萬翠荘(県文化)がある。現在，愛媛県美術館分館郷土美術館となっているこの建物は，もともと旧松山藩主である伯爵久松家15代当主久松定謨の別邸であった。

定謨は，フランスに長く陸軍駐在武官として赴任していたことから，この建物もフランス建築の影響を強くうけた当時の最先端をゆく洋風建築物であった。堅固な鉄筋コンクリート造り，天然スレート葺きで急勾配の屋根をもつ，上品で美しい外観もさることながら，内部のステンドグラス・シャンデリア・大理石のマントルピースをはじめ，柱や壁面のさまざまな装飾は，当時の上流社会の雰囲気を十分に味わうことができる。とくに，入口正面階段の踊り場にあるステンドグラスは，ハワイに特別注文したもので，玄関扉上の鳳凰と久松家の家紋星梅鉢をデザイン化した装飾とともに目をひくものである。設計は木子七郎で，愛媛県庁舎や三津の石崎汽船本社などの洋風建築の設計も行っている。

この地は江戸時代に松山藩家老の屋敷があった場所で，松山城築城当時に掘られた井戸が前庭に残っている。1895(明治28)年愛媛県尋常中学校(のちの旧制松山中学校)英語教師として赴任した夏目漱石は，この家老屋敷の離れに一時下宿する。それが小説『坊っちゃん』の題材となった愛松亭である。

漱石はみずからの号をとって愚陀仏庵とよんだ，当時松山市二番町にあった下

松山を代表する近代洋風建築

萬翠荘

宿で1895年8月から10月までの50日余り、正岡子規と共同生活をしている。この下宿には、子規の門下生も集ったようで、漱石と子規の親交の深さがしのばれる。愚陀仏庵は、1945(昭和20)年戦災で焼失したが、現在その地には跡地を示す石碑が残っている。

秋山兄弟の生誕地 ❹
089-943-2747(常盤同郷会)
〈M▶P.2,5〉松山市歩行町2-3-6
伊予鉄道市内電車大街道電停🚶5分

「坂の上の雲」で知られる秋山兄弟

大街道電停のある交差点を北に向かう松山城東雲口までの通りの途中に、松山東雲学園への入口があり、その前の道を東へ進むと秋山兄弟の生誕地がある。この付近は歩行町とよばれ、江戸時代徒士とよばれた下級武士の居住区であった。貧しい下級武士の家に生まれた秋山兄弟は、明治時代に軍人への道を進み、日露戦争(1904～05年)での活躍が有名である。

兄好古はフランスに留学し、帰国後、日本の騎兵をきたえあげ、「日本騎兵の父」とよばれた。予備役にしりぞいたのち、北豫中学校(現、松山北高校)の校長に就任している。弟真之は、日本海海戦を勝利に導いた名参謀として活躍したが、海戦時大本営宛の電文に「天気晴朗なれど波高し」と加えたのは有名な話である。なお、萬翠荘に至る道筋に坂の上の雲ミュージアムがある。

松山城 ❺
089-921-4873
〈M▶P.2,5〉松山市丸之内1 Ｐ
伊予鉄道市内電車大街道電停🚶10分

21棟の重要文化財 松山平野を眺望できる天守

一番町の大街道口の交差点を北に10分ほど歩くと、松山城(国史跡)本丸への登山口の1つである東雲口がある。そこからはロープウェイまたは有料リフトを利用してのぼることができる。

松山平野(道後平野)の中心部に独立する勝山の丘陵上に位置するこの松山城を築城しはじめたのが、賤ヶ岳の七本槍の1人として有名な加藤嘉明である。伊予に6万石で入部したのち、正木(前)城主(10万石)となった加藤嘉明は、関ヶ原の戦いの功績により藤堂高虎とともに伊予の半国(20万石)の所領をあたえられ、1602(慶長7)年にあらたな拠点として、足立重信を普請奉行に任じて松山城の築城にとりかかった。まず、南北2つの急峻な峰に分かれていた勝山を切り開き、谷間を埋め、標高132mの平坦部をつくりあげて本丸をおき、続いて西側の山麓部に二之丸、その下に三之丸(現在

松山城天守

の堀之内)を築いた。二之丸には藩邸を造営し、三之丸を上級家臣の居住地とした。続いて、松平定直の治世である貞享年間(1684〜88)に北の一画に三之丸藩邸を建設した。その三之丸と二之丸の一部を囲むように堀がつくられ、三之丸には現在でも堀と土塁が残っている。また、北部山麓と東部山麓には曲輪が築かれていたが、現存していない。

築城に際して、石垣や本丸の建造物の資材の一部に正木(松前)城のものを再利用したらしい。また、正木で魚類などの行商を行っていた「おたた」とよばれた女性たちも築城を手伝うなど、この築城が地域をあげての大事業であったことを推察することができる。加藤嘉明は1603(慶長8)年10月に、家臣・町人を引きつれて松前から松山へ移ってきており、このころ「松山」という名称が公となったようである。松山城の完成は1627(寛永4)年ころで、築城当初は5層の天守をもつ壮大な城であったとされる。

完成直後の1627年、陸奥国会津40万石の大名となって伊予を去った加藤嘉明にかわってあらたな城主となったのが、出羽国上ノ山の大名であった蒲生忠知である。蒲生氏は近江国蒲生郡出身の豪族で、藤原秀郷の流れをくむ家系として、藤原姓を称した。忠知は伊予国とともに近江国日野24万石の大名となったが、1634年に参勤交代の途中で病死、後継ぎがなかったことから断絶となった。松山市木屋町2丁目にある円福寺(真言宗)には忠知の肖像画が所蔵されている。

忠知の死後、松山藩主として伊勢桑名11万石の松平(久松)定行が入部し、以後明治維新まで15代にわたって松平家が松山をおさめた。松平家はもともと久松姓を名乗っていたが、定行の父定勝が徳川家康の異父弟であったことから、家康より松平姓と葵の紋をあたえられた。この初代藩主定行は、5層の松山城天守を3層に改築している。

現在の松山城は、松山市内を一望できる天守をはじめ、門・櫓など21棟の建造物が重要文化財となっている。多くは1784(天明4)年の、落雷による火災以後の嘉永年間(1848〜54)に再建したものであるが、乾櫓・野原櫓・隠門・隠門続櫓は慶長年間(1596〜1615)ごろの建造物と思われる。現存する天守は後期層塔式で、わが国の城郭建築史上最後の時期に建築されたものであるが、狭間・突揚板戸・塗籠角格子の窓など慶長期の特徴を残している。

東雲神社 ❻

〈M ▶ P.2, 5〉 松山市丸之内73-1 Ｐ
伊予鉄道市内電車大街道電停 ⏃ 10分

松山松平家ゆかりの能面・衣装を所蔵 多くの能面・衣装を所蔵

松山城東雲口に面した通りを少し北へ向かうと、交差点がある。そこはかつて山裾から続く高台であったところで、松山城の鬼門にあたるとして毘沙門天がまつられていたといわれる。今でも、毘沙門坂というよび名が残っている。その交差点の山側に、東雲神社へとのぼる石段がある。

東雲神社は、松山藩11代藩主松平定通が1823(文政6)年に藩祖久松定勝の神霊をまつったのが始まりである。久松家の祖先といわれる菅原道真、菅原氏の祖先神天穂日命を合祀し、1840(天保11)年社殿が完成、一般の参詣が許され、東雲大明神とよばれた。1880(明治13)年に東雲神社と改称して県社となり、1945(昭和20)年の松山空襲で神社内の多くの建物が焼失したものの、1971年伊勢神宮の分社松山大神宮を奉遷し、1973年に神明造の社殿が完成、松山大神宮と東雲神社の神霊が合祀された。

歴代松山藩主松平家の崇敬をうけた東雲神社には、松山松平家ゆかりの能面153面・狂言面42面・能衣装110点・葛帯41点・腰桶4点・笛2管(県文化)などがある。その多くは室町・桃山時代から江戸時代中期のもので、すぐれた品が多く、松山藩の能楽芸能の盛況さがうかがえる。ほかに、南北朝時代の筑前左一派の名工国弘作の短刀1口(国重文)、松山藩士山本権兵衛義安の父義純が、豊臣秀吉から拝領したと伝えられる鎌倉時代の古備前で、備前国一文字派助包作の太刀1口(国重文)を所蔵している。

城下町の風情残る松山

明教館 ❼ 　　〈M ► P.2, 5〉松山市持田町2-2-12(松山東高校内)
089-943-0187(松山東高校)　　伊予鉄道市内電車勝山町電停 🚶 10分

松山藩教育の原点

明教館

伊予鉄勝山町電停をおりて交差点を東へまっすぐいくと，県立松山東高校がみえてくる。その敷地内に松山藩の藩校明教館の講堂(県文化)がある。木造平屋建て，入母屋造・桟瓦葺きの建物である。明教館は，10代藩主松平定則が1805(文化2)年に開いた興徳館(1821〈文政4〉年に修来館と改称)を前身として，学問にも熱心であった11代藩主松平定通が，本格的な藩校として二番町(現，一番町4丁目)に開設したものである。松平定信を叔父にもつ定通は，藩政改革を推し進めるなかで，当時ゆるみがちであった藩士の気風を正すために「文武奨励」を推進する拠点として明教館を開いた。学問所だけではなく，武技の稽古場である験武場や弓術・剣術・槍術・銃術・兵学などの各武場がおかれた壮大なものであった。

庚申庵 ❽ 　〈M ► P.2, 5〉松山市味酒町2-6-7
089-915-2204　　伊予鉄道市内電車古町駅 🚶 5分

栗田樗堂，隠棲の地

　伊予鉄古町駅から南へ線路沿いに歩くと，俳人栗田樗堂が創建した庚申庵(県史跡)がある。現在，駅名として名をとどめる古町は，江戸時代，商人の居住地として30町が免租地となり，発展した地域である。栗田樗堂は1749(寛延2)年に酒造業を営む豪商後藤家に生まれ，17歳のとき栗田家に養子にはいった。町方大年寄をつとめるなど，商人としての才覚をもっていたが，俳人としても加藤暁台に師事し，小林一茶・井上士朗らとも交遊があり，天明期(1781～89)の俳壇で活躍した。庚申庵は，樗堂が1800(寛政12)年に隠棲の地として6畳の草庵をたてたもので，創建の年が「庚申」であったことと，近くに「古庚申」とよばれた青面金剛の祠があったこと

庶民の娯楽文化

コラム

庶民にうけつがれる松山の芸能文化

松山ではさまざまな芸能が、かつての庶民の娯楽として継承されているが、その一部を紹介したい。

能楽

能楽は武家の芸能として松山藩でも盛んに行われ、庶民にも広く親しまれた。明治時代以降も松平家にゆかりの深い東雲神社で春秋に神能が奉納され、「東雲さんのお能」として継承された。現在でも、二之丸史跡庭園で薪能などが行われ、市民の娯楽として定着している。

伊予万歳

伊予万歳は、正月行事として行われる祝福芸能として、江戸時代初期にはじまったのが起源とされる。文化・文政期(1804〜30)ごろになると村の祭礼などで行われ、三味線・太鼓などの伴奏にあわせて演舞する庶民芸能として定着していった。楽曲も数多くつくられたが、そのなかでも「松山名所づくし」は、当時の名所を知ることができる貴重な文化財である。

伊予節

愛媛の古謡としては、『源氏物語』でもふれられている「伊予の湯」の歌が伝承されているが、江戸時代に起源をたどれる民謡として「伊予節」がある。松山の名物・名所などがその歌のなかにうたわれている。

野球拳

野球拳は、大正時代に宴会芸として即興でつくられた。歌謡にあわせて野球の身振りを表現しながら、じゃんけんで勝負を行う。現在でも松山春祭りで大会が開催されるなど、市民に広く親しまれている。松山市民の野球への愛着の現れでもある。

からこの名をつけたといわれる。老朽化の激しかった庚申庵は、2000(平成12)年に解体修理され、現在史跡庭園として公開している。

庚申庵の近くには、松山藩主蒲生忠知が、1627(寛永4)年見樹院として創建し、松山藩主松平定行が松平(久松)家の菩提寺とした大林寺(浄土宗)がある。境内には1818(文化15)年につくられた梵鐘(県文化)がある。さらに、古町駅の北東約500mにある円福寺

庚申庵内部

城下町の風情残る松山

（真言宗）には，京都の西陣織の織機を参考に，伊予絣の源流となる伊予縞木綿を織る高機を改良し，縞木綿の量産化と販売量の拡大に大きく寄与した江戸時代の商人菊屋新助の墓（県史跡）がある。

大宝寺 ❾
089-922-6837
〈M ▶ P.2, 12〉松山市 南江戸 5-10-1
JR予讃線松山駅🚌津田団地行大宝寺口🚶3分

古刹・国宝・国重文を有する

JR松山駅の西方750m，バス停の北方にある大宝寺（真言宗）の創建は，701（大宝元）年といわれ，松山地方の寺院のなかでも，もっとも古い時期の創建である。創建者は，古代伊予国の有力豪族越智玉興とする説と，この地の豪族であった角木長者とする説の２説が伝承として残っている。

本堂（国宝）は，寄棟造，和様，平安時代末期の阿弥陀堂建築の流れをうけた鎌倉時代初期の建造物で，愛媛県内でも最古級の木造建築物である。内部は，南側の１間を外陣とし，その奥を内陣とする。堂内の厨子は，1631（寛永８）年の作で和様と禅宗様の様式をもつ。また，「貞享二（1685）年」再興の銘のある棟札もある。

大宝寺は薬師信仰と結びついて地域の人びとから篤く信仰されていた。長い間秘仏であった本尊は，木造阿弥陀如来坐像（国重文）で，像高約140cmの藤原時代末期の作といわれる。このほかに，密教の影響をうけた貞観様式がみられる藤原時代初期の像高68.2cm，一木造の阿弥陀如来坐像，同じく藤原時代初期の像高83.6cm，一木造の釈迦如来像（ともに国重文）がある。

大宝寺の近くにある松山総合公園の一角に松山市考古館があり，松山市内から出土した考古資料が展示されている。そのなかでも，松山駅西方500mにある古照遺跡から出土した古墳時代前期の灌漑用の堰の復元展示は圧巻である。この施設は松山市埋蔵文化財センターを併設しており，市民の生涯学習の場や，研究者のための専門機関としての役割もはたしている。

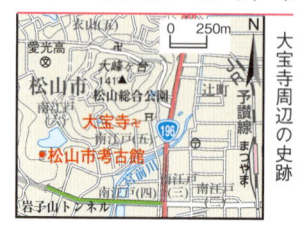
大宝寺周辺の史跡

❷ 子規・一遍と湯の町道後

聖徳太子も訪れ、『万葉集』にもうたわれた道後温泉を中心に、正岡子規や一遍ゆかりの地を歩く。

道後温泉本館 ❿　〈M ▶ P.2, 13〉松山市道後湯之町　P(温泉利用者は1時間無料)
089-921-5141

伊予鉄道市内電車道後温泉駅🚶3分

国重文の大衆浴場

　道後温泉駅で下車し、駅の全景をみる。駅舎は正岡子規が『歌よみに与ふる書』を発表した1898(明治31)年ごろの姿を再現したものである。

　ここから北に進み、L字型の商店街をとおりぬけると、道後温泉本館(国重文)の正面へでる。1894(明治27)年建造の本陣風建築で、3層楼である。3階のさらにうえには振鷺閣という太鼓楼があり、朝夕6時および正午には時を告げる太鼓が鳴る。本館のまわりには54体のシラサギの像と湯玉が、たがい違いに並べられている。これは、道後温泉が1羽のシラサギが傷をいやしていたことから発見されたという伝説による。振鷺閣の屋根のうえにも、大きく羽を広げたシラサギの像がある。この像が北を向いているのは、かつては正面入口が北側にあったことの名残りである。

　本館北側にまつられている石は、玉の石とよばれる。「神代に大国主命とともに伊予国にやってきた少彦名命が重病となった。苦しむ少彦名命を、大国主命が掌に乗せて湯にひたすと平癒した。その際、少彦名命が喜びの舞を舞ったのが、この玉の石である」(『伊予国風土記』の逸文)とのいわれがある。この2神を温泉の守護神

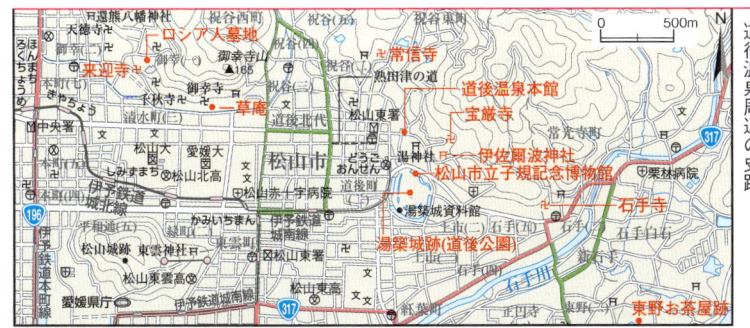

道後温泉周辺の史跡

道後温泉本館

としてまつった湯神社が,本館南側の冠山山頂にたてられている。このほか,景行天皇・仲哀天皇・神功皇后来浴の伝説があり,ついで聖徳太子・舒明天皇・斉明天皇・中大兄皇子(天智天皇)・大海人皇子(天武天皇)らが訪れたといわれている。

江戸時代には,初代松山藩藩主松平定行が,浴槽を身分ごとに「一ノ湯」「二ノ湯」「三ノ湯」に区分し,さらに「養生湯」や「馬湯」を設けるなど,道後温泉の施設の充実をはかった。四国霊場第51番札所石手寺と第52番太山寺の間にあるため,一時期までは3日間にかぎって湯銭免除という遍路に対する便宜がはかられていた。下図は,江戸時代の道後温泉の賑わいを描いた木版画である。

本館の北西の角には,苦労の末現在の本館建築を実現した,湯之町初代町長伊佐庭如矢の銅像がおかれている。

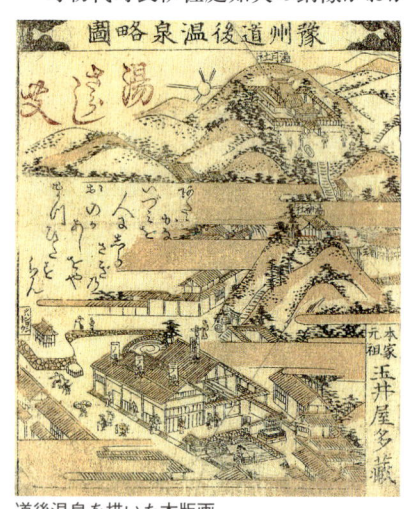

道後温泉を描いた木版画

なかへはいると,1階は「神の湯」とよばれる大衆浴室と「霊の湯」という上等浴室がある。「神の湯」では,男湯の湯釜に山部赤人の長歌を記した御影石が使われている。女湯の浴槽中央には,やはり御影石の大国主命と少彦名命の像がたっており,建築当時の贅沢な普請がうかがえる。また東端には皇室専用浴室である「又新殿」がある。2階は「神の湯」「霊の湯」の休憩室と資料室となってい

る。資料室には明治から大正時代に使用された湯札や、著名人の名が記された来訪帳などが展示されている。3階には「霊の湯」の個室席が並んでおり、西端の部屋は「坊ちゃんの間」とよばれる。ここは夏目漱石が愛用した部屋であり、漱石や松山中学校の教授陣の写真などが並べられている。

宝厳寺 ⓫
089-946-2418
〈M▶P.2, 13〉松山市道後湯月町5-4 P
伊予鉄道市内電車道後温泉駅 7分

一遍上人生誕の地

　道後温泉本館の南側の坂道をのぼりきるとT字路があり、東に向けて道後上人坂がのびている。その坂の突き当たりに、一遍上人誕生の地といわれる宝厳寺(時宗、県史跡)がある。宝厳寺は、2013(平成25)年に火災にあい、山門を除いて焼失した。現在の本堂や一遍上人堂は、2016(平成28)年に再建されたものである。一遍上人堂は青銅製の一遍上人像や一遍上人絵伝などの資料を展示し、一遍上人の生涯を学ぶ場ともなっている。

　山門に至る坂道は、1958(昭和33)年に売春防止法が全面施行されるまで道後松ケ枝の遊廓街であった。山門前の駐車場がある場所には、かつて遊廓「朝日楼」があり、夏目漱石は、小説『坊っちゃん』のなかで、「山門のなかに遊廓があるなんて、前代未聞の現象だ」と記している。この聖と俗が隣り合わせにある妙を正岡子規が詠んだ「色里や　十歩はなれて　秋の風」の句碑が、宝厳寺境内に立てられている。

　一遍は、1239(延応元)年に豪族河野通広の2男として生まれた。12歳のとき一度出家するものの、父親の死によって25歳で還俗し、地方武士となった。しかし、33歳にして再び出家。久万町の岩屋寺などで苦行を重ね、1274(文永11)年、熊野権現に参籠して悟りを得て、時宗を開いた。その教えは、相手の信心のあるなしを問わず、貴賤男女を選ばず、会う人ごとに念仏札を配って念仏をすすめる

宝厳寺(松山道後)

子規・一遍と湯の町道後

「賦算」と，念仏をとなえながら鉦・太鼓にあわせて踊り，極楽往生の法悦を体現する「踊念仏」とを2本の柱としていた。

一遍は終生，みずからの寺をもつことなく全国を遊行し，兵庫県の観音堂で59歳の生涯をとじた。宝厳寺は665年に創建され，1292（正応5）年の再建時に天台宗を時宗に改めたという。

伊佐爾波神社 ⑫
089-947-7447
〈M ▶ P.2, 13〉松山市桜谷町173 P
伊予鉄道市内電車道後温泉駅 🚶10分

日本三大八幡造の社殿

道後温泉駅の東側には，カラクリ時計・足湯（放生園）がある。その前を進み，参道の大鳥居をくぐる。坂をのぼりきると伊佐爾波神社への135段の石段の前にたどり着く。宝厳寺からは南西へ徒歩1分である。伊佐爾波は，清浄な儀式の庭の意味であり，万葉歌人の山部赤人もその長歌のなかで，「伊豫の高嶺の 射狭庭の岡に立たして 歌思ひ辞思はしし み湯の上の樹群を見れば」とうたっている。

祭神は誉田別尊・足仲彦尊・息長帯姫命らで，『延喜式』式内社（927年完成の『延喜式』に収載されている神社）である。当初は伊佐爾波岡（現，道後公園内）にまつられていたものを，14世紀中ごろ，河野通盛が湯築城を築くにあたって現在の地に移したといわれている。社殿（国重文）は宇佐八幡宮（大分県）・石清水八幡宮（京都府）と並ぶ代表的な八幡造であり，朱に映えている。円柱には金箔をおき，天井に胡粉彩色，海老虹梁などに桔梗桜・唐草の浮彫りをほどこした華麗な桃山風の表現がみられる。松山藩主松平定長が，江戸幕府4代将軍徳川家綱に命じられた流鏑馬に成功したのを機に勧進し，1667（寛文7）年に竣工した。昭和40年代前半に解体・復元工事を行い，創建当時の姿をよみがえらせている。

伊佐爾波神社

道後村めぐり

コラム

ゲーム感覚で道後の史跡をめぐる

　道後村めぐりは，道後温泉周辺にある史跡など30カ所をめぐる散策コースである。

　道後温泉駅前の観光案内所や商店街，旅館・ホテルで販売されている『道後村めぐりスタンプ帳』を購入し，各ポイントに設置してあるスタンプを押していく。

　『スタンプ帳』にはつぎのポイントまでのルートがイラストで示してあり，ウォークラリーのような感がある。

　全ポイントを踏破して，商店組合事務所におかれている道後村役場に提出すると，記念品と「道後村名誉村民証」がもらえる。

　全行程約4〜5時間，本節で紹介した場所は，経石山古墳(県史跡)をのぞいてすべてめぐることができる。

松山市立子規記念博物館 ⓭
089-931-5566

〈M ▶ P.2, 13〉松山市道後公園1-30　P
伊予鉄道市内電車道後温泉駅🚶4分

　道後温泉駅から南に進み，線路沿いに3分ほど歩くと道後公園がある。日本庭園として市民の憩いの場であり，春にはサクラの名所ともなるこの公園のなかに，松山市立子規記念博物館がある。

　展示は「道後松山の歴史」「子規とその時代」「子規のめざした世界」の3つのコーナーからなっている。古代の道後温泉の伝承な

松山市立子規記念博物館

どにはじまり，中世湯築城と河野氏，近世松山藩へと進み，子規の生きた近代へと展開していく。子規や夏目漱石・高浜虚子らの直筆の原稿や絵・手紙などから，子規の人物像が浮かびあがってくる。また，「子規とたべもの」などさまざまな視点からの映像も取りいれられている。

子規と松山の歴史を学ぶ

湯築城跡 ⓮
089-941-1480(湯築城資料館)

〈M ▶ P.2, 13〉松山市道後公園　P
伊予鉄道市内電車道後公園電停🚶すぐ，または道後温泉駅🚶4分

中世の風が吹く城郭跡

　湯築城跡(国史跡)は，子規記念博物館と同様に道後公園のなかに

子規・一遍と湯の町道後

湯築城跡

ある。湯築城は、14世紀中ごろの建武年間(1334〜38)、豪族河野通盛によって築かれ、伊予国支配の拠点となった。城は周囲に2重の堀がめぐらされ、東方が追手(正門)、西方が搦手(裏門)となっていた。1585(天正13)年、小早川隆景によって落城したのち、隆景や福島正則が一時居城したが、1588年に廃城となった。城の木材や石垣は、加藤嘉明が松山城を築くときに利用したという。

その後は、竹林が生いしげるままに放置されていたが、明治時代になって道後公園として整備され、サクラやモモが植えられて市民の憩いの場となった。1947(昭和22)年からは南側に動物園が設置されていたが、その移転に伴い埋蔵文化財調査が行われ、2002(平成14)年4月から中世城郭史跡公園として一新し、同年9月に国史跡となった。現在は、当時の武家屋敷を再現した建物が資料館としてたてられている。なかには発掘された遺物とともに、当時の様子を説明するフォログラムやビデオスクリーンなどが設けられており、子どもも楽しむことができる。なお、本丸跡の丘北麓には、1531(享禄4)年につくられた道後温泉の湯釜(県文化)がおかれている。

石手寺 ⑮
089-977-0870

⟨M▶P.2, 13⟩ 松山市石手2-9-21 P
伊予鉄道松山市駅🚌奥道後・湯ノ山線石手寺前🚶すぐ

四国霊場第51番札所の石手寺(真言宗)は、松山では「お大師さん」の名で親しまれており、白装束の「お遍路さん」の姿を目にする。寺伝では728(神亀5)年に、聖武天皇の勅願で建立され、はじめは安養寺といっていたが、813(弘仁2)年、石手寺に改められたという。

バスをおりて小さな川を渡り、左右に門前の店が並ぶ石畳の回廊を進んでいくと、二王門(国宝)がある。1318(文保2)年建立と伝えられる入母屋造・本瓦葺きの和様建築である。正背面の中備には、すぐれた形の蟇股(柱と柱の中間位置にあって、うえの桁にかかる荷重をしたの桁でうけている部材)が配されている。和様建築とし

伽藍はその多くが国宝・国重文

石手寺と衛門三郎伝説

コラム 伝

弘法大師と最初の四国遍路

昔,伊予国荏原郷に「衛門三郎」という欲の深い長者がいた。ある日,托鉢の僧を邪険にあつかいその鉢を8つに割ってしまった。ところがそれから,衛門三郎の8人の子どもたちがつぎつぎと死んでいった。托鉢僧は弘法大師だった。

悔いた衛門三郎は,弘法大師にあうために四国巡拝に旅立った。しかし,何度まわってもあうことはできず,21回目に阿波国で病になり,死を待つ身となった。そのとき,突然枕元に大師があらわれ,彼の右手に1寸8分(約5.5cm)の石を握らせ,そこに衛門三郎と書きつけた。衛門三郎は大師に看取られて息を引きとった。

数年後,伊予の豪族河野氏に男子が生まれた。しかし,その子は右手を握ったままで開かなかった。そこで寺で祈禱すると手を開き,なかから「衛門三郎」と書かれた石がでてきた。

石は寺におさめられ,寺号は石手寺と改められた。石は現在「衛門三郎玉の石」とよばれて,大講堂におかれている。

ては珍しい三手先の腰組物が使われるなど,壮麗な鎌倉時代の傑作である。また,左右の金剛力士像(県文化)は慶派の作といわれる。

二王門をくぐると,正面に本堂,右に三重塔・鐘楼・護摩堂(いずれも国重文)がみえる。本堂は単層入母屋・本瓦葺きの鎌倉時代中期の和様建築である。三重塔は高さ24.1mの本瓦葺きで,和様だが,組物の一部には大仏様の手法もみられる。鐘楼は1333(元弘3)年に再建されたもので,入母屋造・檜皮葺き,軒深い屋根と袴腰が流れるような美しさをみせている。楼上には「建長三(1251)年」の銘がある梵鐘(国重文)がつられており,今も美しい響きを聞くことができる。護摩堂は方形造・銅板葺きで,室町時代前期と推定される和様の簡素な建物である。

境内の東北隅には,訶梨帝母天堂(国重文)がある。俗に鬼子母神とよばれ,安産祈願の神とされている小祠で,屋根は檜皮葺き,一間社流見世棚造である。蟇股

石手寺二王門と蟇股

石手寺三重塔

は二王門のものと同じつくりで、創建も同じ鎌倉時代と思われる。堂の前には小石が山のように積まれている。これは妊婦がここの石をもち帰って安産を祈り、無事に出産すれば借りた石ともう1つ別の石を持参して感謝するという風習が、今なおうけつがれているためである。県内最古の神社建築であるとともに、神仏混淆の歴史的遺構でもある。

境内の東には宝物館があり、木造獅子頭・天人面・菩薩面(いずれも県文化)、古文書などがおさめられている。宝物館前から境内東側の舗装された道路へでて、北へ200mほどいくと、道路脇に五輪塔(国重文)がおかれている。

石手寺の正面の道路を南に向かって石手川を渡ると、松山藩主の隠居所があった東野お茶屋跡や経石山古墳(ともに県史跡)に至る。

常信寺 ⓰　〈M▶P.2 13〉松山市祝谷東町636　P
伊予鉄道市内電車道後温泉駅 🚶 10分

初代松山藩主の霊廟

道後温泉駅から商店街をいくと、突き当りに椿の湯がある。この角を東にまがれば道後温泉本館である。そこを反対側の西に向いてまがると、1分ほどで信号のある交差点にでる。北へおれて、なだらかな坂道を3分ほどのぼると、西へ向けてカーブする道からそれるように北へのびる小道がある。この小道を山ぎわまで歩くと、常信寺(天台宗)に至る。松山藩主初代松平定行が、松山城の鬼門守護のため、東京上野寛永寺になぞらえて、天海僧正の弟子憲海を開

松平定行の霊廟(常信寺)

山として1650(慶安3)年にたてたものである。

境内にはその松平定行の霊廟(県史跡)がある。本瓦葺きの入母屋造・妻入りの建物で、三手先出組で唐破風をもつ江戸時代初期の代表的な霊廟建築である。

その隣には、三河国2万石の藩主でありながら、江戸幕府4代将軍徳川家綱就任直後に、幕政批判をして領地返上を申し出て、謹慎となった定行の弟定政の霊廟がある。こちらは1間四方、桟瓦葺き・方形造のごく簡素な建物である。

一草庵 ⑰
089-948-6603(松山市文化財課)

〈M ▶ P.2, 13〉松山市御幸1-455
伊予鉄道市内電車環状線赤十字病院前電停🚶10分、
または伊予鉄道市内ループバス護国神社前🚶3分

放浪の俳人種田山頭火終焉の地

護国神社前でおり、大きな鳥居をくぐって少し歩くと護国神社につきあたる。左にまがって川沿いに100mほどいくと、御幸寺山への登り口がある。50mばかりのぼると、御幸寺(真言宗)と隣接して、漂泊の俳人種田山頭火の終焉の地一草庵がある。

代表作「分け入っても　分け入っても　青い山」で知られ、多くの有名な自由律の俳句を残した山頭火は、1882(明治15)年、現在の山口県防府市に大地主の長男として生まれた。若くして文学の才能をあらわしたが、母親の自殺、事業の失敗、一家離散とその人生は波瀾に満ちたものであった。43歳のとき、熊本で泥酔して進行中の電車をとめ、かつぎこまれた禅寺でそのまま仏門にはいった。45歳から一鉢一笠の行脚をはじめ、山陰・山陽・四国・九州・近畿・東海各地を放浪し句作を続けたが、1939(昭和14)年、高橋一洵ら多くの友人たちの善意で、御幸寺境内の納屋を庵とした。これが一草庵である。道後温泉まで20分、ここで酒と句作の日々をすごした。自己をいつわらず自由な生き方を求め、その分己をせめた山

一草庵

子規・一遍と湯の町道後

道後周辺食べ歩き

コラム

健脚自慢向け散歩コース

石手寺を拝観後、門前で焼餅（地元ではお焼きとよばれる）を買う。10分ほど歩いて道後公園へ。松山市立子規記念博物館・湯築城跡をまわり、道後温泉駅前をとおって商店街へ。ここでは温泉煎餅・タルト・醤油餅・坊っちゃん団子といった松山ならではの菓子を一度に味わうことができる。

足湯（放生園）で脚を休めてから、伊佐爾波神社の135段の石段をのぼる。社殿の裏に駐車場がある。その北側にはなだらかな小道があり、宝厳寺まで数分でくだることができる。旧松ケ枝の遊郭街の坂をくだり、道後温泉本館にでる。ここから10分ほど歩けば常信寺である。

道後の商店街のなかほどから、石畳の遊歩道「熟田津の道」にはいる。途中に地酒の直営店兼レストランがあり、腹ごしらえをするもよし、地ビールでかわいた喉をうるおすのもよい。さらに15分ばかり歩けば、酒をこよなく愛した種田山頭火の終焉の地一草庵に着く。川沿いの道を西へ10分、ロシア人墓地に至る。

帰りは市内電車の清水町電停まで歩き、道後方面に向かう市内電車に乗る。途中、上一万電停で乗換え（下車時に乗換券をもらう）。最後は道後温泉本館の湯につかって、ゆっくりと疲れをおとそう。

頭火は、1940年10月、友人たちが隣の部屋で句会を行っているさなかに、世を去った。一草庵には遺品が残され、「鉄鉢の中へも霰」「春風の鉢の子一つ」などの句碑がたてられている。内部は毎週土曜、日曜、祝日に一般公開されている。

ロシア人墓地と来迎寺 ⓲

〈M ▶ P.2, 13〉松山市御幸1-525 　P　
伊予鉄道市内電車環状線清水町電停🚶10分

松山と日露戦争

一草庵から川沿いの道を西へ向かって歩くと、松山大学御幸グラウンドがある。そこから道に沿って山麓の道をいくと、来迎寺（浄土宗）に至る。この辺りは松山藩が寺町を形成した地域であり、近くには小泉八雲が孝子桜と紹介した十六日桜の咲く天徳寺（臨済宗）や、中国僧即非を開山とする千秋寺（黄檗宗）などがある。

この来迎寺の境内にロシア人墓地がある。松山は、日清（1894～95年）・日露戦争（1904～05年）および第一次世界大戦（1914～18年）時に捕虜収容地となった。とくに日露戦争では、寺町を中心に延べ6000人のロシア人将兵を収容した。墓地には、松山で没したワシリ

ロシア人捕虜と松山

コラム

捕虜が料亭で宴席　女学校を見学

　日露戦争当時,欧米諸国に文明国と認められたい日本は,捕虜の扱いに相当気をつかっていた。そのため松山に収容されたロシア人捕虜たちは,かなり自由な生活を許されていた。道後の料亭で宴席を開くもの,まだ松山に数台しかなかった自転車をあたえられて,自転車レースに興じるもの,なかには女学校を見学したものもいた。

　この話はロシアにも伝わっていたらしく,投降するとき「マツヤマ」とさけんだロシア兵もいたという。ただし,これは松山に収容されたロシア兵に将校階級のものが多く含まれていたことにも起因している。彼らは貴族身分であり,経済的に豊かであった。そんな彼らが,明日をも知れない捕虜生活の不安をまぎらわすかのように散財していた面もあった。

　そのため,商店にはロシア語の看板がかかり,中国地方からも捕虜めあての商人が訪れたりした。松山は「ロシア人捕虜景気」とでもいうものにわいたが,一方で豊かではない下士卒階級をうけいれた町は苦労したようである。

　遠く故郷を離れた地にたてられた98基の墓石は今,国際交流の一翼をになうとともに,平和の尊さについて考えさせてくれる。

一・ボイスマン海軍大佐ら98人の将兵が葬られている。これらの墓は,地元中学生のボランティアをはじめとする多くの人びとの善意で,いつもきれいに保たれている。

　また,境内には,松山城の普請奉行足立重信の五輪の墓石(県史跡)や,杉田玄白に師事して蘭学を学び,わが国最初の物理学書『気海観瀾』をあらわした青地林宗の墓(県史跡)もある。足立重信は,司馬遼太郎が「日本の河川で人名がついているのはこの川だけではないか」とのべているように,河川(重信川)の付け替え事業にその名を残す人物でもある。

ロシア人墓地

松山の海の玄関—松山城北部・三津・中島

中島は忽那水軍の根拠地として，三津は道後への上陸地として，古くから松山と他地域を結ぶ海上交通の拠点だった。

鍵谷カナ頌功堂 ⑲

〈M▶P.2〉松山市西垣生町1250 長楽寺横
松山空港🚗10分

かつて松山をささえた伊予絣
藍染め体験

1782(天明2)年に垣生村今出の鍵谷カナによってはじめられた伊予絣は，作業着として人気を得て，久留米絣・備後絣と並ぶ日本三大絣となり，1904(明治37)年には全国生産第1位となった。しかし，生活の洋風化で生産は激減し，現在，白方興業のみで生産を行っている。同社の経営するArt Labo KASURI 歴史館・体験館(松山市大街道3丁目8-3，089-968-1161，市内電車大街道駅徒歩3分)では，機織りの実演や藍染体験，縞文様や製造行程の展示や絣製品の販売を行っている。

鍵谷カナの墓がある長楽寺横に，1929(昭和4)年に伊予織物同業組合によって建てられた頌功堂がある。設計は萬翠荘などを建てた木子七郎であり，国登録有形文化財となっている。

伊予源之丞人形頭 ⑳
089-952-1068(宮前公民館)

〈M▶P.2, 25〉松山市古三津1-26-48 Ｐ
JR予讃線三津浜駅🚶8分，または伊予鉄道高浜線三津駅🚶5分

文楽人形頭は県指定有形民俗文化財

江戸時代中期の享保年間(1716～36)以後，淡路島(兵庫県)から三津にたびたび招かれた人形浄瑠璃は，庶民の重要な娯楽であった。明治時代初めに宝来屋新蔵が宝来座を結成したのが，文楽が三津浜に定着する起源となった。

1887(明治20)年以降，大型の頭の淡路人形を導入し，大正・昭和時代初期には，近在のほかの座もあわせて県外へも巡業するなど発展し，淡路人形本家の上村源之丞と比肩し，伊予源之丞(県民

伊予源之丞人形頭

いで湯と文学の町松山

俗)というようになった。第二次世界大戦中は活動を中断したが，戦後，伊予源之丞保存会を復興し，その活動は1960(昭和35)年に，宮前公民館に文楽保存研究会を設置して，今日に至っている。

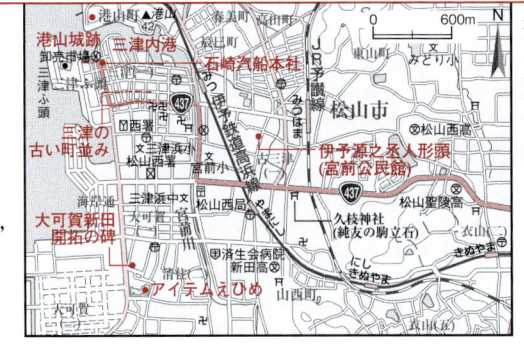

　宮前公民館へは三津浜駅から西へ進み五差路を南下し，つぎの道を右折するといける。保存会の活動は県指定無形民俗文化財となり，さまざまな文化活動に参加している。保存会所有の人形頭と衣装道具一式は，県指定有形民俗文化財である。

大可賀新田とアイテムえひめ ㉑
089-951-1211(アイテムえひめ)

〈M▶P.2, 25〉松山市大可賀2-1-28　P
JR予讃線三津浜駅🚶25分，または
伊予鉄道高浜線山西駅🚶20分

現在は県のFAZ拠点　松山藩大干拓地

　伊予鉄山西駅から南下，はじめの交差点で西へ進み，海岸通りを南下すると，大展示場・貿易情報センターのアイテムえひめがある。アイテムえひめの横に新田開拓の碑がある。

　遠浅の海岸であったこの地域の干拓を計画したのは，和気郡代官奥平貞幹と山西村の庄屋一色義十郎であった。1851(嘉永4)年に許可を得て着工し，総面積67町歩(約66ha)の広大な新田が完成し，当時の藩主松平勝茂から「大いに賀す可し」として大可賀新田と命名された。また，奥平は幕末長州征討のむずかしい時期に藩の外交を担当し，その難局を切りぬけた。

　現在，新田跡は臨海工業地帯として発展し，またFAZ(輸入促進地域)の指定を国からうけて，アイテムえひめや物流ターミナルアイロットが建設された。岸壁には巨大貨物船の発着場が整備され，韓国・台湾・中国との定期貨物航路が就航し，あらたな松山の海の玄関となっている。

三津の古い町並み

石崎汽船本社 ㉒
089-951-0128

大正時代のハイカラ建築
国登録有形文化財

〈M ▶ P.2, 25〉松山市三津1-4-9　P（三津港公営駐車場）
JR予讃線三津浜駅🚶20分、または伊予鉄道高浜線三津駅🚶10分

　伊予鉄三津駅から国道437号線を西に進み、海岸通りを北へ向かうと石崎汽船本社がある。1924（大正13）年、一番町にある久松伯爵家別邸の萬翠荘（県文化）なども建設した木子七郎の設計により建設された。鉄筋コンクリート造り3階建てで、1階事務所は天井を高くとり、大理石張りのカウンターや柱の細かいレリーフが目をひく。また役員室にはステンドグラスやマントルピースなどが設けられ、当時の洋風建築の様子がよくわかる。大正時代の三津の豊かさがうかがえる。

　伊予鉄三津浜駅より石崎汽船本社までを結ぶアーケード商店街の裏通り（住吉町近辺）には、古い建築物が残っている。戦災にあわなかったこともあって、漆喰塗籠の格子窓や海鼠壁などの、江戸・明治時代を思わせる建物も多い。伊予鉄三津駅も大正時代の洋風建築と思われ、風情がある。

三津内港と港山城跡 ㉓㉔
089-952-1740（港三島神社）

河野氏の水軍拠点
無料の市営渡し船

〈M ▶ P.2, 25〉松山市港山5-18
JR予讃線三津浜駅🚶25分、または伊予鉄道高浜線三津駅🚶15分

　三津の古い町並みと北岸の港山にはさまれる形で、三津内港がある。船だまりとしては最適で、中世には河野水軍の拠点として、また江戸時代の参勤交代の出発点として賑わった。磯村一路監督の映画「がんばっていきまっしょい」（1998年制作）で有名になった無料の市営渡し船が、内港の両岸を結んで運航されている。

　内港から海につきだした小山が、中世城郭の港山城跡である。河野氏の水軍拠点であったと思われるが、応仁の乱（1467～77年）後に、湯築城の本家河野教通と港山城主河野通春が対立するようになった。1482（文明14）年に通春が戦死して河野家の内紛はおわるが、以後河

三津内港と渡し船，港山城跡

野水軍はかつての力を失った。港山城は1585(天正13)年の豊臣秀吉の四国侵攻，河野氏滅亡により廃城となった。港山の中腹には，河野氏の崇敬をうけた港三島神社がある。

坊っちゃん列車 ㉕
089-951-0870(梅津寺公園)

〈M▶P.2〉 松山市梅津寺1386-5　P
伊予鉄道高浜線高浜駅 🚶 2分

漱石も乗ったわが国最初の軽便鉄道

1888(明治21)年，松山・三津間6.8kmを結ぶわが国最初の軽便鉄道が開通した。機関車はドイツのクラウス社製である。このときの機関車・客車(県文化)は，高浜駅から北方へ10mほどいった伊予鉄道が経営する梅津寺公園(遊園地)内に保存・展示されている。夏目漱石の名作『坊っちゃん』にも登場したため「坊っちゃん列車」の愛称がある。現在その形を模した「坊っちゃん列車」が伊予鉄市内電車としてJR松山駅と道後温泉駅間を結んでいる。

ちなみに漱石が旧制松山中学に赴任し「坊っちゃん列車」に乗ったのは，開通の7年後である。

太山寺 ㉖
089-978-0329

〈M▶P.2〉 松山市太山寺1730　P
JR予讃線伊予和気駅 🚌 5分，または伊予鉄道松山市駅 🚌 太山寺・勝岡線太山寺 🚶 10分

四国霊場第52番札所 本堂は国宝

経ヶ森の東山腹にある太山寺(真言宗)へは，バスをおり，往時は門前町であった民家の間をぬけると，二の門の前にでる。739(天平11)年聖武天皇の勅願により行基が開基したと伝えられる。寺のある経ヶ森の地名の由来は，天皇みずからが金光明最勝王経を山頂に埋めたという伝承による。弘法大師空海が，法相宗であったこの寺を真言宗とし，四国霊場第52番札所となったとされる。

本堂(国宝)は解体修理の際の蟇股の墨書名から，1305(嘉元3)年の建立とわかった。正面の太い8本の柱が印象的で，愛媛県最大の木造建築である。和様が中心だが，唐様・天竺様の建築様式も取りいれた折衷様の入母屋造で，鎌倉時代のすぐれた建築技術を

太山寺本堂

示す。境内入口の二の門(仁王門、国重文)も鎌倉時代の遺構を伝える。

本堂内陣には多くの仏像が安置されている。鎌倉・室町時代の仏像も多いが、本堂内の厨子におさめられた7体の十一面観音立像(いずれも国重文)は、7体とも一木造で平安時代の制作と思われる。秘仏で開帳の10月17日しかみられない。なお、須弥壇中央仏像は聖武天皇勅納とされ、50年に1度しか開帳されない。

円明寺 ㉗
089-978-1992

〈M▶P.2〉松山市和気1-182 P
JR予讃線伊予和気駅🚶2分、または伊予鉄道松山市駅🚌太山寺・勝岡線和気🚶10分

四国霊場第53番札所

太山寺門前の道を東に20分ほど歩くと、円明寺に着く。聖武天皇の勅願により行基が開基し、弘法大師空海により四国霊場第53番札所となったとされる由緒は、太山寺と寺伝を同じくする。太山寺と違って町なかにある。本尊は阿弥陀如来である。入口の八脚門(県文化)は、室町時代の様式を残し、本尊の阿弥陀如来像の両脇侍立像(県文化)は、像内の包紙の銘から鎌倉時代末期の制作と思われる。また、本尊を安置する厨子(県文化)に打ちつけてあった鋼板の納札は、1650(慶安3)年に京都の住人家次がおさめたもので、四国遍路がいつから本格化したかを知るうえで貴重な資料である。

忽那氏と泰之山城跡 ㉘

〈M▶P.2, 29〉松山市中島大浦
大浦港🚶120分、または🚌20分

忽那水軍一族の根本城 忽那氏を知る貴重な文書

大浦港から北へ2時間ほどの泰之山(標高289m)に、泰之山城跡がある。鎌倉時代から戦国時代末期に活躍した、忽那水軍の根本城である。中島本島の内陸部にあって見晴らしもよく、忽那七島各所の城のネットワークの要として、また忽那氏の本城・逃込み城としての機能をはたしていたと思われる。文治年間(1185～90)に、忽那兼平による築城とされる。竪堀や石塁が頂上付近に一部残る。

忽那氏は、現在の中島町である忽那七島、中島本島・野忽那

島・睦月島・二神島・怒和島・津和地島・山口県柱島を支配する豪族であった。鎌倉時代には幕府から地頭職に任命されていた。南北朝時代初期の忽那義範はすぐれた人物で，南朝方に味方して活躍した。この時期の忽那水軍は，讃岐国から伊予灘に至る瀬戸内海の水軍勢力を広く掌握したこともあった。1339年から1342年まで，後醍醐天皇の皇子懐良親王を中島本島に迎え，懐良親王が征西将軍として九州に渡るのを助けた。また新田義貞の弟脇屋義助を今治国分寺に迎えるなどの活躍をみせた。

「忽那家文書」（県文化）は，この忽那氏の活躍を示す貴重な古文書である。「忽那島相伝之証文」3巻と「忽那一族軍忠状次第」1巻からなり，鎌倉時代から戦国時代末期にわたる，忽那水軍の動向や瀬戸内海の情勢をうかがうことのできる，重要な史料である。個人の所有であり，一般公開はしていない。

本山城跡 ㉙ 〈M▶P.2, 29〉松山市小浜
大浦港🚶30分，または🚗5分

中世城郭の面影をよく残す忽那水軍の山城

大浦港から南へ2.5kmほどのところに本山城跡がある。この城は，忽那水軍にとって本島防衛の要として築城された，大規模な山城である。築城は鎌倉時代初期ではないかとされる。独立丘陵（標高108m）を巧みに利用して，郭は南北に細長くのびている。竪堀や武者走りがよく残り，中世城郭の形がよくわかる。中世城郭には珍しく，石垣積みで郭の一部が構築されており，石垣が本格化する戦国時代末期まで利用されたのであろう。この城がはたしてきた重要性を示すといえる。

文中年間の板碑 ㉚ 〈M▶P.2, 29〉松山市小浜
大浦港🚶30分，または🚗5分

大浦港から南へ，長師地区へいく途中の小さな峠に，文中年間の板碑（県文化）がある。高さ160cm・幅30cmで，凝灰岩製の板石にきざまれている。この碑文が珍しいのは，造立の紀年銘に「文中元

「熟田津」論争 コラム

白村江の戦へ船出した熟田津はどこか

唐・新羅軍の侵攻により滅亡した百済復興をめざし、大和朝廷は、斉明天皇や中大兄皇子らが九州朝倉に赴いたが、663年の白村江の戦で日本軍は大敗した。『日本書紀』によれば、この行幸の際に、斉明天皇らは伊予国の熟田津を訪れ、石湯行宮に2カ月滞在した。『万葉集』には、額田王がそのおりに詠んだとされる「熟田津に 船乗りせむと 月待てば 潮もかなひぬ 今は漕ぎ出でな」がおさめられている。

この「熟田津」については諸説あり、西条説や今治説もある。そのなかでも、「石湯」を道後温泉と考え、「熟田津」を松山近辺とする説が有力だが、松山近辺だけでも「御幸寺山説」「三津説」「和気・堀江説」「南斎院・高岡説」などがあり、最初の3説は松山北部で共通している。

しかし最近では、発掘調査の成果から、松山南部の久米地域に古代官衙(役所)が当時すでにあったと考えられ、そこから近い重信川河口が有力視されている。

南北朝時代の南朝年号をきざんだ凝灰岩碑

(1372)年」と、南北朝時代の南朝の年号がきざまれている点である。碑には地蔵尊と梵字がきざまれているが、梵字から地蔵尊ではなく、十二天の1つで、東北方の守護神伊舎那天とも推定され、この碑の南西にある本山城の守護の役割をになって建立されたとも考えられる。また、ここから南方300mの長師の真福寺には、北朝年号の「貞治二(1363)年」ときざんだ板碑がある。忽那氏も北朝方・南朝方に分かれて争ったが、一族同士の争いと、全国的動乱が結びついた南北朝時代の特質がうかがえる。

桑名神社絵馬 ③
089-997-1181(松山市教育委員会 中島総合文化センター)

〈M ▶ P.2, 29〉松山市中島粟井 Ⓟ
大浦港 🚶60分、または🚗10分

豊富な江戸時代の船絵馬

大浦港の北東約4km、粟井地区では古くから海運業が栄えた。これは、江戸時代の「沖乗り」とよばれる幹線航路が沖合いをとおり、また岬がつきでた形で風雨から船をまもってくれる大泊というかっこうの停泊地が、すぐそばにあったためである。粟井地区北部にある桑名神社には、粟井の海運業者の守り神として、多くの船の絵馬が寄進されている。江戸時代のものが多く、貴重な文化財である。また、境内の倉庫には船箪笥や往来手形など、江戸時代の海運生活をうかがわせるものもある。

④ 河野氏のふるさと風早―北条

豊かな自然に恵まれ古代から開けた文化財の宝庫。由緒ある名刹や河野氏関連の史跡，勇壮な祭礼と優雅な文学の郷。

鹿島 ㉜ 〈M▶P.2〉松山市北条辻 Ｐ(北条港)
JR予讃線伊予北条駅 🚶北条港⛴2分

野生のシカが生息する中世城跡と信仰の島

　北条港の西方300mの沖合いに，周囲1.5km・標高113mの鹿島がある。市営の渡し船で2分ばかりゆられ，鹿島の船着き場で船をおりると，正面に北条鹿島博物展示館がある。おもな展示物は，瀬戸内海で引き揚げられたナウマンゾウの化石，鹿島や高縄山の動植物の標本，風早地方の先史時代の出土品などである。

　この博物館脇の登山口から山道を15分ほどのぼると，鹿島城跡に到達する。鹿島城は，建武年間(1334～38)に風早郡那賀郷の地頭職，今岡四郎通任によって築かれたと伝えられている。その後，中世伊予最大の領主河野氏の海上の要害として重要な役割をはたしたが，1585(天正13)年に河野氏が滅亡したあとは，村上水軍の一族である来島通総が城主となり，風早1万4000石を領有した。豊臣秀吉による朝鮮出兵で通総が戦死したのち，子の康親が跡をついだが，1600(慶長5)年の関ヶ原の戦いで，はじめ西軍に味方したことが災いし，豊後国森に転封され，その後鹿島城は廃城となった。現在では，北東尾根の上下2段の郭と石垣の一部が遺構として認められる。

　鹿島には，古来より島名の由来となった，九州屋久島鹿に属する小型の野生のシカ(県天然)が生息している。その一部は博物展示館から少し北にいった場所に，柵を設けて保護飼育されており，また登山道でもときおりシカの群れに出合うことがある。そのほかにも，波の浸食によって形成された景勝地，各所に点在する歌句碑，島

鹿島

河野氏のふるさと風早―北条

櫂練り

の南部にある海水浴場、注連縄（しめなわ）がかけられ「伊予の二見（ふたみ）」と称せられている玉理（ぎょくり）・寒戸島（かんど）など、見どころは多い。

例年、5月3日と10月の第2日曜日には、島東部にある鹿島神社の祭礼があり、連結した2艘（そう）の伝馬船（てんません）のうえで、地元の少年・青年が踊る櫂練り（かいねり）（県民俗）が行われる。この行事の起源は定かではないが、河野水軍が出陣に際し、鹿島神社の神前に集結して行った戦勝祈願や祝勝奉賛に由来すると伝えられている。現在のように年中行事化されたのは、江戸時代末期といわれている。

伝馬船には大漁旗・吹流しをつけ、日の丸の小旗をかざりつけた2本の笹竹を高く掲げている。伝馬船の船首にはボンデンをもった少年2人、船尾には剣櫂をもった青年2人がたち、「ホーランエー、ホーオンエー、ヨイヤサノサッサ、ヨイトセ、ヨイトマカ、ヨイトセ」の掛け声や鉦鼓（しょうこ）の囃（はやし）にあわせて勇壮な舞い

風早主要部の史跡

32　いで湯と文学の町松山

一茶の道

コラム

一茶の句碑をめぐる散策コース

　小林一茶が風早の地を訪れたのは，1795（寛政7）年のことである。その大きな目的は，師の竹阿の足跡を慕い，竹阿の友人である難波村最明寺の庵主茶来にあうことであった。

　しかし，茶来は15年前に亡くなっており，後任の住職に宿泊を断わられた一茶は，雨のなか最明寺の近くに住む茶来の友人高橋五井をたずねあて，一晩の宿を得ることができた。翌日には八反地村の富農で俳人の門田兎文の歓待をうけ，風早地方の有力な俳人が集まって句会が行われたという。

　一茶は松山に約1カ月滞在したのち，帰途に再び門田邸を訪れている。

　地元では，このとき一茶が歩いたと思われる下難波の鎌大師から，上難波の最明寺・高橋邸を経て，八反地の門田邸までの道を，一茶の道として標識をおき，散策コースとして社会教育に役立てている。

　また，最明寺・高橋邸・門田邸には，一茶来遊170周年を記念して，1964（昭和39）年に，一茶が現地で詠んだ句をきざんだ句碑が建立されている。

　朧々　ふめば水なり　まよい水
　　　　　　　　　　　（最明寺）

　この句碑の横には，近年子どもたちに囲まれた優しい風貌の一茶の石像がたてられた。

　月朧　よき門探り　当てたるぞ
　　　　　　　　　　　（高橋邸）

　門前や　何万石の　遠かすみ
　　　　　　　　　　　（門田邸）

最明寺の一茶句碑

高橋邸の一茶句碑

を披露し，北条港と鹿島の間の海上を何度も巡回する。すべて古式にのっとる独特の伝統行事で，多くの見物客で賑わう。

河野氏のふるさと風早―北条

大通寺 ㉝
089-992-0792
〈M ▶ P.2, 32〉松山市下難波甲813 P
JR予讃線伊予北条駅🚌5分

河野氏・来島氏ゆかりの曹洞宗の名刹

大通寺

伊予北条駅から北東へ約2km，エヒメアヤメ自生南限地(国天然)で知られる腰折山麓に，安楽山大通寺(曹洞宗)がある。貞和年間(1345～50)に，河野通朝が峰翁祖一(大曉禅師)を開基として創建し，以後河野氏の信仰を集めて，風早随一の永平寺末寺として繁栄した。1585(天正13)年，小早川隆景の来攻により寺は焼失したが，来島通総が風早1万4000石の領主となったときに，寺領寄進をうけて再興された。本堂には，高さ80cmの木造大曉禅師坐像(県文化)がある。大曉禅師は，風早にゆかりの深い大蟲宗吟(宗昌寺開山)や月庵宗光(最明寺開山)を指導したことでも知られる高僧で，晩年に大曉自身も河野通朝により風早に招かれ大通寺を開いた。この木像は寺伝によれば，1357(延文2)年の作とされている。寺の北西部には，河野通朝並びに来島水軍の墓所があり，来島通総の宝篋印塔もある。

大通寺から西へため池沿いに5分ほど歩くと，大通寺の飛地境内に鎌大師がある。ここは，かつては遍路道および旧今治街道の休息地であり，県の天然記念物であった大師松がひときわ高く枝を広げていて，旅人の目印となっていた。しかし，残念ながら松くい虫被害によって枯死し，1994(平成6)年に惜しまれながら切り倒された。現在，大師松跡には新しいマツが植えられている。なお，鎌大師には，1793(寛政5)年建立の芭蕉塚，南北朝時代の伝説を残す十八人塚とよばれる円墳，吉井勇の歌碑などがある。

難波奥の谷古墳 ㉞

〈M ▶ P.2, 32〉 松山市庄
JR予讃線伊予北条駅 🚗 8分

伊予北条駅の東方3km、庄集落の公民館から北へのびるゆるやかな上り坂を進むと、庄古墳群の1つ難波奥の谷古墳(県史跡)がある。丘陵の突端を利用し、入口が南に面した両袖式の横穴式石室をもつ円墳である。奥行は12m、入口の高さ1.25m、玄室の高さは3m

難波奥の谷古墳

である。すべて巨大な花崗岩を使用しており、奥壁は幅1.8m・高さ3mにおよぶ巨大な一枚岩を使用している。入口の天井をささえる石がやや傾いているが、石室の長さや広さでは県内有数の規模である。石の大きさや構造から判断して、古墳時代後期(6〜7世紀)の比較的遅い時期につくられたとみられる。明治時代まで何度も盗掘されたらしく、内部の棺や副葬品については不明である。

県内有数の石室をもつ横穴式古墳

風早平野を取り囲む丘陵地には、農村の首長クラスとみられる数多くの古墳が存在しており、早い時期から有力者による開発が進んでいたことが推測される。その多くが、農地の開墾や土木工事により消滅しているが、下難波地区の新城山古墳群では、東西1.5km・南北0.6kmの範囲内に、8基の横穴式石室を確認することができる。このうち3号墳は、玄室の奥壁の前に分厚い板状巨石で、神棚状の設備が取りつけられている。

庄薬師堂 ㉟
089-992-3658(十輪寺)

〈M ▶ P.2, 32〉 松山市庄 Ｐ
JR予讃線伊予北条駅 🚗 7分

奥の谷古墳から南に10分ほど歩くと、水田地帯のなかに庄薬師堂がある。この薬師堂の東に、1968(昭和43)年に新築された鉄筋コンクリート造りの収蔵庫があり、一木造の木心乾漆菩薩立像と木造菩薩立像(ともに国重文)が並んで安置されている。この2体の仏像は、薬師堂のなかに本尊の薬師如来坐像や、約30体の仏像群と一緒に収

平安時代初期の2体の仏像 風早唯一の重要文化財

河野氏のふるさと風早―北条

木心乾漆菩薩立像(左)と木造菩薩立像

蔵されていたが、1964(昭和39)年の文化財保護委員会の調査で、平安時代初期の作品であることが判明し、翌1965年に重要文化財に指定された。左側の木心乾漆菩薩立像は総高2.33mで、両腕の肘からさきを失い顔の損傷も激しいが、童顔でおだやかな表情をみせている。右側の木造菩薩立像は、高さ2.15mで髪を頭上高く束ねており、膝下に翻波式の衣文が認められる。この像も、両足先と左手先を失い、顔に亀裂が走るなど損傷が激しいが、素朴ながら風格のある表情をみせている。薬師堂の管理は庄集落にある十輪寺が行っており、事前に連絡すれば拝観することができる。

国津比古命神社 ㊱
089-993-3843

〈M ▶ P.2, 32〉松山市八反地甲106
JR予讃線伊予北条駅 🚶 5分

歴史をきざむ国津の丘 豪快な「あばれみこし」

　庄薬師堂から田園地帯を西へ向かい、立岩川にかかる橋を渡ると、正面に「国津の丘」とよばれる、木々の生いしげった丘陵が迫ってくる。ここに鎮座する国津比古命神社は、『延喜式』にある古社で、由来によれば、応神天皇の時代に物部阿佐利が風早国造に任じられたとき、その祖神の饒速日命および宇摩志麻遅命を祭祀したと伝えられている。はじめは櫛玉饒速日命神社とよんでいたが、その後、阿佐利命さらには応神天皇(誉田別命)を合祀し、近世になって国津比古命神社と改名し、現在に至っている。

　神社の鳥居をくぐり、正面の石段をのぼりきると、左側に均整のとれた楼門がみえてくる。これが国津比古命神社八脚門(県文化)で、松山城下の阿沼美神社に建立されていたものを、元禄年間(1688～1704)に移築したものである。外観は単層で入母屋造の本瓦葺き、一部唐様を取りいれた和様建築であり、虹梁の構造や蟇股などの彫刻に桃山時代の様式が残されている。

　国津比古命神社の南に隣接して櫛玉比売命神社(祭神天道日女

36　いで湯と文学の町松山

国津比古命神社八脚門

あばれみこし

命・御炊屋姫命(みかしぎやひめ)がある。もとは，やや南方の今の宗昌寺(そうしょうじ)付近にあったが，寛永(かんえい)年間(1624～44)に現在地に移された。境内には全長75m，後円部の径35m・高さ８mの前方後円墳，櫛玉比売命神社古墳がある。前方部の大部分は社殿並びに前庭広場として変形されているが，後円部は完全に残されている。石室や遺物はほとんど確認されていないが，築造時期は西暦400年前後と推定されており，風早国造の墳墓とする説もある。

10月の第２土曜日に行われる国津比古命神社の秋祭りには，「あばれみこし」とよばれる荒々しい奇習が行われる。この日の夕刻，風早地域を巡回して神社に帰ってきた４台の神輿(みこし)を，石段の上から勢いよく何度も投げおとし，神輿のなかから神体がとびだすまで繰り返す。神体にふれると，１年間無病息災になるという信仰により，若者が殺到争奪する様子は全国的にも有名である。神輿の渡御時には，笹花(ささばな)ではなやかな「だんじり」という屋台が繰りだし，半鐘と太鼓が激しく打ち鳴らされる。風早地方の秋祭りは，このだんじりの半鐘と太鼓の音が終日鳴り響き，風早の火事祭りとの異名をとる。

宗昌寺(そうしょうじ) 37

089-992-0649

〈M ► P.2, 32〉松山市八反地甲256 P
JR予讃線伊予北条駅🚗5分

松山藩ゆかりの名刹
威厳ある大蟲禅師坐像

国津比古命神社から南に５分ほど歩いた小丘陵に，集福山宗昌寺(黄檗(おうばく)宗)がある。由緒(ゆいしょ)によれば1331(元弘(げんこう)元)年，風早地方の豪族越智経孝(おちつねたか)の夫人宗昌禅尼の願により，大通寺開山の大暁禅師の弟子大蟲宗吟が開山したと伝えられている。創建当時は国津比古命神社の西方に存在していたが，天文(てんぶん)年間(1532～55)に大火にあって伽藍(がらん)の大半を焼失，その後，1672(寛文(かんぶん)12)年に松山藩主松平定長(まつだいらさだなが)により，

木造大蟲禅師坐像

現在地に再建された。1684（貞享元）年に山城国黄檗山万福寺の末寺となり，臨済宗から黄檗宗へかわった。

境内には，大蟲宗吟の三回忌につくられた，基座に「貞治三（1364）年」の銘がきざまれている宝篋印塔（県文化）がある。塔は総高1.86mで花崗岩製であり，基座・塔身・露盤・相輪の調和などの点で，風早地方の宝篋印塔を代表するものである。

1974（昭和49）年に新築された本堂には，14世紀につくられた木造文殊菩薩坐像と木造大蟲禅師坐像（ともに県文化）がある。とくに大蟲禅師坐像は，松平定長がこの像に傾信し，藩邸にもち帰ったという逸話も残っている。

光徳院 ㊳
089-992-1420

〈M ▶ P.2, 32〉松山市高田甲797-1 P
JR予讃線伊予北条駅 🚗 5分

戦火をくぐりぬけた真言宗の名刹

宗昌寺に面する道路を東に5分ほど歩くと，すぐ右手の山麓に恵日山光徳院歓喜寺（通称光徳院，真言宗）がある。かつては密護山護持院神護寺とよばれており，1303（嘉元元）年に尊龍が再興し，後醍醐天皇の勅願寺として繁栄のもとを築いた。しかし，1525（大永5）年の兵火より，堂宇が全焼したといわれる。その後，1682（天和2）年に松山藩4代藩主松平定直が，家老に命じて現在地に再建したことが，棟札に残されている。

本尊の木造阿弥陀如来立像（県文化）は，10世紀ごろに制作されたと考えられており，堂宇全焼の際にかろうじて焼失を免れた。そして，1868（明治元）年の神仏分離令までは，国津比古命神社の本地仏として同神社に祭祀されていたと伝えられる。木造聖観音菩薩立像（県文化）は，同じく10世紀ころに制作され，翻波式の彫刻法を用いて神秘的な香りをただよわせている。また，1880年に高野山金剛峰寺から入手した，鎌倉時代末期の作と考えられる両界曼荼羅掛軸も保存されている。

文化の森公園 ㊴
089-993-3266(ふるさと館)

〈M ▶ P.2, 32〉 松山市北条別府955 P
JR予讃線柳原駅 🚶 15分

風早地域の文化活動の拠点 歴史資料も展示

　柳原駅のすぐ東側を南北に走る国道196号線バイパスを北に進むと、右手の田園地帯に文化の森公園がみえてくる。教育・文化などの機能をもつ施設の集積地として、北条市(現、松山市)が1987(昭和62)年から8カ年計画で建設した公園である。公園内には、ふるさと館・図書館・芝生広場などがあり、地域住民の憩いの場となっている。

　中心となる施設は、1995(平成7)年に開館した鉄筋コンクリート造り3階建ての松山市北条ふるさと館である。1階の歴史民俗資料展示室では、風早地方で発掘された土器などの遺物や、河野氏の活動にかかわる資料が展示されている。また、2階では、美術作品の展示や各種企画展が開催されている。さらにふるさと館は、歴史体験教室や河野氏関係交流会など歴史に関する講座や、イベントの会場として積極的に活用されており、風早地方の歴史文化活動の拠点として重要な役割をになっている。

善応寺 ㊵
089-992-0844

〈M ▶ P.2, 32〉 松山市善応寺甲428
JR予讃線柳原駅 🚌 10分

　文化の森公園から南に進み、河野川を渡って左折し、ゆるやかな上り坂の直線道路を1kmほど進むと、好成山善応寺(臨済宗)がある。ここには、鎌倉時代、河野氏の風早地方の拠点である土居館があった。1336(建武3)年に河野通盛が道後の湯築城に拠点を移した際、この館を京都の東福寺を模して寺院に改築した。開山は鎌倉建長寺の南山士雲の門下であった正堂士顕である。当時の境内は約90haで、七堂伽藍のほか十三塔頭があり、近世の旧善応寺村全域にわたる広大なものであった。現在の善応寺は、かつての寺域

善応寺(中央)と雄甲城跡(左)・雌甲城跡

河野氏のふるさと風早—北条

横山城跡の太鼓岩

河野氏の繁栄を伝える禅寺
中世社会を知る貴重な古文書

の東隅にあった明智庵跡にたっている。

善応寺には、南北朝時代から江戸時代にわたる古文書69通を巻子本5巻に分類装丁した「善応寺文書」(県文化)がある。この古文書は、河野氏あるいは河野氏と関係の深かった西園寺氏に関するもので、内容は足利義詮の御教書(写し)・河野氏の下知状・譲渡状・禁制、西園寺氏の寄進状などであり、河野氏の動向や中世の社会経済を知るうえで貴重な資料である。また、本堂には、創建当初につくられたとされる釈迦如来像・獅子騎乗文殊菩薩像・象騎乗普賢菩薩像(いずれも県文化)がある。さらに、1924(大正13)年に善応寺付近の丘陵で発見された、白鳳時代に朝鮮半島から渡来してきたと考えられる、金銅誕生仏立像(県文化)が保管されている。

寺のすぐ東側の急峻な山頂には、雄甲城跡(標高238m)と雌甲城跡(標高192m)がある。中世の河野氏は、これらを含めて風早地方の東方にそびえる高縄山(標高986m)の山塊の各所に城塞を築き、戦略上の重要拠点としていた。善応寺は、河野一族の精神的なよりどころとしてだけではなく、雄甲・雌甲両城とともに、湯築城の北方の要害としての役割もになっていた。高縄山城の重要拠点として有名なものに、善応寺から約3kmほど南にある横山城跡(県史跡)がある。標高453mで風早平野や瀬戸内海の展望がよく、河野氏の一族南氏が代々ここを居城としていたが、1585(天正13)年の小早川隆景の攻撃で落城した。この城跡の本丸には、太鼓岩(天狗岩ともいう)とよばれる大岩があり、このうえに物見櫓の柱穴であったと考えられる穴がある。横山城跡へは、東側の松山市野外活動センターからのルートが便利であり(🚶約10分)、途中10条にもおよぶ堀切跡が確認できる。

40　いで湯と文学の町松山

5 旧国名「伊予」を冠した地域―伊予市・伊予郡松前町

古代より「伊予郡」とよばれ、伊予国の一中心地として発展。江戸時代に灘町の成立と萬安港の開港により隆盛をきわめた。

松前城跡 ❹

〈M ► P.2, 41〉伊予郡松前町筒井1410
伊予鉄道郡中線松前駅 🚶12分

自然の利をいかした居城 加藤嘉明、伊予国最初の居城

　県道伊予松山港線にでて北上すると、東レ愛媛工場がある。工場正門前に松前（正木）城跡記念碑がある。

　松前城の起源はあきらかではないが、松前城の名がはじめて文献にあらわれるのは、「建武三（1336）年 祝安親軍忠状」である。この南北朝時代に、南朝方の合田弥四郎貞遠の居城となり、以後大森彦七領となった時期をはじめ各氏の居城となったが、1595（文禄4）年、加藤嘉明が文禄の役の戦功により、淡路1万5000石から松前6万石に転封された。嘉明はその後、慶長の役の功により10万石に、さらに関ヶ原の戦いでは東軍に属し、その功により20万石に加増された。これにより、海辺の要害の地松前から、近世城郭や城下町を築くのに適した松山に1603（慶長8）年移転し、松前城は廃城となった。嘉明の松前在城は約8年間であった。

　現在、城跡にはなにも残っていないが、絵図によると、伊予川（旧重信川）の出口に位置し、城郭の西が海に面し、三方を伊予川を天然の堀とした標高の低い大きな島であったようである。松山移転の際、石材や構造物も移築され、松前城の大手門であった筒井門（1971年復元）や乾櫓が松山城に現存する。大手門の礎石は、筒井の町道にある矢野地蔵の近くに残っており、円形の花崗岩でできている。

松前城跡周辺の史跡

松前城跡

義農作兵衛の墓 ⑫

生命をかけて麦種をまもった農民 享保の大飢饉の際の義民

〈M ▶ P.2, 41〉 伊予郡松前町筒井1330
伊予鉄道郡中線松前駅🚶8分

　松前駅の北約200mのところに義農公園がある。ここに高さ2m余りの雲母安山岩でつくられた義農作兵衛の墓(県史跡)がある。

　作兵衛は1688(元禄元)年，筒井村(現，松前町筒井)の貧しい農家に生まれた。1732(享保17)年，西日本では夏から秋にかけて天候不順による長雨と，ウンカの発生で大飢饉となった。世にいう享保の大飢饉である。領内の餓死者は江戸幕府への届書で3489人，とくに城下周辺の農村の被害が甚大であった。筒井村の百姓作兵衛は，飢えに苦しみながら，翌年の播種のための麦種の俵を枕に，この年に餓死した。作兵衛は農民の使命と作物の種子の大切さを人びとに示した。

　同年12月，藩命により墓碑がつくられた。義農公園内の頌徳碑は，1776(安永5)年に松山藩8代藩主松平貞静が，儒臣丹波南陵に命じ建立したものである。毎年4月23日には義農祭を行い，作兵衛の遺徳をしのんでいる。

伊予岡八幡神社古墳群 ⑬
089-983-2820(八幡神社)

10基余りの古墳群 由緒ある八幡神社

〈M ▶ P.2, 43〉 伊予市上吾川508
伊予鉄道郡中線郡中駅🚶15分

　郡中駅の南東約1km，国道56号線沿いにある郡中小学校の東方に，照葉樹林におおわれた丘陵がある。この丘陵に伊予岡八幡神社古墳群(県史跡)がある。丘陵上に10基余りの古墳が分布している。多くは円墳であるが，2基は前方後円墳とみられ，うち1基は月陵とよばれる長さ約40mの巨大なものである。長い歳月に，周辺は宅地化と農地の開発が進められ，古墳群の考古学的調査が待たれている。

　古墳と並存している伊予岡八幡神社(祭神 足仲彦命・誉田別命・息長帯媛命)は，859(貞観元)年創建の伝承がある。江戸時代

伊予岡八幡神社と古墳群

には，大洲藩主加藤氏歴代の祈願所であった。近くには，古代の条里制の遺構である六反・市ノ坪の地名もみられる。

灘町の家並み ⓮ 〈M ► P.2, 43〉伊予市灘町
伊予鉄道郡中線郡中駅 徒歩5分

砂丘上に発達した街村 街道沿いの伝統的家並み

郡中駅の南西部，伊予市の中心市街地郡中は，砂丘上に発達した街村で，北の湊町から灘町にかけて，街道沿いに古い家並みが続く。

この地域は，1634(寛永11)年までは松山領であった。松山藩主蒲生忠知の死後，蒲生家は嗣子がないため断絶となり，1年間だけ2代大洲藩主加藤泰興が松山を領した。その間に，大洲領と陸続きで，生産力のある松山領の伊予・浮穴郡20村1万3000石を，大洲領の飛地風早郡・桑村郡78村1万6000石と替地を願いでて許され，1635年以降，この地を御替地とよんだ。翌年，伊予郡上灘村の宮内九右衛門・清兵衛兄弟が藩に開拓許可を願いでて移住し，米湊村の海辺の松林を開いた。その後開拓移住者がふえ，人口がしだいに増加した。泰興は，町名「灘町」を許し，この町を諸役御免地とした。

郡中から向井原の史跡

灘町には大洲藩の郡奉行出張所・町番所・海番所・綿役所・船蔵などがおかれたが，その中心は，伊能忠敬や幕府巡検使の宿にもなった豪壮な商家の姿を今にみせる宮内家の邸宅である。町をひらいた宮内家は，町年寄を代々つとめ，ま

旧国名「伊予」を冠した地域―伊予市・伊予郡松前町

灘町の家並み

た酒造業を営み、紙の販売を公認されていた。敷地は1000坪（3300m²）をこえ、かつては1間幅の柑橘畑の防火林が囲んでいた。

　灘町をはじめ、湊町・三島町はともに大洲藩の在町で免租地であり、山間地との物資の集散地としてともに栄えた。大洲藩の布達により、この地域を御替地から郡中とよぶようになったのは、1817（文化14）年からである。

伊予港（旧称 萬安港・郡中港）⑮

〈M ▶ P.2, 43〉伊予市灘町　P
JR予讃線伊予市駅🚶10分、または伊予鉄道郡中線郡中港駅🚶10分

　郡中港駅から南下して10分ほどで伊予港に着く。この港は1812（文化9）年、岡文四郎が大洲藩命により構築した掘込み式港湾である。当時、萬安港とよばれていた。農民・漁民たちに粥しか食べさせず、労働させたといわれることから、港の南に掘った土を盛ってできた小山を「粥食い山」とよんでいる。さらに1835（天保6）年の改修で、現在の港の形態がほぼ整った。

　米・大豆・大洲和紙・木蝋・海産物・砥石など、さまざまなものがこの港から運ばれた。明治時代に郡中港と改名した。1911（明治44）年、2万3690m²の埋立地と長さ105mの物置き場、灯台1基が完成し、大阪からの定期便も発着して発展の基礎がつくられた。

伊予港の船だまり

江戸時代からの物流拠点　大洲藩が築いた掘込み式港湾

伊予市と花かつお

コラム

産

全国一の花かつお

　JR伊予市駅の近くに大きな花かつお会社の本社・工場が3つある。ヤマキ・ヤマニ・マルトモの各社である。

　尾崎村（現，伊予市）出身の岡部仁左衛門が，行商で名古屋にいき，削り節をみて発想し，1916（大正5）年に郡中で創業したのが始まりである。もともと郡中港（現，伊予港）は，藩政時代から海産物をはじめ物資の集積地で，花かつおの製造をはじめた3社は，いずれも海産物問屋を営んでいた。また，雨が少なく，乾燥しているという瀬戸内式気候が原料の乾燥や貯蔵に適し，高品質の製品がつくられた。

　全国的に花かつお業者は零細企業が多いが，伊予市の3社は，自然食ブームとそれに対応した新製品の販売で，生産量を飛躍的にのばした。これら3社は近代的工場設備をもち，3社で1000人以上の従業員を擁し，業界最大手である。

　原料はサバ・イワシ・カツオなどで，九州ほか日本各地から購入している。伊予市は，全国一の生産量を誇り，日本の花かつおの大半がここでつくられている。

昭和30年代の改修工事により外港が完成し，伊予港と改称した。

　付近に製材工場が多いのは，明治時代以降，久万地方の木材の積出港でもあったことと関連する。港には，伊藤博文が来訪した彩浜館とさざえ堀，石造りの旧灯台がある。港の南西部の海岸は，平家の美しい姫が身を投じて五色の石になったという伝説をもつ五色浜である。

旧灯台

伊予稲荷神社 ㊻
089-982-0888
〈M▶P.2, 43〉 伊予市稲荷1231　P
JR予讃線伊予向井原駅🚶15分

伊予地方の総鎮守
古代の窯跡かわらがはな

　伊予向井原駅の北東1kmのところに，伊予稲荷神社がある。社伝によると，古代に京都の伏見稲荷大社から勧請して，伊予地方の総鎮守とされた。その後，河野通有以降河野家代々の祈願所となり，社領が寄進され，社域も拡大した。江戸時代になると，大洲・

旧国名「伊予」を冠した地域—伊予市・伊予郡松前町

45

伊予稲荷神社　　　　　　　　　　　　　　　　　　　かわらがはな窯跡

新谷両藩の祈願所となった。1802(享和2)年正一位をさずけられ，正一位稲荷大明神と称した。

楼門(県文化)は1662(寛文2)年の造営で，桃山風を残し，入母屋造・本瓦葺きの重層建築物である。柱はすべて円柱で，円形の礎石のうえにたつ。余土の治部の秀作と伝える。ほかに本殿・幣殿・中殿・拝殿・神楽殿・神饌所・宝物館・絵馬殿などの建造物がある。

伊予向井原駅から南へ250mほどのところに，かわらがはな窯跡(県史跡)がある。現在3基が発掘され，見学施設として整備されている。この窯は，自然の傾斜地を利用した登り窯で，全長約7mあり，燃焼室・焼成室・煙道部からなっている。燃焼室は，奥行1.5m・幅1.3m，天井までの高さ1.5mとなっている。このほかにも13カ所の窯跡と考えられる遺構が発見されている。遺物としては，奈良時代を中心とした8世紀中ごろの重弧文の軒瓦が多く出土している。

さらに線路沿いに道を南下すると，字曽根の地に石造層塔(県文化)がある。高さ3.3mの五重層塔で，凝灰岩製，造立当初は4mをこえる七重層塔であったと考えられる。鎌倉時代の「建治三(1277)年」の紀年銘を有する。表面がやや摩滅しているが量感があり，地方では珍しい層塔である。

石造層塔

⑥ 久米官衙と金毘羅街道─松山東部・東温市

松山市東部の久米地区には，7世紀後半の郡役所跡や来住廃寺跡があり，金毘羅街道が城下町から東温市につうじていた。

日尾八幡神社 ㊼
089-975-1744

〈M ▶ P.2, 47〉松山市鷹子町894
伊予鉄道横河原線久米駅 徒 25分

椿神社と夫婦神
日尾八幡神社と三輪田米山

　久米駅前の県道を東にいくと，交差点の左手に日尾八幡神社(旧県社)の朱塗りの鳥居がみえる。鳥居前にある注連石にきざまれた「鳥舞」「魚踊」の文字は，手前の石柱の「縣社日尾八幡大神」と同じく，明治時代の同社宮司であり，書家としても知られた三輪田米山(本名常貞)のもので，右に2基の米山顕彰碑がある。社殿は石段のうえにあり，752(天平勝宝4)年に宇佐八幡から勧請したと伝える。

　祭神は応神天皇・仲哀天皇・神功皇后ら7神。伝承では，松山市内小野の小屋峠村に伊予国の地神としてまつられていた夫婦神が洪水で流されて離ればなれになり，男神が松山市石井の伊豫豆比古命神社(通称椿神社)に，女神が日尾八幡神社にまつられたという。旧暦1月7〜9日の椿祭りには，日尾八幡神社からも女神の渡御が行われるが，御旅所が異なり，両神が出会うことはないという。

　中世には伊予の豪族河野氏の尊崇をうけて，しばしば社殿の再建が行われ，また近世には歴代松山藩主の崇敬をうけた。境内から約10分で山頂の展望台に至り，松山平野南東部を一望できる。また境内から右の小道をくだると，浄土寺に至る。

　日尾八幡神社の鳥居下に遍路道の道標があり，北に進むと約2kmで四国霊場第50番札所繁多寺(真言宗)に至る。

浄土寺 ㊽
089-975-1730

〈M ▶ P.2, 47〉松山市鷹子町1198　P
伊予鉄道横河原線久米駅 徒 6分

　日尾八幡神社から県道松山川内線にでて，左に分かれる遍路道を東に進むと，

浄土寺周辺の史跡

久米官衙と金毘羅街道─松山東部・東温市

浄土寺本堂

空也上人立像
四国霊場第49番札所

　2分ほどで浄土寺(真言宗)に至る。浄土寺は四国霊場第49番札所で，寺伝によると孝謙天皇の勅願寺として行基が開いたと伝えられる。その後源頼朝により再興されたが，1416(応永23)年兵火で焼失，1482(文明14)年に伊予守河野通宣が伽藍の再建に着手し，2年後に落成した。これが現在の**本堂**(国重文)で，重厚な風格のある本瓦葺き寄棟造である。桁行(正面)・梁間(側面)とも5間(約9.1m)，屋根は四柱造で，和様と唐様を折衷した室町時代中期の様式を伝えている。

　また，南無阿弥陀仏の名号が口から6体の仏となってあらわれている空也上人立像(国重文)は，鎌倉時代につくられた高さ122.4cmの寄木造の彫刻である。この像にみる空也は腰がまがり，京都六波羅蜜寺の若々しい空也像とは対照的である。すでに老境にある空也が念仏をとなえながら遍歴する姿をあらわしており，鎌倉時代の写実的な作風を伝えた肖像彫刻である。本堂内陣正面の一間厨子は，入母屋造・妻入り・板葺きで，唐様の美しさをたたえた秀作である。厨子には四国巡礼者が墨書した落書きがあり，最古のものは「大永五(1525)年」の銘がある。空也上人立像は，普段は非公開だが，松山市などが企画する観光ツアーに参加すれば見学できる。また，浄土寺裏の山麓には三輪田米山の墓があり，墓石の銘は米山が生前に書いたものといわれる。

久米官衙遺跡群 ㊽

〈M▶P.2, 47〉松山市来住町852
伊予鉄道横河原線久米駅🚶20分

「久米評」の線刻土器
来住廃寺祭りの里

　久米駅東側の県道松山東部環状線を南進して丁字路を左折すると，県道久米垣生線との交差点に遍路道の道標があり，そこを右折すれば約3分で国道11号線に至る。国道に沿って5分ほど西進すると，右手に樹林がみえる。ここが来住廃寺跡(国史跡)で，樹林は小さな金堂の基壇跡である。来住廃寺一帯は南の小野川と北の堀越川には

48　いで湯と文学の町松山

久米の金毘羅街道と遍路道

コラム

往時をしのぶ道標・常夜灯

　伊予から讃岐につうじる街道は讃岐街道であるが，その呼称が一般化するのは明治時代以降といわれる。讃岐への道は，金刀比羅宮参詣の道であったことから，古くから金毘羅街道とよばれた。松山城下からは，札の辻を起点に新立を経て桑原―畑寺―久米につうじていた。

　四国霊場第50番札所繁多寺は，畑寺東部の山麓に位置し，畑寺の地名の由来となった。繁多寺の本尊は薬師如来で，梵鐘には「元禄九（1696）年」の銘がある。畑寺から南下すると日尾八幡神社で，鳥居下から南にのびる街村状の市街地は，街道沿いに発達した小規模な宿場町であった。

　その入口にある後藤酒造は，初代松山藩主加藤嘉明とともに松前から松山に移り，城下の味酒町で酒造業を営んだ豊前屋に起源をもつ。同酒造の清酒「梁の井」は全国の品評会で金賞を得ている。

　後藤酒造南の踏切の横に金毘羅常夜灯があり，そこから2分ほど南の小さな社の入口に「従金毘羅大門二十九里」の道標がある。

　金毘羅街道は，その南で左折して平井まで直進し，横河原を経て川内に至るが，このほかにも重信川右岸をたどるルートや，南部の山麓をたどって川内に至るルートも金毘羅街道とよばれた。これらの旧街道沿いには，各地に道標や常夜灯が残っている。

　写真の道標の文字は「左へんろみち」と「すぐこんぴらみち」で，左折して北に向かうのが浄土寺に至る遍路道，直進して東に向かうのが金比羅街道である。

金毘羅街道と遍路道の交差点にある道標

さされた，東西500m・南北400mの舌状の台地で，来住台地とよばれる。かつては基壇跡に隣接して長隆寺（黄檗宗）があったが，遺跡の整備のため1999（平成11）年に移転した。

　1967（昭和42）年に来住廃寺の初の発掘調査が行われ，白鳳時代の寺院の存在が確認された。さらに1977〜78年の第2・3次調査によって僧坊跡や回廊状遺構が判明し，律令国家形成期の貴重な地方施設として，1979年に国指定史跡（面積1万1816m^2）となった。基壇の規模は9.8m四方，講堂は東西29m・南北18mで，当初は基壇の

来住廃寺金堂基壇跡

規模などからここには五重塔がたっており、法隆寺式伽藍配置であったと推定されていた。

しかし、2005年に行われた調査により、塔の心礎にあたる石がないことや礎石の配置などから、金堂跡であることが判明した。この遺構からは、白鳳時代の素弁蓮華紋軒丸瓦や鴟尾片などが出土した。また基壇跡に残る石は、東西1.62m・南北1.55m・高さ0.69m（重さ約2ｔ）の巨大なもので、中央に直径0.8ｍの穴が貫通していることから、最近では塔の安定を保つため、屋根のうえにおかれた石製露盤とみられている。

来住廃寺東方約800mの久米窪田町にある久米窪田Ⅱ遺跡では、1977年の調査で掘立柱建物跡7棟や井戸状遺構などが発見され、7～8世紀の官衙関係遺跡とみられている。

来住廃寺の西方では、1985（昭和60）年に久米高畑遺跡の調査がはじまり、1988年の第7次調査では「久米評」と書かれた線刻須恵器が出土した。「評」は「郡」の前段階にあたる7世紀後半の地方行政単位で、これらの調査の結果、政庁や正倉院など地方官衙の遺跡が確認されたことから、2003（平成15）年8月に来住廃寺跡と官衙遺跡をあわせて、国指定史跡久米官衙遺跡群（合計面積3万2156m²）と改称された。一辺が100mにおよぶ回廊状遺構では、八脚門や正殿風建物の跡が確認され、百済救援に向かった斉明天皇が、2カ月ほど滞在した石湯行宮跡ではないかとの説もある。

現地に残っているのは金堂基壇や石製露盤であるが、松山市はこれらの遺跡をいかした町づくりを検討中である。また、地元の久米地区では1995（平成7）年以降、毎年8月に来住廃寺祭りを開催して、遺跡の紹介につとめている。

来住廃寺跡から国道11号線を約1km東進し、久米窪田町の交差点を右折して南に約1.8km進むと、四国霊場第48番札所西林寺（真

西林寺

言宗)に至る。西林寺のある高井町は、「伊予節」にうたわれている水草のテイレギの里で知られるが、近年その生息地が減少し、現在では西林寺の西方500mに位置する杖の淵公園の清流で保護されている。

三島神社 ㊿

〈M ▶ P.2, 53〉 東温市則之内乙2615
伊予鉄道松山市駅🚌川内行終点🚗4分

鎌倉時代末期の随身立像
県内最古の三間社流造

川内バス停から県道松山川内線を東に約600m進み、国道11号線との交差点を右折すると、300mで国道に隣接して鎮座する三島神社に至る。主祭神は大山積神で、1338(暦応元)年大山祇神社を崇敬する河野通郷が社殿を建立したと伝えられる。

楼門にある2体の木造随身立像(県文化)は彩色をほどこしたヒノキの寄木造で、像高は右1.38m・左1.35mである。1体の背面材の内側に「延文四(1359)年」の墨書銘があり、鎌倉時代末期から南北朝時代の特徴をもつ彫刻であることがわかる。この随身像は、一般にみられる阿形・吽形の一対ではなく、2体とも吽形である。

本殿(国重文)は大山祇神社の本殿と同じ三間社流造で、かつては檜皮葺きであったが、現在は銅板葺きである。中世の三間社流造の建物としては、県内で最古といわれ、蟇股や手挟などの様式から、大山祇神社本殿の原型をなす建物ではないかとみられている。

本殿は桁行(正面)4.2m・梁間(側面)4.5mと小ぶりだが、14世紀中ごろの建物と推定され、神社建築としての価値が高い。

三島神社から国道11号線をさらに500mほど東進し、

三島神社本殿

久米官衙と金毘羅街道―松山東部・東温市

右手のJAえひめ中央三内支所の交差点を右折すると，道が二股に分かれる。右の山道をのぼると300mほどで，安国寺(臨済宗)に至る。安国寺は足利尊氏が戦没者追善のため全国62カ所に建立した寺院で，本寺もその1つである。

川上神社古墳 (51)

089-966-2859(川上神社)

〈M►P.2, 53〉東温市南方字川上37
伊予鉄道松山市駅🚌川内行終点🚶5分

河野氏・松平氏の祈願所
多数の出土馬具類

安国寺から国道11号線の交差点まで戻り，直進して表川の天神大橋を渡ってすぐ左折し西に約800m進むと，川上神社の麓に至る。伊予鉄バス川内バス停前からは，約100m東にある東温市川内支所西側の道を北進すると鳥居がみえてくる。石段をのぼると川上神社で，社殿の裏側に川上神社古墳(県史跡)がある。

この古墳は1913(大正2)年に発見され，当初は前方後円墳とみられていたが，その後の調査で方墳または長円墳などの説がだされている。墳丘の大きさは約40mと20mの長方形または長円形で，高さは約5mである。墳丘には2基の石室があり，東側の石室は全長7m，玄室の長さ2.65m・幅2.1m・高さ2.2mの両袖式である。側壁と奥壁は1枚石で，巨石を用いた古墳のなかでも県内で最大規模として知られる。西側の石室は封鎖されているが，かつては玄室内に4人分の人骨が残っていたと伝えられる。

古墳からは，鞍金具・杏葉・冑・鉄剣・鉄鏃などの武具や馬具のほか須恵器も出土し，なかでも馬具類が多いのが特徴である。出土品は，奈良県立橿原考古学研究所で保存処理をほどこしたのち，古墳に隣接してたてられた宝物館で保管されている。川上神社は旧県社で，所蔵の古文書によると，もとは北方に鎮座していたが，河野通久が1427(応永34)年に現在地に移して社殿を造営したという。以来，河野氏の祈願所と定められ，江戸時代にも松山藩主の祈願所として栄えた。なお，古墳および宝物館の見学には，事前に川上神社への連絡が必要。

医王寺 (52)

089-966-2222

〈M►P.2, 53〉東温市北方字宝泉1551
伊予鉄道松山市駅🚌川内行終点🚶20分

川上神社の石段下の道は金毘羅街道である。街道沿いの古い集落を西に約400m進み，児童遊園地手前の角を右折して北に直進する

と，800mほどで医王寺（真言宗）の正面に至る。本尊は薬師如来で，702（大宝2）年行基が開いたと伝える。1071（延久3）年源頼義により再建され，棟札によると，中世には河野氏，近世には松平氏により修築されたという。

本堂内の厨子（国重文）は間口1.03m・奥行0.73m・棟高2.88mの一間厨子で，入母屋造・妻入り・柿葺きである。1962（昭和37）年の解体修理の際，「天文三（1534）年」の墨書銘や「慶長十三（1608）年」の修理銘などが発見された。この厨子は室町時代の建築様式の特徴を伝え，「大永五（1525）年」の墨書銘がある浄土寺の厨子と，大きさや形などが酷似している。厨子の見学は東温市役所川内支所をつうじて，事前の連絡が必要である。

医王寺の門前から西に約1km進んで右折し，海上の集落をぬけると重信川に達する。この道はやがて大畑橋を渡って重信川右岸につうじ，さらに約6km上流に進むと，砂防ダムの横で岡バス停に至る。左の道端に「福見寺　岡寺」の表示があり，そこの坂道をあがると5分足らずで福見寺（真言宗）に着く。福見寺は，もとは松山市との境界をなす福見山（標高1053m）の山頂近くにあったが，807（大同2）年に山麓の岡に本坊が造営されたと伝えられる。山中には奥の院があり，地形図には「福見寺」と記されている。本坊に安置されている本尊の聖観音菩薩立像（県文化）は，像高1.61mでヒノキの一木造である。両手首からさきが欠損しているが，全身に漆箔の跡がうかがわれ，下半身には彩色の跡がみられる。かつては8月9日の縁日の際に，拝観のため厨子の扉を開いていたが，現在は非公開である。

三島神社周辺の史跡

室町時代の厨子がある医王寺　福見寺の本尊，聖観音菩薩立像

久米官衙と金毘羅街道—松山東部・東温市

7 土佐街道・三坂越え—松山南部・砥部・久万高原

松山南部から久万高原に至る地域，旧土佐街道筋は，古くから幹線道として賑わい，歴史遺産が数多く残されている。

天山と星ノ岡 53

〈M▶P.2, 54〉松山市天山町・星岡町
伊予鉄道松山市駅■砥部線天山変電所★5分

天山と天香具山・南北朝の古戦場・星ノ岡

　松山市内から国道33号線を南下し，環状線をこえた辺りを天山地区とよぶが，ここから東方にいくつかの分離丘陵がみえる。それがかつて「伊予の三山」とよばれた天山・星ノ岡・東山である。この丘陵地帯には数多くの古墳が分布していたが，開発や宅地化によりほとんどが破壊され，形状や出土品を確認することはできない。ただ，天山1号墳については，1971(昭和46)年に松山市教育委員会が詳細な調査を実施し，中国・三国時代の舶載鏡とみられる半円方形帯神獣鏡(銘帯環状乳五神五獣鏡)が出土した(現在，松山市南斎院の松山市考古館に保管)。そのほか，管玉や装飾付須恵器など多数の副葬品が発見されている。

　天山の由来について『伊予国風土記』逸文はつぎのように伝えている。「天山と名づくる由は，倭なる天の加具山，天より天降りし時，二つに分かれて，片端は倭の国に天降り，片端はこの土に天降りき，因，天山という本なり」(原漢文)。天香具山が天から降るとき二分し，大和の香具山とこの天山になったというこの話と同様の伝承が『大和国風土記』逸文にもあり，興味深い。

星ノ岡周辺の史跡

　天山の南東に位置する星ノ岡は，南北朝時代の古戦場として知られており，『太平記』にもその名がみられる。1333(元弘3)年，後醍醐天皇の討幕運動に呼応して兵をあげた伊予の武将土居通増・得能通綱の軍勢が，幕府方の長門探題北条時直を破ったのがこの星ノ岡である。この戦いの結果，伊予は反幕府勢力が優勢になり，鎌倉幕府に大きな衝撃をあたえた。麓から歩いて10分たらずでのぼることができる星ノ岡

54　いで湯と文学の町松山

山頂には，1884（明治17）年に建立された星岡表忠之碑がたっている。また，星ノ岡の南約2kmの土居町に，この戦いで活躍した土居氏の菩提寺である万福寺（真言宗）がある。

椿神社 ㊴
089-956-0321
〈M▶P.2, 54〉松山市居相町337 P
伊予鉄道松山市駅🚌砥部線 椿前🚶10分

天山地区から少し南に進み，椿前交差点を西へはいると赤い大鳥居がみえ，さらに500mほど進むと森に囲まれた神社につきあたる。これが伊豫豆比古命神社，別名椿神社で，地元では「椿さん」の愛称で親しまれている。縁起開運・商売繁盛の神として知られ，毎年旧暦の正月7～9日には椿祭りとよばれる例祭が開かれる。「伊予路に春をよぶ」といわれるこの祭りには，県内外から多数の参詣者が訪れ，大鳥居から椿神社に至る参道には，縁起物を売る露店が軒を並べるなど，毎年賑わいをみせる。

境内には本社以外にも多くの社がある。その1つ，奏者社は，椿神社の祭神となった伊豫豆比古命と伊豫豆比売命の2柱が伊予の舟山（境内向かって左手の岩山）に着いたとき，それを迎えた地元の神である潮鳴栲綱翁神をまつっており，神社建築としては非常に珍しく，本殿に向きあう形でたてられている。また，勝軍八幡神社は，蒙古襲来の際，伊予国から出兵した武将が戦勝を記念し宇佐八幡神社を勧請した社で，「勝軍さん」のよび名で，必勝・合格祈願の神として崇敬を寄せられている。

正岡子規の詠んだ「賽銭の　ひびきに落ちる　椿かな」の句碑をはじめとした多くの句碑・歌碑のほか，700基をこえる句碑玉垣が境内にめぐらされており，そこにきざまれた歌や人生訓を眺めながら境内を散策するのも一興である。

伊予路に春をよぶ椿祭り

椿神社本殿

土佐街道・三坂越え―松山南部・砥部・久万高原

豊島家住宅 ㊺
089-948-6603（松山市教育委員会文化財課）

〈M ▶ P.2, 54〉松山市井門町421-1
伊予鉄道松山市駅🚌砥部線南井門🚶10分

幕府巡検使を迎えた豪農屋敷 井門の八棟造

　国道33号線の南井門バス停から西へはいった，松山IC付近の田園地帯の一角に，白い土塀に囲まれたひときわ目をひく建物がある。これが豊島家住宅（国重文）である。豊島家は浮穴郡25カ村を取り仕切った大庄屋をつとめた豪農で，その屋敷地は約3000m²にもおよび，北西に堀，四方に築地塀を設けている。

　住宅は主屋のほか，表門・米倉・衣裳倉などからなっている。主屋は1758（宝暦8）年の建築で，直屋に角屋を配した造りは，みる方向によって形が異なることから「井門の八棟造」と称され，屋根は上層が茅葺き入母屋造，下層は本瓦葺きとなっている。

　屋内は広大な土間のほか，台所・居間などの居室部，居室座敷取合部，客人の接待場となる座敷部の3つに分かれている。座敷部は書院をはじめとして3室が東西に並び，書院と次之間には畳敷広縁をめぐらしている。また，渡廊下で湯殿・雪隠を設けており，江戸幕府巡検使や藩役人の宿所としてたびたび利用されたという，豪農のありし日の姿を今に伝えている。なお，見学には事前の予約が必要である。

豊島家住宅

荏原城跡 ㊻

〈M ▶ P.2, 58〉松山市恵原町・東方町
伊予鉄道松山市駅🚌久谷・丹波線恵原🚶3分

河野氏の重臣の中世館跡 衛門三郎伝説の里

　さらに国道33号線を南進し，重信川を渡ると砥部町にはいるが，ここからいったん国道から離れ，土佐街道の三坂峠への入口にあたる松山市久谷地区にはいる。砥部町拾町交差点を左折し，県道23号線を約1.5km東進した交差点を右折し，県道194号線を進むと久谷地区にはいる。この道は，かつての土佐街道にあたる。

56　　いで湯と文学の町松山

荏原城跡

恵原バス停から東に100mほど進むと，幅広い水堀と土塁，そこに植わる雑木林がみえるが，これが河野氏の重臣平岡氏の居館跡，荏原城跡(県史跡)である。城跡への入口にあたる虎口は堀をまわった南側にあり，そこから内部にはいると広大な郭跡をみることができる。現在は畑地および荒地となっているが，かつては城主の平岡氏の館があったと考えられる。

また，方形の土塁上の四隅には，櫓跡と推定される平坦地や，基底部の石積み跡などを確認することができる。1585(天正13)年，河野氏の滅亡とともに，平岡氏は毛利氏の家臣となり荏原城も廃城となったが，平野部にある居館跡としては残存状態は非常に良好で，しっかりとした構えはかつての栄華を今に伝えている。

また，荏原城の南東約600mの新張の集落近くには，戦国時代の領主土岐氏の居館新張城跡がある。田地のなかに木々がしげっている一画があり，２本の堀を確認することができる。土岐氏は美濃国(岐阜県)から入部した一族で，恵原や久万山地方に所領を有していた。

荏原城から西方200mの田んぼのなかに，小さな古墳が点在する八ツ塚古墳群がある。古墳時代後期の古墳群であるが，四国遍路の起源説話に登場する衛門三郎が荏原の人であったことから，衛門三郎の８人の子どもの墓という伝承も伝わっている。また，恵原地区には，衛門三郎が子どもの供養と悪因縁切の御修法をし，四国八十八所発祥の寺院とされる番外札所文殊院がある。

渡部家住宅 (57)

089-943-8108

〈M►P. 2, 58〉松山市東方町甲1238 Ⓟ
伊予鉄道松山市駅🚌久谷・丹波線恵原🚶10分

荏原城の北側の道を東に向かい，県道207号線をすぎると渡部家住宅(国重文)がある。渡部家は天保年間(1830～44)から幕末まで，浮穴郡東方村とよばれたこの地の庄屋をつとめた旧家である。南に

渡部家住宅

幕末の庄屋屋敷 武者窓とドンデン返し

面した長屋門には武者窓が設けられ、武家屋敷のような威圧感があるが、そこから敷地内にはいると堂々たる主屋がみえる。江戸時代末期の1866(慶応2)年に上棟された主屋は、一部2階建ての入母屋造・本瓦葺きで、屋根のうえに小さな茅葺きの越屋根をもっている。

久谷の史跡

主屋内部には大小多くの居室があるが、玄関に近い側には、来客用の空間など表向きの部屋を設ける一方、北側には居間や奥座敷など内向きの部屋を配している。また、表座敷の床脇の壁には「ドンデン返し」などの珍しい構造がみられる。渡部家が庄屋をつとめた幕末は、世情の不安定な時期であり、その立地は土佐街道に面した交通の要地であった。武者窓やドンデン返しは、当時の緊迫した情勢を今に伝えている。

江戸時代末期の豪農の住居遺構として重要文化財となり、1974(昭和49)～76年に解体・復元修理が行われた。なお、土・日曜日に公開しているが、見学には事前に予約が必要である。

大下田古墳群 ⑱ 〈M▶P.2, 60〉 伊予郡砥部町宮内・松山市上野町 P
伊予鉄道松山市駅🚌砥部線運動公園入口🚶5分

古代の森古墳公園

久谷に分岐した国道33号線砥部町拾町交差点に戻り、約500m南に進んだ右手丘陵には水満田古墳群があり、古墳公園として整備されている。また、砥部川をはさんだ国道の左手の台地上の砥部町・松山市上野町一帯は、縄文時代から古墳時代にかけての遺跡の宝庫となっている。そのうちの1つ、運動公園入口バス停東側にある

58　いで湯と文学の町松山

久谷の札所と遍路道

コラム

遍路文化を伝える道標と坂本屋

　久谷地区に2つの札所があり，付近には遍路道標も多く残されている。

　荏原城跡から土佐街道を約1.5km南進すると，四国霊場第47番札所八坂寺(真言宗)に至る。古くから修験道の道場として栄えたこの寺の本尊木造阿弥陀如来坐像(県文化)は，鎌倉時代末期ごろの作であるが，開帳は50年に1度の秘仏であり，次回は2034年という。

　さらに約500m南進すると，第46番札所の浄瑠璃寺(真言宗)に至る。門前にある正岡子規の「永き日や　衛門三郎　浄瑠理寺」の句碑のほか，境内の六地蔵脇には，荏原城最後の城主平岡通倚の墓がある。

　浄瑠璃寺からさらに三坂峠方面に向けて進んだ松山市窪野町桜の集落に，かつての遍路宿坂本屋がある。明治時代末ごろにたてられ，のち廃業していたが，地元の公民館や有志により保存・修復運動が進められ，遍路文化を伝える遺産として休憩所となっている。

　車での移動も坂本屋付近で行き止まりになり，そこから三坂峠まで約3kmの登り道。街道の脇には行き倒れの遍路の墓・石仏・祠が点在し，かつての四国巡礼の一端を垣間見ることができる。

　また，三坂峠につうじるこの道は，松山城下と久万山を結ぶ土佐街道の最大の難所であった。その苦労の様子をうたった三坂馬子唄が，三坂峠をはさんだ久万地区や松山市久谷に伝えられている。

　「三坂越えすりゃ雪降りかかる　もどりゃ妻子が泣きかかる　むごいもんぞや久万山馬子は　三坂夜出て夜もどる」。

　大下田古墳群は，いずれも横穴式石室をもつ17基の円墳から構成されている。運動公園・動物園への進入路の南に位置する1・2号墳は，県史跡に指定されている。また，進入路北側の高台に位置する古墳群は「古代の森」として整備されている。

　この台地上にある愛媛県生涯学習センター内に，愛媛人物博物館(県民メモリアルホール)があり，愛媛県ゆかりの先人たちの遺品や業績がパネルで展示されている。また国道33号線を1kmほど南に進んだ，砥部町庁舎に隣接する砥部町文化会館郷土資料展示室では，砥部町の歴史のほか，砥部町出身の新派の名優井上正夫の活躍の様子をパネルや映像で紹介している。さらに南に進んだ砥部町大南に，2012年3月，癒やしと勇気を与えてくれる"真民さん"の詩を紹介する坂村真民記念館が開館した。

陶芸の里・砥部 (59)

〈M►P.2, 60〉伊予郡砥部町五本松・北川毛
伊予鉄道松山市駅🚌砥部線砥部焼伝統産業会館前🚶すぐ

砥部焼の歴史
国の伝統的工芸品

砥部町庁舎をすぎ，500mほど進んだ砥部川を渡った五本松・北川毛周辺地区は，砥部焼の窯元が集中する陶芸の里・砥部の中心地である。

砥部の散策は，砥部焼伝統産業会館からはじめるのがよい。数々のすぐれた作品が展示されており，砥部焼の歴史を知ることができる。ここから南へ歩いて約5分で砥部焼を遊歩道に埋め込んだ陶板の道があり，その坂道を少しのぼると陶祖杉野丈助や向井和平の碑のたつ陶祖ヶ丘に着く。その西麓には砥部町陶芸創作館がある。

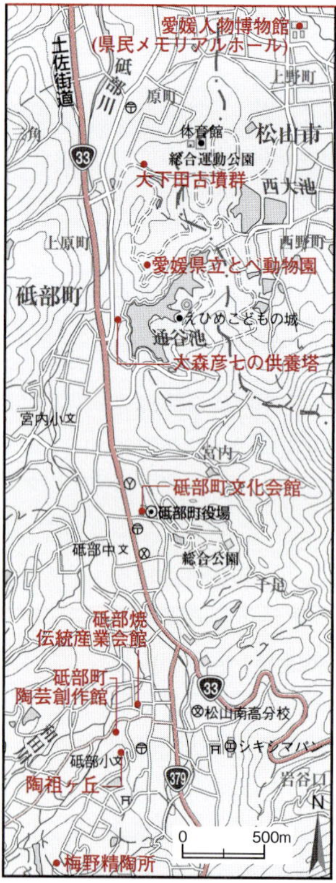

砥部町の史跡

また，陶祖ヶ丘から南へ約500mいった梅野精陶所には，砥部最大の登り窯が残されており，隣接する工房では，製造過程の見学をすることができる。

砥部の名は，この地が古くから砥石の産地であったことに由来するといわれるが，それを用いて磁器がつくられるようになるのは江戸時代中期，大洲藩9代藩主加藤泰候のときである。泰候は，1775(安永4)年，家臣に命じて磁器の焼成に着手させ，肥前大村藩より窯職人を招き，五本松に登り窯を築いた。いく度も失敗を重ねた末に，1777年白磁の焼成に成功し，これが現在の砥部焼のおこりとされる。このときの現場の責任者であった杉野丈助は，以後陶祖としてまつられ，毎年4月に陶祖祭が行われている。

文政年間(1818〜30)，向井源治が

大森彦七と鬼女伝説

伝 コラム

楠木正成の鬼女伝説
歌舞伎十八番「大森彦七」

　愛媛県総合運動公園下の県道194号線（旧国道33号線）を南に進んだ通谷口バス停近くの丘の中腹に，南北朝時代の武将大森彦七の供養塔がある。

　大森彦七は，『太平記』に「楠木正成ニ腹ヲ切ラセシ者也」と記された人物で，伊予国砥部荘千里城主。1336（建武3）年の湊川の戦いで足利尊氏に味方し，楠木正成軍を撃破したとされる。その大森彦七に，つぎのような伝説が伝えられている。

　湊川の戦いの功績により，彦七は，室町幕府から恩賞をうけることになり，松前の金蓮寺で祝賀の猿楽もよおされることになった。その夜，彦七が砥部のはずれにある矢取川を渡ろうとしたとき，1人の美女が川を渡れず困っていたので，彦七はこころよくその女を背負って矢取川を渡ることにした。

　ところが，川の途中で背が急に重くなったので，不審に思った彦七が，月明かりで川面に映った美女の顔をみると，鬼の顔であった。鬼は楠木正成の怨霊で，彦七の刀を奪おうとするが，必死で彦七は鬼を撃退した。彦七はこの件について幕府の足利直義に報告し，そのときの刀を献上したという。

　この伝説に基づき砥部町重光の矢取川の近くには，魔住が窪地蔵堂が設けられ，川の畔には石碑がたっている。また，この話は浄瑠璃「蘭奢待新田系図」や歌舞伎十八番「大森彦七」として演じられ，今なお人びとを魅了している。

砥部川上流で陶石を発見し，それを利用した磁器が焼かれるようになり，現在の白肌の美しい砥部焼が焼かれるようになった。その後も，窯の改良，錦絵の技法の導入などをつうじて砥部焼は発展をみた。また，藩の保護・奨励により西日本各地に販路を広げたが，大坂の淀川で，船客に食べ物を売るときに使われた「くらわんか茶碗」に，伊万里焼とともに砥部焼が多く用いられたことは，それをよく物語っている。

　明治時代以降は，販路がさらに拡大され，外国へも輸出されるよ

登り窯（梅野精陶所）

うになった。1885(明治18)年には中国への輸出がはじまり，1893年にはシカゴ・コロンブス世界博覧会で向井和平の淡黄磁の花瓶が1等賞を獲得し，砥部焼の名は海外にも知られるようになった。大正時代には，生産量の8割が外国へ輸出されるなど，砥部焼は「伊予ボール」として人気を博した。昭和時代初期の大不況で一時低迷したが，第二次世界大戦後，柳宗悦や富本憲吉らの芸術家を招いて指導をうけ，創作技術の向上がはかられた。

1976年，砥部焼は国の伝統的工芸品の指定をうけ，愛媛を代表する産業に成長をとげるとともに，昨今の陶芸ブームもあって，全国的にも注目を集めるようになった。現在は80をこえる窯元が伝統の技法を継承するととともに，若手陶芸家たちによる新しい作風が加わり，さらなる発展をとげている。

仰西渠 ㊿ 〈M▶P.2〉上浮穴郡久万高原町西明神仰西 P

JR予讃線松山駅🚌落出線仰西🚶2分

元禄年間掘削の農業用水路

砥部町千足から国道33号線は四国山地にはいり，傾斜がきつくなる。左手眼下に松山市久谷地区を眺めながら約30分車を進めると，標高720mの三坂峠に到着する。かつては土佐街道の難所であった三坂峠も，1892(明治25)年に四国新道の愛媛県内分が，上浮穴郡郡長檜垣伸らの尽力により完成したのをはじめとして順次改良が進み，現在の国道33号線へと整備され，松山と久万高原は車で1時間で結ばれることになった。さらに，2012年3月，自動車専用道路三坂道路が開通し，峠を経由せず松山と久万高原が結ばれることになった。かつての交通の難所は，快適なドライブコースとなり，新しい歴史を刻むことになった。

久万高原町西明神地区の切通し下の久万川沿いに仰西渠がある。元禄年間(1688〜1704)，旧久万

仰西渠

砥部焼

コラム **作**

ぼってりと重みのある手ごたえ

　砥部町陶芸創作館では，実際に砥部焼を体験できる。時間が許せば坯土(粘土)からの作製に挑戦してみたい。手びねり・ろくろなどさまざまな手法で，好みの型をつくり形を整えて，第1段階終了。約1カ月で素焼きが焼き上がり，つぎは絵付けになる。鉛筆で下絵を描き，呉須とよばれる絵の具で絵をなぞる。絵付けが終了したら，再び1カ月かけて焼きあげ，オリジナルの砥部焼が完成する。

　絵付けからも挑戦できる。あらかじめ用意されている60種類の素焼きから好みのものを選び，絵付けをする。完成品は自宅まで発送してもらうこともできる。

　このほかにも町内の多くの施設で，絵付け体験や製造工程の見学ができる。また，窯元のなかには定期的に陶芸教室を開いているところもあり，多くの愛好家が集い，賑わいをみせている。

　砥部焼伝統産業会館から商店街に向かうと，店先に個性あふれる砥部焼のオブジェがおかれてあり，陶芸の里の雰囲気を感じることができる。

山町村の商家山田屋の山之内彦左衛門が，農業用水不足に悩む農民のため開削した灌漑用水路で，彦左衛門の号「仰西」にちなみ，仰西渠とよぶ。

　仰西渠のある入野村や久万町村付近は水事情が悪く，久万川から筧を設けて水を得ていたが，台風や洪水にあうと経費と労力を空費していた。仰西は，久万川に面した岩盤を石ノミとツチだけでうがつという難工事を指導し，くだいた石くず1升と米1升を交換するなど，私財をなげうって多くの人を雇いいれ，長さ57mにもおよぶ水路を完成させたと伝えられている。その仰西渠は，今も周辺の農地に利用されている。

　切通しの岩のうえには，1877(明治10)年にたてられた仰西の偉業をたたえた仰西渠之碑があるが，碑文の最後を締めくくる「仁なる人の澤　百世悠久なり　嚴なる渠　竭きず　翁名朽ちること無し」が地元の人びとの仰西への想いを今に伝えている。

大除城跡 ❻

〈M ▶ P.2〉上浮穴郡久万高原町菅生 槻之沢
JR予讃線松山駅 🚌 落出線仰西 🚶 60分

　仰西渠から久万川を隔てて見上げる，切りたった標高約700mの山頂に大除城跡がある。採石の採取で南および西斜面が大きく削ら

大除城跡

大野氏3代の中世城郭跡　久万郷の軍事上の要塞

れているが，山頂には，仰西渠から東側の槻之沢地区からのぼることができる。

大除城は，土佐の軍勢に対する備えとして湯築城主河野氏が天文年間（1532〜55）に築造し，喜多郡宇津城主大野直家を城主に迎えたとされる。久万郷（現，久万高原町）周辺には，大除城を中心に30をこえる枝城が設けられ，土佐軍勢の進入に備えたが，大除城から南をのぞめば，久万の町を一望でき，軍事上の要衝であったことがわかる。山頂には3段に削った平坦な郭が確認でき，井門や石垣跡や堀切もみられる。周辺には「馬場」「城のきし」などの小字名が残っている。

なお，大除城は，1585（天正13）年豊臣秀吉の命により，四国へ侵攻した小早川隆景の軍門にくだった河野氏の湯築城とともに開城し，直家・利家・直昌の3代にわたり繁栄した城の歴史は，終止符を打った。

大宝寺 ②
0892-21-0044

〈M▶P.2〉上浮穴郡久万高原町菅生2番耕地1-173　P
JR予讃線松山駅🚌落出線久万🚶15分

四国霊場の中札　県指定の名勝菅生山

大除城跡を左手にみながら久万高原町の中心久万にはいると，町並みが賑やかになる。久万高原町のある地域は，藩政時代「久万山六千石」とよばれた松山藩の重要藩領の1つであった。

バス停のある町の中心部から東へ歩いて15分ほどで，菅生山大宝寺（真言宗）に到着する。四国霊場第44番札所であることから「中札」とよばれる大宝寺は，寺号が701（大宝元）年の創建にちなむとされる伊予の古刹である。古くから権力者の保護をうけており，仁平年間（1151〜54）に焼失後，後白河天皇が病気平癒の祈願を行い，全快後再建されたと伝えられている。また，戦国時代末期には長宗我部氏の兵火にあって，のち松山藩主松平氏により再建されたという。

現在の山門・本堂などの堂塔は，明治時代の大火災後，大正・昭和時代に再建されたのもである。スギの大木のなかにそびえたつ山

64　いで湯と文学の町松山

大宝寺

門には，1455(享徳4)年制作とされる金剛力士像や，100年に1度取り替えられるという大草履があり，人目をひいている。

大宝寺を中心とした菅生山一帯は，県指定の名勝にもなっており，山地植物の宝庫となっている。とくに樹齢800年ともいわれる老杉の並木は，一帯におごそかな雰囲気をかもしだしている。

大宝寺から，車で旧国道を5分ほど南に進んだ上野尻地区に三島神社がある。773(宝亀4)年，大三島町にある大山祇神社を勧請したのが始まりとされ，大除城主大野直昌らの崇敬を集めたと伝えられている。拝殿(県文化)は，1603(慶長8)年に松山藩主加藤嘉明の重臣佃十成により再建された。入母屋造で，屋根や外部の柱以外は再建当時の構造や様式が保存されており，なかでも斗栱・欄間・化粧垂木は，桃山時代の雄大な造りを今に伝えている。

また，大宝寺に隣接する地に久万美術館がある。林業の町にふさわしい地元産の木材を使った木造和風建築で，近代洋画や郷土の日本書画・工芸品などが展示されている。なかでも松山藩絵師遠藤広實が描いた「久万山真景図絵巻」(久万山絵図)は，三坂峠や岩屋寺・赤蔵ヶ池・八釜など久万山の名勝を描く全3巻の絵巻で，当時の風景を知るうえで貴重な資料となっている。

さらに車を進めた直瀬地区には，八幡神社(県文化)がある。本殿は単層入母屋造，柱は白木角型で清楚な感じをうける社である。現在は鞘堂により保護されている。また，拝殿は単層入母屋造で，三方に縁があり吹抜けになっており，多くの絵馬が奉納されている。直瀬地区には，300年の伝統をもつ川瀬歌舞伎(県民俗)が伝わっており，現在も地域ぐるみの伝承活動が続けられている。1824(文政7)年に八幡神社に奉納されたとされる「義経千本桜」や，「菅原伝授手習鑑」などの歌舞伎絵馬は，地域文化の歴史を伝えるとともに，神社が地元の人びとの篤い信仰を集めていたことをうかがわせる。

岩屋寺遠景

岩屋寺 ⑥
0892-57-0417

〈M▶P.2〉上浮穴郡久万高原町七鳥1468 Ｐ
伊予鉄道松山市駅🚌面河線岩屋寺🚶20分

四国霊場の難所
一遍上人の修業地

　久万方面から県道12号線を進むと，約20分で旧美川村七鳥地区にはいり，まもなく岩屋寺(真言宗)参道口に到着する。四国霊場第45番札所である海岸山岩屋寺の開基は，815(弘仁6)年といわれ，古くは大宝寺の奥の院だったとされる。山号にある海岸山は，弘法大師が「山高き　谷の朝霧　海にして　松吹く風を　波にたとえむ」とその景色を詠んだことに由来する。

　岩屋寺バス停のある参道口からは，昼でも薄暗い杉木立のなかを歩いて約20分かかり，四国霊場のなかでも難所の1つである。本堂・大師堂などの建物は明治時代に火災のため焼失し，1920(大正9)年に再建されたものであるが，数十mにもおよぶ岩峰をはじめとした周辺の大自然と調和して，独特の雰囲気をかもしだしている。境内には，大師の掘った霊水がわくという穴禅定や，大師の行場である逼割禅定がある。旧暦3月21日には縁日「岩屋さん」が開かれ，多くの参拝者が訪れる。

　鎌倉時代の『一遍聖絵』には，一遍が菅生の岩屋にこもり遊行の決意をした場面が取りあげられ，岩屋寺周辺の奇岩が屹立する独特の風景が描かれている。なお，一帯は隣接する直瀬地区の古岩屋とともに，1944(昭和19)年に国の名勝に指定されている。

上黒岩岩陰遺跡 ⑥
0892-56-0369

〈M▶P.2〉上浮穴郡久万高原町上黒岩1092 Ｐ
JR予讃線松山駅🚌落出線上黒岩遺跡前🚶10分

縄文時代草創期の遺跡
線刻礫「女神石」

　国道33号線を久万から高知方面に，車で15分ほど進んだ上黒岩遺跡前バス停の川向いに，上黒岩岩陰遺跡(国史跡)がある。1961(昭和36)年，開墾の手伝いをしていた地元の中学生により発見され，その後5次におよぶ発掘調査の結果，縄文時代草創期から早期にかけての遺跡とわかった。遺跡に隣接する地に，1974年上黒岩岩陰

遺跡考古館が完成し，出土品の一部を展示している。

出土品のなかでもっとも注目を集めたものは，第9層から出土した総計8個の，長径5cm程度の緑泥片岩の川原石にきざまれた線刻女性像である。長い髪・大きな乳房・腰みのなど，女性の特徴をとらえた線刻礫は「女神石」ともよばれ，安産や豊かな実りを祈るためのものと考えられている。全国でも出土例は少なく，考古学研究上貴重な発見となった。同じ第9層から，わが国最古（約1万2000年前）の土器とされる細隆起線文土器などの遺物も多数出土した。

さらに，第4層からは貝製装飾品などが出土した。その材料であるイモ貝やツノ貝は，土佐湾まで採集にでかけるか，交易することで手にいれたと考えられ，当時の人びとの行動範囲の広さが推測される。また，上黒岩岩陰遺跡からは，腰骨に槍が刺さったままの人骨など20体近くの人骨が発見されたほか，人骨のそばで2体の犬が埋葬された状態で発見されており，約8000年前すでに犬を飼っていたこともあきらかになった。

上黒岩岩陰遺跡から南へ徒歩3分のところに旧山中家住宅（国重文）がある。もともと旧別子山村（現，新居浜市）にあったが，破損が著しく現地保存が困難であることもあり，岩陰文化の里の設置に伴い，旧美川村がゆずりうけて，現在地へ復元したものである。18世紀中ごろの建築とされ，土間がせまく部屋を1列に並べる間取りは，四国山地における民家の典型的様式とされる。

上黒岩岩陰遺跡からさらに車で高知方面へ5分ほど進むと，御三戸に着く。久万川はここで面河川と合流し，仁淀川として太平洋へと流れを進めるが，その合流地点にそびえたつのが御三戸嶽（県名勝）である。種田山頭火により「岩が大きい　岩がいちめん　鳶紅葉」と詠まれ，国道33号線有数の景勝地となっている。

御三戸から面河方面に車で約30分，面河渓（国名勝）に着く。さら

赤蔵ヶ池と鵺伝説

コラム
伝

源頼政の鵺退治伝説

御三戸から国道33号線を5kmほど高知方面に進んだ古床地区から、仁淀川を渡り山道を約10kmのぼった二箆地区の山中に赤蔵ヶ池がある。標高880mの人里離れた山中にある周囲600mたらずのこの池には、源平争乱の端緒を開いた弓の名手源頼政にかかわる伝説がある。

その昔、二箆に生まれ育ち京都にのぼって役人になった源三位頼政は弓の名手であったが、なかなか出世できずにいた。母親は近くの赤蔵ヶ池にいき、息子の出世を祈り続けた。そのころ京都で夜ごと、頭はサル、胴体はトラ、尾は竜の姿をした怪鳥鵺があらわれ、京都の平穏をおびやかした。朝廷から退治するようにとの勅命がくだるが、誰もこわがって退治しようとしない。そこで、頼政が自慢の腕でみごと鵺を退治し、功が認められ、のち出世をはたすことになる。ところが、その鵺の正体は頼政の母の化身で、息子の出世のために、鵺に変身し息子に討たれたのである。頼政が鵺を射抜いた翌朝、赤蔵ヶ池には鵺の死骸が浮かんでいたという。

源頼政は伊予国と直接関係のある人物ではないが、同族の美濃の守護土岐氏が、伊予国荏原郷のほか赤蔵ヶ池のある久万山を所領としたことで、土岐氏一族に伝わる頼政の鵺退治の武勇伝説がこの地に伝えられたと考えられている。

赤蔵ヶ池

に、石鎚スカイラインを利用して約30分で、石鎚山の登り口土小屋に到着、徒歩約2時間で山頂にたつことができる。また、面河渓の入口にあたる関門地区の面河山岳博物館では、石鎚山系の動植物や岩石、面河の歴史や石鎚山岳信仰・登山史などを紹介している。

一方、御三戸から国道33号線を高知方面へ車を進め、落出地区より国道440号線にはいると、八釜甌穴（国天然）がある。大小30個におよぶ壺のような穴が川底の岩に連なり、独特の景観をつくっている。さらに車を1時間ほど進めた地芳峠から、東へ進むと四国カルストがあり、その中心にあたる五段高原付近は、石灰岩が点在する典型的なカルスト地形が展開している。

今治と瀬戸の島々

Imabari Seto

今治城と瀬戸内海

来島海峡大橋

①今治城跡	⑨国分尼寺塔跡	⑰大山祇神社	㉔波止浜
②今治市河野美術館	⑩志島ヶ原	⑱甘崎城跡	㉕江口貝塚
③別宮大山祇神社	⑪綱敷天満宮	⑲伯方ふるさと歴史公園	㉖妙見山古墳
④阿方貝塚	⑫桜井漆器会館	⑳上島町の島々	㉗加茂神社
⑤乗禅寺石塔群	⑬今治藩主の墓	㉑能島城跡	㉘野々瀬古墳群
⑥野間神社	⑭国分寺	㉒芸予要塞	㉙奈良原神社
⑦鯨山古墳	⑮国分寺塔跡	㉓来島城跡	
⑧別名の大楠	⑯国分城(国府城)跡		

◎今治と瀬戸の島々散歩モデルコース

今治市内めぐりコース　　JR予讃線今治駅_25_今治城跡_15_テクスポート今治_15_愛媛文華館_10_今治市河野美術館_3_今治地域地場産業振興センター_15_別宮大山祇神社_1_南光坊_10_JR今治駅

今治市内石造物めぐりコース　　JR予讃線今治駅_7_阿方貝塚_4_乗禅寺石塔群_30_野間神社石造宝篋印塔_25_長円寺跡石造宝篋印塔_3_野間坪之内石造五輪塔_8_野間覚庵石造五輪塔_20_野間バス停_12_JR今治駅

桜井古代史めぐりコース　　JR予讃線伊予桜井駅_3_国分尼寺塔跡_5_法華寺_10_綱敷天満宮・志島ヶ原_20_今治藩主の墓_8_国分山(唐子山)_10_唐子台古墳群_10_国分寺_8_国分寺塔跡_20_JR伊予桜井駅

大三島・伯方島国宝めぐりコース　　西瀬戸自動車道大三島IC_10_大山祇神社_10_上浦歴史民俗資料館_5_甘崎城跡_5_大三島IC_10_西瀬戸自動車道伯方島IC_15_伯方ふるさと歴史公園_15_喜多浦八幡神社_10_伯方IC

大島水軍めぐりコース　　西瀬戸自動車道伯方島IC_10_西瀬戸自動車道大島北IC_5_宮窪港_3_能島城跡_3_宮窪港_5_村上水軍博物館_10_カレイ山展望台_20_八幡山_10_野間仁根バラのミュージアム(吉海郷土文化センター)_15_亀老山_15_大島南IC

来島水軍めぐりコース　　JR予讃線今治駅_20_馬島バス停(エレベーター)馬島港_5_小島港_30_小島砲台跡_30_小島港_5_来島港_10_来島城跡・柱穴群_10_来島港_5_波止浜港(塩田跡)_30_JR今治駅

タオル文化の発信地―今治

県史跡の今治城とともに、市の郊外には重要文化財の中世石造物が数多く点在する。今治が誇る貴重な文化財である。

今治城跡 ❶
0898-31-9233
〈M ▶ P.70, 76〉 今治市通町3-1-3 Ｐ
JR予讃線今治駅🚌25分，今治港🚶10分

日本第一の海城、藤堂高虎が築城　今治城

　今治港の南端から南へ約500mの平坦地に、全国的にも珍しい海岸平城の今治城跡（県史跡）がある。

　関ヶ原の戦いで活躍し、伊予半国にあたる20万石余を領有した藤堂高虎は、海陸の交通や経済発展にも便利な拠点として、1604（慶長9）年、越智平野中央の今張の浦の砂州に城を築き、武家屋敷をはじめとする城下町を開いて、発展性に乏しい山城の国府城（国分城）から移った。古地図によれば、3重の堀をめぐらし、中堀の一部から外堀をつうじて海にこぎだすことができる海城としての機能をもち、多くの城門と櫓を配した雄大な城であったが、当時の遺構は内堀と石垣が残るのみである。1608年高虎が伊勢の津へ転封したのちは、養子の高吉が約27年間留守をまもった。1635（寛永12）年、松平定房が3万石で領有し、松平家の居城として明治維新を迎えた。

　今治城の天守は、高虎転封の際に解体され、丹波亀山城（現、京都府亀岡市）に移築されたため、長らくまぼろしの天守といわれてきたが、1980（昭和55）年、今治市制60周年事業として、5層6階建ての望楼型天守として再建された。この天守には、武具甲冑・今治城古地図・藩主書画など武家文化資料がおもに展示されており、最上階の展望台からは市街地や来島海峡大橋、石鎚連峰を眺望できる。また、多聞櫓は自然科学館、御金櫓は郷土美術館、山里櫓は古美術館として、おもに郷土ゆかりのものが展示されている。

今治城

継ぎ獅子

コラム

行

人のうえに人がたち、獅子を舞う伝統の神楽舞

約300年前，伊勢神宮の「太々神楽」の一団が，伊勢神宮のお札をもって穢れを払い，豊穣を願うお祓いを今治地方で行った。この太々神楽は，大人の肩のうえに獅子頭をつけたもう1人の大人があがり，扇や剣をもって舞う二継ぎの獅子というものであった。この神楽にヒントを得た土地の人たちは，「わたしたちの氏神様にもこの獅子舞を奉納し，お喜びいただきたい」と考え，継ぎ獅子をはじめたという。さらに神楽を発展させたいという人びとの気持ちは「三継ぎ獅子」「四継ぎ獅子」「五継ぎ獅子」としてあらわれ，「六継ぎ獅子」も以前はみられた。

三継ぎ獅子は，大人の肩のうえにもう1人の大人がたち，さらにその頂点に獅子頭をつけた「獅子児」とよばれる子どもが立ち上がり，この獅子児が，扇や鈴をもって勇壮に舞う。

獅子児は，村をついでいく村の宝であり，継ぎ獅子は，この村の宝を村人が一致協力してしたからささえる姿をあらわしたものである。

継ぎ獅子

城内の吹揚神社では，5月の第2土曜日に開催される春の今治地方祭の中心行事として，継ぎ獅子(県民俗)の奉納が行われる。これは江戸時代から続く伝統行事である。

今治城の北堀に面して愛媛文華館がある。1955(昭和30)年開館で，中国・朝鮮・日本の古陶磁，茶道具・蒔絵・刀剣類・印籠など美術工芸優品を多数収蔵する，県内でもっとも古い美術館である。2階の常設展示室には，清代までの中国陶器をわかりやすく展示してある。特別展は年2回開催され，館蔵品のなかでも美術的価値の高いものを適宜展示する。館に併設する茶室の襖の引き手は，陶芸家で人間国宝の加藤土師萌作の陶器である。

収蔵品のなかには，唐三彩の三彩白馬，宋代の大名物茶入志野丸壺などの注目すべき作品もある。刀剣類では，刀長80cm，「一　嘉元二(1304)年三月　日」の在銘，備前吉岡一文字派の作，拵は鬼丸拵で岡山池田家の伝来の太刀1口と，刃長28.5cm，延文年間(1356～61)備中吉備郷の名匠青江次吉の作，拵は黒塗りに葵紋の短刀1

タオル文化の発信地—今治

今治市河野美術館

口（ともに県文化）がある。

今治市河野美術館 ❷
0898-23-3810

〈M ▶ P.70, 76〉 今治市旭町1-4-8
JR予讃線今治駅🚶10分

河野信一寄贈の作品収蔵

　愛媛文華館から西へ10分ほど歩くと今治市河野美術館がある。今治市出身の実業家河野信一が，同市に寄贈した作品を収蔵している。

　1968（昭和43）年河野信一記念文化館として設立されたのち，1988年に改装した際，現在の名称に変更している。収蔵品は，平安時代から現代までの，書蹟・画賛・写本・古書・屛風など約1万2000点を数え，豊臣秀吉・加藤清正・勝海舟ら武人・政治家から，俳聖松尾芭蕉・俳人正岡子規，そして喜多川歌麿・竹久夢二ら画人などの作品が数多くそろっているのが特徴である。

　同館では，1994（平成6）年スペインのマドリードで行われた「黄金の美術　サムライと豪商の文化」展に伝狩野永徳筆の「雲龍図」を出展し，国際間の文化交流にもつとめている。また，京都の妙喜庵を写した待庵と柿の木庵からなる茶室も隣接する。これは東京の河野邸内にあったものを，同館建造の際に移築したものである。

　河野美術館から南東へ約3分，建築家丹下健三によって設計された今治地域地場産業振興センターがある。地場産品の桜井漆器・縫製品・菊間瓦・大島石などを常設展示するほか，それらをみやげ物として即売するコーナーなどもある。2階の歴史資料室では，ドビー織のタオルで当時ショールとして使用された大正時代のタオルや，足踏み式タオル織機（復元品）なども展示されている。

別宮大山祇神社 ❸
0898-22-5304

〈M ▶ P.70, 76〉 今治市別宮町3-6-1 🅿
JR予讃線今治駅🚌20分

伊予一宮の御前純和様神社建築

　今治市河野美術館から北西へ進み，市役所をとおりすぎて300mほどいくと別宮大山祇神社がある。別宮大山祇神社（通称別宮さん）は，712（和銅5）年伊予の大守越智玉澄により大山祇神社（今治市大

鶏卵饅頭

コラム

藤堂高虎ゆかりの饅頭
卵練りの一口サイズ

　約400年前、今治城の大手門付近で大手饅頭とよばれる蒸饅頭が評判となった。この饅頭は、今治城を創建した藤堂高虎も好んだということで、城中の茶菓子として採用された。

　その後、約200年前に初代一笑堂の主人が、この饅頭を改良し、水を用いない卵練りの製法で鶏卵饅頭としてつくりかえ、代々の主人が工夫し現在に至っている。

鶏卵饅頭

三島町)の地御前(別宮)として創建された。祭神の大山積大神が、日本の国土全体を守護する神であるところから、大山祇神社は日本総鎮守として尊称されている。

　現在の拝殿(県文化)は、1575(天正3)年越智通総(来島城主)が再建したもので、平屋切妻造・檜皮葺きの純和様神社建築である。前拝部は1719(享保4)年の増築で、1962(昭和37)年に解体修理を行っている。拝殿内には、谷文晁筆の絵馬「白馬扁額」がある。境内には「長生きの神様」「下の病をなおす神様」として霊験あらたかな祭神磐長姫神をまつる阿奈婆神社、別宮狸の三姉妹の民話にまつわる「お奈遠」「お佐遠」「お袖」大明神をまつる祠や、1783(天明3)年建立の理海尼の石灯籠などがある。神社周辺はマツ・クス・エノキやサクラなどの古木も多く、別宮の森として市民に親しまれている。

　隣接する四国霊場第55番札所南光坊(真言宗)は、大山祇神社(大三島)の属坊として建立されたものである。正治年間(1199〜1201)に大善坊など7坊とともに当地に移された。天正年間(1573〜92)長宗我部元親の兵火により全坊が焼失し

別宮大山祇神社拝殿

タオル文化の発信地—今治

今治城周辺の史跡

たが、南光坊のみは再建された。稲の高品質種三宝米を高野山からもち帰ったことでも有名な越智寛雄住職や、中興の祖として知られる明治時代の天野快道ら名僧による寺勢の興隆もみられたが、1945(昭和20)年の戦禍にあい、大師堂と護摩堂を残して焼失した。四国霊場八十八所で唯一「坊」の名のつく寺である。

また、境内には被災によるひびや焼け跡が痛ましいものの、芭蕉が訪れたときに詠んだという「ものいへば　唇寒し　秋の風」の句碑もたつ。

阿方貝塚 ❹ 〈M▶P.70, 79〉今治市阿方甲167-1 P
JR予讃線今治駅🚌菊間方面行矢田口🚶4分、今治駅🚕6分、今治ICより🚕3分

弥生時代の森を再現した史跡公園

矢田口バス停から高速道路高架下の道を北に進むと、阿方貝塚史跡公園の巨大土器モニュメントがみえてくる。公園の地下には、発掘調査をおえた当時の遺構などが保存され、園内中央の弥生広場では、発掘の様子や当時の人びとの生活などを陶板で紹介している。園内には、弥生時代にもみられた樹木が植えられており、ケヤキ・クヌギ・コナラ・ヤマザクラなどから、阿方に眠る弥生の森を復元している。

阿方貝塚は縄文時代晩期から弥生時代前期にかけての遺跡で、1891(明治24)年、当時小学生であった地元の越智熊太郎が発見した。1941(昭和16)年学術調査によって、国内最古

阿方貝塚

76　今治と瀬戸の島々

テクスポート今治

コラム

産

タオル製品の生産日本一を誇る今治市に、タオル情報の発信基地として、1991(平成3)年に「テクスポート今治」が設立された。コンピュータ制御による電子ジャカード織りなどの実演や、復元織機でのタオル製造の様子を見学できる。そのほか、今治タオルの品質基準「5秒ルール」やタオルソムリエクイズを体験できる今治タオルLAB、今治タオルオフィシャルショップ「今治タオル本店」などがある。

タオル製品生産日本一の情報発信基地

級の木樋が発見されたほか、阿方式土器とよばれる凸帯文の壺やへら描き平行沈線文を特徴とする甕なども出土している。

また、石斧・石包丁・石鏃などの石器、角製の物掛け・釣針、牙製勾玉、貝輪などの骨角器、ハマグリ・アサリ・カキ・イタヤガイなどの貝殻や、タヌキ・イノシシ・シカなど獣骨や鳥の骨なども大量に出土している。

乗禅寺石塔群 ❺
0898-22-4671

〈M▶P.70, 79〉 今治市延喜600 P
JR予讃線今治駅🚌菊間方面行延喜🚶10分、または今治駅🚌9分、または今治ICより🚗7分

「延喜の観音さん」国重文石塔11基

延喜バス停から北へしばらく歩くと、「延喜の観音さん」で知られる乗禅寺(真言宗)がある。

平安時代の延喜年間(901〜923)、醍醐天皇の病気平癒を祈願した勅願寺と伝えられ、本尊の聖如意輪観世音菩薩は、海上安全・五穀豊穣・商業繁栄の守護仏として崇敬されている。古墳時代の出土品をはじめ、鎌倉時代から江戸時代の石経や文書などを多数所蔵し、寺内の山門(慈照門)は、今治城武家通用門を移築したものである。

本堂裏山の墓地の一角に、土塀に囲まれた石塔11基(国重文)がある。鎌倉時代末期から室町時代初期にかけての、五輪塔4基・宝篋印塔5

乗禅寺石塔11基

タオル文化の発信地—今治

基・多宝塔2基，すべて花崗岩製で，工法・様式ともにすぐれたものである。1704(元禄17)年当地方の谷間に散在していたのを集めた，いずれも完全で貴重な美術品であり，1カ所でこれほどの多様な秀品をみることは，全国でも類例がない。

野間神社石造宝篋印塔 ❻

〈M▶P.70, 79〉 今治市 神宮甲699 Ⓟ
JR予讃線今治駅🚌菊間方面行延喜🚶20分，または今治駅🚕10分，または今治ICより🚗6分

乃万地区に佇む中世重文石造物

　乗禅寺から徒歩で南へ約15分いくと，乃万小学校がある。さらに，国道196号線神宮信号交差点を南へ約1.5km進んだところに『延喜式』式内 名 神大社の野間神社がある。宝物の和鏡11面(県文化)は，背面に花鳥を題材とした和風の文様がきざまれ，平安時代から鎌倉時代の作である。本殿右奥の杉木立に囲まれ，池ノ谷池をみおろす場所に，総高2.8m，花崗岩製の石造宝篋印塔(国重文)がある。塔身と基礎の間に受け座を設けた，全国的にも珍しい形態であり，このような宝篋印塔は「しまなみ海道」地域にしかみられないため，「越智式」と称される。「元亨二(1322)年」の刻銘がある，鎌倉時代の作品である。

野間神社石造宝篋印塔

　「石造物と野間馬の小路」の案内板に沿って野間神社から北西へ徒歩約25分，ダイコン畑に面した一角に長円寺跡石造宝篋印塔(国重文)がある。この地には，かつて広大な境内をもつ長円寺があったが，いつしか廃寺となり近世以降畑地となっている。この塔も，野間神社の宝篋印塔と同様越智式の特徴をもつ。総高3.6m，花崗岩製で，均整のとれた鎌倉時代の秀作である。刻銘には，「正 中二(1325)年」とある。

長円寺跡石造宝篋印塔

野間坪之内石造五輪塔

　野間地区の中央部，長円寺跡石造宝篋印塔へつうじる道の手前に，「大墓」と地元で伝えられる野間坪之内石造五輪塔(国重文)がある。総高2.6m，花崗岩製で水輪は高く裾ですぼみ，火輪の軒は真反りを示すなど，鎌倉時代の特徴をよくあらわしている。塔は，1989(平成元)年に解体修理が行われたが，地輪上部に20〜30歳代の女性と推定される火葬人骨が埋納されていた。水輪部には高さ4.9cmの木製五輪塔がおさめられており，なかには石英粒，水晶の舎利と丸薬が奉納されていた。地輪側面の刻銘には，「嘉暦元(1326)年」とある。

　野間坪之内石造五輪塔から西へ歩いて約8分，野間地区の北西部にあたる覚庵の地に，通称「野間の双つ墓」といわれている野間覚庵石造五輪塔(国重文)がある。三段積みの基壇上に，大小2基の花崗岩製の五輪塔が並立しており，越智郡大西町山之内の重茂山城主であった岡部氏夫妻の供養塔と伝えられる。

野間覚庵石造五輪塔

鯨山古墳 ❼　〈M ▶ P.70, 79〉今治市馬越町2-220-1
　　　　　　　JR予讃線今治駅 🚶 15分

　今治駅から南西へ約1kmいくと，今治西高校がある。学校から北西方向に少し歩くと今治市の西北，馬越町の平地部に，全長152m・標高25mの独立丘陵がある。この丘陵全体が鯨山古墳(県史跡)である。

　1579(天正7)年に書かれた大山祇神社大祝三島安任の手記によれば，越智

野間周辺の史跡

タオル文化の発信地—今治

野間馬ハイランド

コラム

人と動物のふれあえるファミリーパーク

　延喜バス停から南へ徒歩約10分，日本在来の未改良小型馬である野間馬とふれあえる野間馬ハイランドがある。この施設は，今治市が1989(平成元)年に開園したもので，1997年施設設備を一新している。野間馬は，体高が95～120cmと小型ながらも，粗食にたえ，強健でおとなしい性格の馬である。1978(昭和53)年，今治市に野間馬4頭が寄贈されたことを契機に，市は野間馬保存会を結成して保存育成につとめている。野間馬は，1985年日本馬事協会より，全国で8番目の日本在来馬に認定されている。

市内平野部唯一の丘陵を利用した古墳

　国造乎致命の墓と伝えられる。前方後円墳として県史跡に指定されているが，一部墳形に疑問点も残している。丘陵の西側，前方部とされるところには三島神社と安養寺(真言宗)がたつ。円筒埴輪や須恵器などの遺物が出土している。

鯨山古墳

別名の大楠

市内第一のクスノキ県指定天然記念物

別名の大楠 ❽

〈M ▶ P.70, 79〉　今治市別名523-2
JR予讃線今治駅 🚶 30分

　鯨山古墳から国道196号バイパスを渡り，南に徒歩約15分，四国霊場第56番札所泰山寺(真言宗)方面へ進むと，別名の水田にそびえる大楠(県天然)がみえる。この大楠は，越智国造乎致命の子孫で，越智の大領(郡司の長)越智玉澄の墓所と伝え，「玉澄さんの楠」として名高い。クスは，根回り13.6m・地上3mで6本の大幹に分かれ，枝張りもよく，現在も樹勢に衰えはない。樹根部には玉澄の墓石をまきこんでいるといわれ，市内でもっとも大きいクスである。

② 古代の風かおる―桜井周辺

桜井は瀬戸内特有の白砂青松の海岸があり、古代には国分寺や国分尼寺がおかれ、伊予国の政治・文化の中心地であった。

国分尼寺塔跡 ❾
〈M ▶ P.70, 81〉 今治市 桜井甲243-3
JR予讃線伊予桜井駅🚶2分

聖武天皇の発願 国家鎮護の国分尼寺

伊予桜井駅の西北の山側に国分尼寺塔跡(県史跡)がある。国分尼寺は741(天平13)年、聖武天皇の発願によるもので、国家鎮護のため諸国に建立されたものである。その遺構と考えられているのが、ここに残されている92m²のほぼ正方形の基壇である。花崗岩の礎石6個がほぼ2m間隔で配列されている。礎石はそれぞれ80cm×100cmほどの大きさで、国分寺のものよりやや小さく、表面は平らで柱座などの造り出しはない。

この地域からは布目瓦の破片が多数出土しているので、伽藍があったことはまちがいない。しかし尼寺の創建の時代より古い飛鳥時代の瓦が出土しているため、この遺構を他中廃寺跡とし、国分尼寺は現在の桜井小学校付近とする説も有力である。

国分尼寺塔跡の北500mの引地山に法華寺(真言律宗西大寺派)がある。法華寺は律令時代には国家の保護をうけて繁栄したが、

国分尼寺塔跡

伊予桜井駅周辺の史跡

古代の風かおる―桜井周辺

平安時代末期の動乱によって寺勢が衰え，1625(寛永2)年に古寺と称せられた桜井小学校敷地から現在地に移転した。本尊は十一面観音像である。

志島ヶ原と綱敷天満宮 ❿⓫

0898-48-0038

〈M▶P.70, 81〉 今治市桜井6-2-1 P
JR予讃線伊予桜井駅🚶5分

白砂青松の志島ヶ原
菅原道真の漂着伝説

伊予桜井駅の北東1kmほどのところにある志島ヶ原(国名勝)は，燧灘に面した，面積10万m²におよぶ白砂青松の海岸で，3000本といわれる黒松・赤松の古木が生いしげっている。前面海上には平市島，比岐島があり，後方遠くには石鎚連峰の雄大な姿を眺めることができ，夏には海水浴客で賑わう。

志島ヶ原のほぼ全域が，北側に鎮座する綱敷天満宮(祭神菅原道真)の境内である。寺伝によると，菅原道真が901(延喜元)年，左大臣藤原時平の讒言によって大宰府に左遷される途中，嵐のために志島ヶ原の入江に漂着した。このとき村人たちが漁網を綱にして円座をつくり敷物にしたことが，社名の起源とされる。またそのときぬれていた服を干したと伝えられる衣干岩もある。天満宮にちなみ，境内にはたくさんのウメが植えられており，ウメの名所としても著名である。

また桜井海岸は，瀬戸内海特有の海岸が長く続くが，志島ヶ原から約6km南下したその末端にあたる虎ヶ鼻には，珍しい石風呂がある。岩肌をくりぬいた洞穴のなかで柴草を燃やし，うえから海水をかけて，熱気のなかで汗を流す，一種のサウナに類した民間療法で，民俗資料としても注目されている。施設の老朽化が進み，行われない年もあるため，今治市観光課に確認するとよい。

綱敷天満宮

桜井漆器会館 ⑫
0898-48-0418

〈M ▶ P.70, 81〉 今治市長沢甲340-1 **P**
JR予讃線伊予桜井駅🚗7分

月賦販売発祥の地 伝統工芸の桜井漆器

伊予桜井駅から南へ約2km,今治湯ノ浦ICの脇に桜井漆器会館がある。桜井は漆器の町,また明治30年代後半に,高価な漆器を現品前渡しする月賦販売を最初に行った地として知られている。文化・文政(1804～30)のころ,桜井の商人が,春の上りの船では唐津・伊万里で仕入れた陶磁器を中国地方や紀伊方面で売り,秋の下りの船では漆器を九州に運んだ。これに使った行商の船を椀船とよんだ。

桜井で漆器がつくられはじめたのは文政末期ごろからで,天保年間(1830～44)ごろより製法や蒔絵の技術が向上し,桜井漆器の名も知られるようになった。明治時代初期に輪島の沈金師,加賀の丸物師らがくるにおよんで,品質の向上も著しく,その結果,桜井漆器の需要は飛躍的に高まり,国内はもとより中国にまで輸出されるようになった。

最盛期は大正時代で,販売方法も月賦販売を取りいれたが,第二次世界大戦後は安価な化学製品に押されて生産が減少した。しかし伝統的なもののよさを見直そうという動きもみられるようになり,1989(平成元)年,長沢に桜井漆器会館が設立された。漆器会館は,伝統の地場産業の拠点となっており,下地から絵付け・上塗り・沈金など,漆器の作業工程を見学でき,手軽な食器から芸術品までがそろい,展示販売も行っている。

今治藩主の墓 ⑬

〈M ▶ P.70, 83〉 今治市古国分寺山乙133
JR予讃線伊予桜井駅🚗7分

今治松平家墓所 唐子山周辺の史跡

伊予桜井駅の北東1.5km,瀬戸内海有数の海水浴場である唐子浜から国道196号線を隔てた海抜30mの丘のうえに今治藩主の墓がある。墓所は広さが180m²あり,初代松平定房・3代定陳・4代定基の墓がそれぞれ瓦葺き土塀に囲まれ,67基の灯籠の並ぶ参道がつけられている。

中央の初代定房の墓は,高さ3.6mもある宝篋印塔である。左の3代定陳と右の

古代の風かおる―桜井周辺

今治藩主の墓

4代定基の墓は、初代にくらべやや小規模であるが、類似した形式であり、江戸時代前期の代表的な大名墓所である。

初代定房は松平(久松)定勝の5男で、初代松山藩主松平定行の弟であり、3万石で入部したが、のちに江戸城の城代家老となり、1万石が加増され、73歳で没した。3代定陳は兵学者江島為信を重用して藩政の整備につとめ、1702(元禄15)年に36歳の若さで没した。4代定基は蒼社川の改修事業に着手するなど、その治世は34年間にわたり、隠退後1759(宝暦9)年に74歳で没した。

藩主の墓所の北側、国分山(唐子山)から広がる丘陵に、弥生時代後期から古墳時代後期にかけての複合遺跡である唐子台古墳群がある。3基の前方後円墳をはじめ、土壙墓・円墳・方墳・粘土槨など100基以上が分布する県下最大規模の古墳群であったが、現在はほとんどが開発によって消滅し、一部が唐子台団地内の古墳公園に復元されている。

国分寺と国分寺塔跡 ⓮⓯
0898-48-0533

〈M ▶ P.70, 83〉 今治市国分4-1-33 ℗
JR予讃線伊予桜井駅🚶5分

県下最初の国指定史跡
貴重な国分寺文書

唐子台古墳公園の南約200m、国分の亀山という小さい丘のうえに国分寺がある。741(天平13)年聖武天皇の発願による創建で、真言宗西大寺派の名刹である。律令時代には七堂伽藍が完備し、荘厳な

国分寺跡の礎石

太平記の里

コラム

南北朝時代動乱の舞台

　西条市から今治市にかけては，南北朝時代の動乱の舞台となり，著名な軍記物である『太平記』に描かれた有力武将たちの活躍した舞台でもあった。

　後醍醐天皇は，1336(延元元)年新田宗家の有力な一族であった大館氏明を伊予国の守護としてつかわした。氏明は鎌倉の防備でもっとも難攻不落の要害とされていた極楽寺坂の堅塁をぬき，幕府の滅亡にあたって武勲をたてた若き武将であった。氏明は船で野間郡大井浦に到着し，国分寺に参詣し，要害の地として府中からほど近い世田山の山頂に城郭を築き，忽那・村上水軍や土居・得能軍と緊密な連携をとりながら府中一帯をまもっていた。

　1342(興国3)年4月，新田義貞の弟脇屋義助は，四国の総大将として500余人をしたがえ，今張浦に到着し，国分山城(国府城)にはいった。義助は上野国(現，群馬県)生品神社で，鎌倉幕府追討の決起を促して新田軍の動向をかえ，以後義貞と行動をともにしていた百戦錬磨の武将であった。義助は世田山城の大館氏明とも再会し，南朝方の勢力の回復につとめたが，5月4日に発病し，11日に38歳の若さで死去した。

　義助の死を知った足利方の有力武将で，阿波国板野郡土成を本拠とする細川頼春は，大軍を率いて7月，伊予に侵攻した。これを迎え討った南朝方を，世田山の麓の千町ヶ原で破り，府中拝志郷の真光寺に本陣をしき，新田勢のまもる世田山・笠松山城を包囲した。40日余の壮烈な合戦が展開されたが，ついに世田山城はおち，大館氏明らは討死した。

　このように，南北朝の戦乱は忘れることのできない凄惨な合戦の歴史であった。しかし今日では，その動乱の舞台となった市町村の間で，「太平記の里友好市町村連盟」が結成され，友好関係に基づく文化交流と，旧来の自治体の領域をこえた連帯の輪が広がっている。

読経や法会が行われ，官寺として伊予国の宗教・文化などの中心的役割を長くはたしていた。もと華厳宗であったが，現在は四国霊場第59番札所であり，薬師如来を本尊としている。

　国分寺は兵乱による火災，たび重なる造営・改修，寺地の移動などにもかかわらず，多くの貴重な文化財を残している。なかでも「国分寺文書」は，1333(元弘3)年から1593(文禄2)年の260年におよぶ古文書であり，鎌倉時代の伊予の各寺社の分布や勢力を記した伊予国神社仏閣免田注記，条里制復元の基礎となる坪付，南北朝時代

古代の風かおる―桜井周辺

に諸将があたえた寺領の安堵状や禁制・下知状・寄進状などが多い。伊予国の大豪族であった河野・越智氏の動静や、国府における在庁官人の活動をうかがうためにも、きわめて重要な史料である。

　国分寺から東へ約100mほどいったところに国分寺塔跡(国史跡)がある。広さ30坪(約99m²)の基壇のうえに、13個の大きな礎石が残っている。創建された当時の国分寺は、塔・金堂・講堂・僧房をもつ大伽藍であったが、藤原純友の乱をはじめとするたびたびの兵乱によって焼かれ、現在に面影を伝えているのはこの礎石のみである。礎石は花崗岩の石に円形で凸形の柱座があり、柱口の大きなものは直径70cmもある。柱間は中央が3.6m、両側が3.3mあり、七重の塔であったと推測されている。

　国分寺塔跡の北東約50mのところに脇屋義助の墓がある。南朝方は征西将軍懐良親王のあと、四国の統率者として新田義貞の弟脇屋義助を刑部卿に任じて派遣した。これによって伊予の南朝勢力の士気はあがったが、義助は20日ばかりで病に倒れ、この地に葬られた。

国分城(国府城)跡 ⓰　〈M▶P.70, 83〉　今治市唐子台・古国分
JR予讃線今治駅🚌新居浜行唐子浜🚶15分

　国分城は、国分山(唐子山)の山頂(標高105.3m)にあり、『河野分限録』によると、村上武吉が島嶼部だけでなく、越智郡陸地部への勢力拡大をはかるため、元亀～天正年間(1570～92)に築いた城である。1587(天正15)年に福島正則が入城したころに整備が進み、本丸は東西9間(約16m)・南北20間(約36m)、二の丸は東西52間(約94m)・南北51間(約92m)の城郭をもち、堀之内・上屋敷・元屋敷・土手の内などの地名も残っている。その後福島正則が尾張に転じたため、池田景雄が入城したが、慶長の役で病死。ついで小川祐忠にかわったが、関ヶ原の戦いで西軍に属したため、わずか2年で除封となり、1600(慶長5)年藤堂高虎が入城した。20万石を領した藤堂高虎は、地形的にも発展性のない国分城をすて、広大な平地に今治城を築城し、そのため国分城は取りこわされ、石垣や資材も新城に運ばれた。現在はところどころに石垣の跡をとどめるだけとなっている。

戦国時代の山城国分城

③ 水軍の盛衰としまなみ海道―芸予諸島

西瀬戸自動車道開通により、観光が容易となった芸予諸島。水軍の歴史に関する見どころが豊富である。

大山祇神社 ⑰　〈M ▶ P.70〉今治市大三島町宮浦3327　P
0897-82-0032
JR予讃線今治駅🚌宮浦港行大山祇神社前🚶1分、または西瀬戸自動車道大三島ICより🚗10分

国宝の島大三島　日本総鎮守

　しまなみ海道(西瀬戸自動車道)は、路線バス・自家用車・原動機付自転車・自転車・徒歩と、多くの交通手段で歴史散歩が可能である。大三島ICをおりる。大三島(国名勝)は、周囲約70kmにおよぶ芸予諸島最大の島である。

　県道を西に進むと「日本総鎮守」大山祇神社に至る。祭神の大山積大神は天照大神の兄神で、女の木花開耶姫命を瓊瓊杵尊にたてまつったとされ、朝廷・武人の信仰を集めてきた。3万m²もの広大な敷地に41の社殿をもち、全国1万余におよぶ三島神社などの総本社でもあり、全国からの参詣客がたえることがない。

　大鳥居をくぐると、一人相撲(県民俗)と御田植祭で知られる斎田がある。前方にはクスノキ群(国天然)がみえる。神武天皇東征の先駆けで、大山積大神をこの地に鎮祭したとされる、小千命手植えと伝えられる大クスもある。神門をくぐると、拝殿・本殿(ともに国重文)がある。本殿は三間社流造・檜皮葺き、外部は丹塗りである。1378(天授4)年再建と伝えられ、解体修理では「応永三十四(1427)年」と墨書された板がみつかっている。拝殿は切妻造・檜皮葺きで、桁行7間(約13m)・梁間4間(約7m)、正面中央に唐破風付向拝をもつ。本殿と同時代の建立であるが、藤堂高虎による改修を経て、向拝などに桃山様式を一部残す。太鼓橋を渡ると、鎌倉時代の様式・手法を残す3基の宝篋印塔(国重文)が並ぶ。中央のものは高さ3.94mにおよび、一遍上人の建立と伝えられる。

　大山祇神社の紫陽殿・国宝館・海事博物館を訪れると、この島が「国宝の島」とよばれる由縁を理解できる。同社は、歴代武将から崇敬をうけ、おびただしい数の武具甲冑が奉納されてきたため、全国の国宝・文化財の指定をうけた武具類の、じつに8割を所蔵している。

大山祇神社・大三島関係文化財一覧 （2003年1月現在）

区分	指定	名称
建造	国	大山祇神社本殿・同拝殿
	県	上津社殿・十七社殿・神輿3座
彫刻	国	御神像25体
典籍	国	法楽連歌（274帖）
文書	県	大山祇神社文書2巻・三島家文書10巻
工芸	国宝	禽獣葡萄鏡・紺絲威鎧兜・澤瀉威鎧兜・赤絲威鎧・紫綾威鎧・大太刀銘貞治五年丙午千手院長吉・牡丹唐草文兵庫鎖太刀拵・大太刀附野太刀拵
	国	甲冑類72点・黒漆太刀・赤銅造太刀宗延作・太刀銘有綱拵山金造革包太刀・螺鈿飾太刀・革包太刀国吉・太刀銘恒真革包太刀拵・山金造螺鈿鞘野太刀拵・革包太刀・革箙・他武器類83点・銅製水瓶2個・木造扁額・亀甲繋散蒔絵手巾掛
	県	金銅長柄銚子ほか
石造	国	宝篋印塔3基
芸能	県	一人相撲・神楽
名勝	国	大三島
	県	御串山
天然	国	クスノキ群
	県	生樹の門
絵画	県	大山祇神社古図

紫陽殿・国宝館には，源　義経奉納と伝えられる赤絲威鎧・大袖付，源頼朝奉納と伝えられる紫綾威鎧・大袖付，河野通信奉納という紺絲威鎧・兜・大袖付（いずれも国宝）をはじめとする甲冑が並び，楠木正成を自刃に追い込んだ大森彦七奉納といわれる，刃長180cmの大太刀（国宝）もある。現存する日本唯一の女性用胴丸は，大内氏の攻撃から大三島をまもったという鶴姫伝説と結びつけられている。また，元軍の冑・弓矢も珍しい。

斉明天皇奉納と伝えられる禽獣葡萄鏡（国宝）は，唐代の舶載品で，直径26.8cm・重さ3.3kgの白銅製である。法楽連歌（国重文），「大山祇神社文書」「三島家文書」（ともに県文化）などの貴重な文書類は，受付けで複製を購入することもできる。膨大な法楽連歌のうち，15世紀なかばから16世紀初頭にかけて奉納されたものは，多くが河野氏が湯築城周辺で主催した連歌会で詠まれたものである。海事博物館は，昭和天皇の御採集船葉山丸を中心に，海洋生物・海事に関する品々が豊富に展示されている。

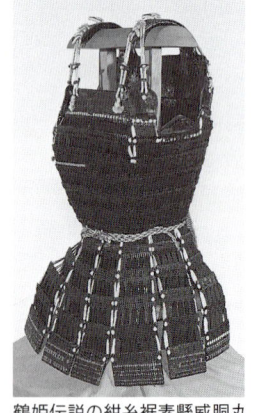

鶴姫伝説の紺糸裾素懸威胴丸

その他の文化財については一覧表を参照されたい。表中の神楽は、宮浦の近隣である大見・明日地区に伝わる芸能である。

甘崎城跡 ⑱ 〈M ► P.70〉今治市上浦町甘崎水場
JR予讃線今治駅🚌宮浦港行大三島⛴15分

浅瀬を歩いて渡れる海城跡

宮浦地区から大三島IC方面に引き返し、大三島の東部、上浦地区へいく。盛口のコミカン(県天然)は、在来種のミカンの古木である。井口北部にある萩の岡貝塚は、縄文時代後期・晩期の大規模な貝塚である。多々羅水道に面した多々羅遺跡は、弥生時代～古墳時代の土器製塩遺跡として知られる。これらの出土品の一部は、大三島バス停付近にある上浦歴史民俗資料館に所蔵されている。ここには、郷土出身の書家村上三島の作品や、甘崎城の出土品も展示されている。

大三島バス停前右手の海上に浮かぶ甘崎城跡(県史跡)は、周囲約600mの小島を城郭化した海城跡である。戦国時代には能島・来島村上氏の拠点となったと考えられ、近世初頭には藤堂高虎の支城となったが、慶長年間(1596～1615)の末に廃城となった。現在は繋船跡の柱穴群・郭跡のほか、藤堂時代のものとみられる大規模な石垣跡を残す。甘崎城周辺は砂が多く堆積しており、潮がよく引いた際には、浅瀬を歩いて上陸することも可能である。

甘崎の南には向雲寺(曹洞宗)があり、甘藷地蔵(県史跡)がまつられている。1711(正徳元)年、薩摩から禁をおかしてサツマイモをもち帰り、芸予諸島の人びとを飢饉から救ったとされる下見吉十郎を信仰するものである。

また、近くの民家にあるオオムラサキ(県天然)は、ツツジ科の古木である。

大三島の南西海上には、関前の島々が浮かぶ。関前へは、今治港から定期船でいく。大下島の港湾にたつ灯台は、1894(明治27)年に完成したもので、現在も使

波に洗われる甘崎城の石垣

水軍の盛衰としまなみ海道—芸予諸島

われている。小大下島は、近代には石灰の産地として知られ、石灰窯の跡や石灰岩の防波堤・貯蔵タンク跡などを残す。第二次世界大戦後は休山となり、巨大な採掘跡地は水源池となっている。岡村島の弓祈禱(県民俗)は、五穀豊穣・悪魔退散を祈願するため、「鬼」と書かれた的に矢を射放す行事で、現在の形になったのは江戸時代初期とされる。また、岡村島からは広島県の大崎下島へ橋で渡れるので、大長・御手洗の伝統的な町並みもあわせて散策できる。

伯方ふるさと歴史公園 ⑲
0897-72-2374

〈M▶P.70〉 今治市伯方町木浦甲546
JR予讃線今治駅🚌宮浦港行伯方島IC乗換え伯方島島内線木浦港🚶10分、または、西瀬戸自動車道伯方島ICより🚗15分

鎌倉時代の居館風模擬城郭

大三島ICからしまなみ海道をとおり、大三島橋を渡ると伯方島である。弥生時代の高地性遺跡のある宝股山(標高304m)からの眺望は美しい。海運・造船の盛んな島であるが、近世以来の伝統をもつ製塩でも全国的に有名である。わが国の塩田は、1971(昭和46)年の「塩業近代化臨時措置法」により廃止されたが、この島では、輸入天日塩を加工する製塩企業が発展をみせている。木浦の工場近くにある塩釜神社は、塩田廃止まで製塩業者の参拝で賑わっていたという。

伯方島ICでおり、島の中心地木浦に向かう。木浦港は、架橋されていない岩城島・弓削島・生名島と今治を結ぶ拠点となる港である。港のすぐそばに伯方ふるさと歴史公園がある。岩ヶ峰古墳や鎌倉時代の木浦城にちなんで整備された公園で、模擬城郭や城門・櫓などがたてられている。内部は展示室となっており、島北東部の金ヶ崎遺跡の旧石器や島内の縄文遺跡の出土品が展示されているほか、農業・造船・製塩に関する文書や資料が充実している。公園からは瀬戸浜塩田跡地(現在はエビの養殖場)を遠望できる。また、島の北方、北浦にある喜多浦八幡神社(祭神神功皇后)には、1830(文政13)年奉納の弁財船の模型が伝わっている。

上島町の島々 ⑳

〈M▶P.70, 91〉 岩城島・弓削島・生名島ほか
今治港・広島県因島土生港🚢20〜120分

伯方島木浦港から定期船を利用すると、上島町の島々へも足をの

ばせる。岩城港に入港すると，右手に亀山城跡がみえる。現在は岩城八幡神社となっており，気軽に散策できる海城跡である。港の近くには，かつての松山藩の島本陣三浦邸があり，現在は郷土館として公開されている。島の展望の中心積善山(標高370m)の西麓には，祥雲寺(曹洞宗)がある。観音堂(国重文)は，1431(永享3)年の上棟といわれ，唐様の端正な小堂である。境内の舟形に仕立てられたウバメガシ(県天然)は，樹齢500年と推定されている。また，島北東部からはエジル石閃長岩(県天然)を産出する。

岩城港から定期船に乗ると弓削島に着く。周囲約20kmの弓削島は，「塩の荘園」として全国的に著名で，京都の東寺領であった同島に関する豊富な史料の存在から，荘園研究の対象とされてきた。島東岸の弓削神社境内の法王ヶ原(県名勝)にはクロマツがしげる。港から道なりに1kmほど南の定光寺(臨済宗)の観音堂(国重文)は，1463(寛正4)年の建立である。また，弓削島に隣接する佐島には，橋で渡ることができるようになった。

弓削港を船出すると，広島県との県境にある生名島に至る。同島は広島県因島市の造船業との結びつきが強く，渡船で通勤する人も多い。立石山遺跡は，旧石器時代後期のナイフ形石器が出土したことで知られる。立石山の東麓の三秀園には弥生時代の巨石遺物メンヒル(巨大石柱)がそびえる。

また，弓削港からは，定期船で遠く魚島にもいける。人口300人

上島町の史跡

塩の荘園として著名な弓削島

水軍の盛衰としまなみ海道―芸予諸島

たらずの魚島には、大木遺跡から出土した古代朝鮮との関連が考えられる鉄鋌(貨幣としての価値もあった鉄片)や、鎌倉時代後期の様式を伝える宝篋印塔(国重文)があり、かつて同島が瀬戸内海に占めた位置の大きさをしのばせる。鉄鋌などの遺物は、上島町役場魚島総合支所内の郷土資料館に展示されている。

魚島のはるか南西海上には、別子銅山煙害克服のための精錬所があった四阪島がみえる。かつての繁栄はないが、住友家の別荘・接待館であった日暮別邸などの近代化遺産がある。船便は業務専用のものが新居浜から運行しているだけである。

能島城跡 ㉑

急潮流にまもられた能島村上水軍の本拠地

〈M ▶ P.70〉 今治市宮窪町
JR予讃線今治駅🚌宮浦港行石文化公園乗換え大島島内線宮窪桟橋🚌5分、または大島北ICより🚗5分🚶5分

伯方島ICから四国方面にいくと、伯方・大島大橋にさしかかる。左手に浮かぶ周囲約800mの小島が、能島村上水軍の本拠地であった能島城跡(国史跡)である。能島城は、うずまく急潮流に囲まれた島全体を城郭化した海城で、周囲の岩礁には繋船跡と考えられる柱穴が数百も残されている。標高31mの島の頂上を削平して本丸とし、さらに第2・第3の曲輪が取りまいており、すぐ隣のさらに小さな鯛崎島も連結して城郭化されていたと考えられている。

伯方・大島大橋を渡り、大島北ICをおり、カレイ山(標高232.9m)展望台にのぼると、能島城の全貌をみることができる。能島に渡る定期船はないが、花見の時期に渡し船がでるほか、春から秋の休日には、今治市宮窪観光案内所が主催する「潮流体験」の船に乗って近づくことも可能である。

能島城跡および伯方・大島大橋橋脚の見近島から出土した陶磁器片・銅銭・古瓦などは、古文書や

能島城跡

三島村上水軍

コラム

中世瀬戸内海で活躍した「海賊衆」因島・能島・来島の三島村上水軍

　中世瀬戸内海で武力を背景に海上活動を行った一団を、「海賊」「海賊衆」とよぶ。海城を拠点に通商・通行料徴収など多様な活動に従事した彼らは、ときに戦国大名の海上兵力となり、後世、水軍とよばれるようになった。なかでももっとも知名度が高いのが、因島・能島・来島の三島村上水軍である。

　能島村上氏は、16世紀後半の武吉・元吉・景親の時代に全盛となり、毛利水軍の中核ともなった。しかし豊臣秀吉の海賊禁止令以後は衰え、因島村上氏とともに毛利家の家臣団となっていった。一方、来島城を拠点とする来島村上氏は、伊予の豪族河野氏の重臣でもあったが、通総の代に織田信長・豊臣秀吉方に寝返り、野間・風早1万4000石の大名に取りたてられた。その後関ヶ原の戦いで西軍に協力したため、豊後の内陸にある森藩（大分県玖珠町）1万4000石に転封となり、久留島と改姓、近世大名として江戸時代末まで存続した。

武具・肖像画などとともに、対岸の宮窪地区にある村上水軍博物館に展示されている。宮窪には「コウガ屋敷」「お城山」といった、能島村上氏の大島本島における拠点との関連が考えられる地名もあり、研究の進展が期待されている。また、宮窪の証名寺には、中世の宝篋印塔が残る。島東部友浦の善福寺にも、鎌倉時代後期の宝篋印塔（国重文）がある。

　大島は石の名産地として有名である。大島石は、変色せず長持ちする青御影石として重用され、国会議事堂・赤坂離宮（現、迎賓館）などの著名な建築物にも使用されている。大島石の採掘場は、石の山を掘り下げた断崖となっている。

　宮窪から国道317号線を南にいくと吉海地区に至る。国道東側に八幡山（標高215m・国名勝）がある。吉海町福田にある野間仁根バラのミュージアム（吉海郷土文化センター）には、水軍ゆかりの資料が展示されている。さらに国道317号線を進む。左手にある亀老山（標高308m）の中腹には、南朝の忠臣村上義弘の墓と伝えられる宝篋印塔があり、北麓にある高龍寺（真言宗）にはその記念碑がある。整備された道をとおって亀老山展望台へいくと、来島海峡大橋や武志島・腕木式信号機の残る中渡島がみえる。両島とも海城跡である。また大島の南部名駒には、在来種のコミカン（県天然）がある。

水軍の盛衰としまなみ海道—芸予諸島

小島の砲台跡 / 来島城跡

芸予要塞と来島城跡 ㉒㉓

〈M ▶ P.70, 95〉 今治市小島・来島
波止浜港🚢10分、またはJR予讃線今治駅🚌大三島行🚌馬島より🚶5分馬島港🚢15分

近代化遺産として注目の砲台跡
全島が城郭化、来島城跡

　大島南ICから再びしまなみ海道をとおる。しばらくすると、来島海峡大橋にさしかかる。自家用車以外の旅であれば、馬島バス停のエレベーターで馬島におりることもできる。今は橋脚となっている馬島は、かつて今治藩の馬の放牧地であった。馬島港からは小島・来島・今治市波止浜港を結ぶ小さな定期船（渡し船）がでている。

　周囲約3kmの小島には、砲台跡が残る。1902(明治35)年に工兵大佐上原勇作（のち陸軍大臣）らにより築造されたこの砲台跡、芸予要塞は、当時対立を深めていたロシアの艦隊に備えるものであった。ここには、島頂上の司令部跡のほか、旅順攻略に転用された28cm砲の台座、発電所、弾薬庫、兵舎跡など、レンガ・コンクリート造りの施設が数多くある。北部には航空爆撃実験の跡が、海を隔てた大角鼻には、照準用の標柱が残る。

　小島から渡し船に乗り、来島に向かう。来島海峡は急潮流の難所として有名である。周囲わずか850mほどの来島は、現在では小さな集落であるが、戦国時代には来島村上氏の本拠であり、全島が城郭化されていた（来島城跡）。地元の有志による草刈りなどで整備が行き届いており、削平された本丸跡まで容易にのぼることができる。また、干潮時の岩礁には数多くの柱穴群が確認できる。なお、今治市波止浜港から渡し船に乗り、来島→小島→馬島というルートで散策することも可能である。

④ 海運と伝統産業―波止浜・波方・大西・菊間

高縄半島沿岸の今治市波止浜・波方・大西・菊間は、海と結びついた伝統産業をもつ。

波止浜 ㉔
〈M▶P.70, 95〉 今治市波止浜
JR予讃線波止浜駅🚶20分、または西瀬戸自動車道今治北ICより🚗10分

　今治北ICをおり、国道317号線を北へいくと、造船所のクレーンが林立する波止浜（国名勝）である。西側の波止浜公園・東側の糸山からは眺望がひらけ、来島城跡をみおろせる。

　近世の波止浜は、松山藩が1683（天和3）年に入浜式塩田を築造して以来、塩づくりが盛んであった。浦手役（波方村の取締り役）の長谷部九兵衛が広島藩竹原より門外不出の製法を伝えたとの伝承もある。現在、塩田の跡は自動車教習所やゴルフ場となっているが、かつての地形を想像することができる。国道317号線の脇には、汐止明神がまつられている。

　町を散策すると古い港町の風情がある。来島・小島へ渡し船のでる波止浜港には、1850（嘉永3）年建立の灯明台が残る。市街地南部の竜神社は、塩田汐止めの際勧請したことから、塩業との結びつきが強い。神社から約400m北の円蔵寺（黄檗宗）山門は、中国風である。

波止浜の史跡
入浜式塩田跡
風情ある港町

江口貝塚 ㉕
〈M▶P.70〉 今治市波方町馬刀潟
JR予讃線今治駅🚌西浦方面行馬刀潟口🚶5分、または西瀬戸自動車道今治北ICより🚗20分

　波止浜から海岸線を北上すると、四国の最北端に位置する波方に至る。波方では、「ふるさとこみち」と称する歴史散歩コースを設定するなど、歴史的遺産を紹介しようとする気運が高まっている。来島城に近いこの地は、かつて「はがた」とよばれ（1960年より「なみかた」と呼称）、来島村上氏の陸の根拠地であった。町の中心

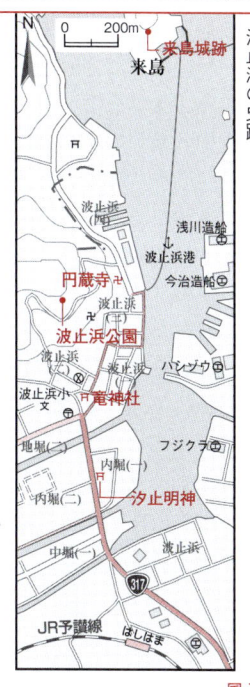

交易に関する遺物の出土した縄文遺跡

養老地区に居館があったと考えられている。

波方は，海運の盛んな町として知られ，国立波方海上技術短期大学校がその伝統を誇る。波方港のレンガ造りの灯明台は，海運近代化の遺産である。町の中心にある海山（標高154.8ｍ）は，水軍の見張り所があったと伝承され，現在は海山城展望公園として整備されており，城郭を模した展望台から来島海峡を一望できる。

海山の麓には波方歴史民俗資料館がある。民具や縄文遺跡の出土品が展示されている。波方の位置する高縄半島北端部の入江には縄文遺跡が多い。とくに馬刀潟の江口貝塚は，1989（平成元）年から調査され，縄文時代前期初頭から晩期末にわたる長期間の遺物・遺構が検出されている。魚骨や貝殻，祭祀場とみられる配石遺構，中継交易をうかがわせるサヌカイトなどの出土が注目されている。男女各1体の縄文人骨も出土し，前述の資料館に展示されている。馬刀潟には江口貝塚の位置を示す表示がたてられている。

波方西部の宮崎地区には，梶取鼻など航海に関係する地名があり，古くは『日本三代実録』に海賊の本拠地として登場する。

宮崎から梶取鼻へ向かう途中には，七五三ヶ浦遺跡があり，遺跡の断面をガラス張りにして公開している。

妙見山古墳 ㉖　〈M▶P.70〉今治市大西町藤山公園 P
JR予讃線今治駅🚌大西方面行宮前🚶20分，または西瀬戸自動車道今治北ICより🚗15分

波方から県道15号線を南西に向かうと，造船の町大西である。町と斎灘をみおろす標高80ｍの丘陵には，前方後円墳の妙見山古墳がある。古墳は築造当時の姿に復元整備されている。麓の大西藤山歴史資料館には，復元された石槨や出土品が展示されている。

JR大西駅前の野間郡大庄屋井手家

復元された妙見山古墳

復元された前方後円墳

住宅は，約200年前の建築といわれ，天水瓶を屋根にのせているのが特徴である。大坂の陣に際して軍用金を用立てた見返りとして藁葺きの屋根を瓦葺きにかえ，瓶を据える特権をあたえられたと伝える。また，大西町や今治市の各地に伝えられる獅子舞（県民俗）は，4段の肩車の頂上で獅子頭をつけた少年が舞う勇壮な郷土芸能で，継ぎ獅子ともよばれる。

加茂神社 ㉗ 〈M ▶ P.70〉 今治市菊間町浜1989 P
0898-54-3132 JR予讃線菊間駅 🚶15分，または西瀬戸自動車道今治北ICより🚗40分

少年が勇壮に馬を駆るお供馬

大西から国道196号線を西にいく。巨大な精油所をとおりすぎると，瓦の名産地菊間である。菊間瓦の歴史は，伝承によると弘安年間（1278～88）にさかのぼり，道後湯築城・松山城にも使用された。松山藩が瓦株を設定した江戸時代にはさらに発展し，明治時代には全盛となった。そのすぐれた技術は現在も継承されており，瓦工場が軒を連ねる。菊間駅裏のかわら館には，明治時代の瓦づくりを再現したジオラマ，有名建築物に使用された瓦や巨大な鬼瓦などが展示されている。

瓦と並び菊間が誇る伝統が，菊間駅の南方約1kmの加茂神社（祭神加茂別 雷 命）に伝わるお供馬（県民俗）の神事である。毎年秋の例大祭において，鞍と友禅模様のふとんで正装した馬に，たすきがけも凛々しい少年が乗り，約300mの参道をかけぬける。加茂神社は，菊間の荘園領主であった京都の賀茂社を1399（応永6）年に勧請したものと伝え，この神事も賀茂社の競馬を模したもの。加茂神社には鞍などが展示される資料室もある。

加茂神社の前を流れる菊間川をさかのぼると，松山藩主もたびたび訪れた歌仙の滝があり，藩主奉納の滝見観音が残る。また，伊予亀岡駅北方，佐方には賀茂別雷神社の大クスノキ，菊間駅南西3kmの西山には客神社の社叢（ともに県天然）がある。

加茂神社のお供馬

海運と伝統産業—波止浜・波方・大西・菊間

⑤ 古墳の里―朝倉と玉川

古墳の里として知られる朝倉。鈍川温泉郷で有名な玉川には，国宝指定の銅宝塔がある。

野々瀬古墳群 ㉘

〈M ▶ P.70, 98〉 今治市朝倉南 乙野々瀬
JR予讃線今治駅🚌朝倉行登山口🚶15分，または今治小松自動車道今治湯ノ浦ICより🚗15分

巨大な横穴式石室が開口する古墳時代後期古墳

朝倉では，古墳時代後期の群集墳が10カ所以上も知られている。登山口バス停から東のわきの道を笠松山方面に進むと，野々瀬古墳群がある。第二次世界大戦前は100基もの群集墳があったというが，現在では20基程度である。このうち七間塚古墳(県史跡)は，墳丘直径18m・高さ6mの大きなもので，全長10m・幅1.5～2m・高さ2mの横穴式石室が開口している。

今治市役所朝倉支所の北西3km，山中にある古谷の多岐神社古墳群(県史跡)には，15基余りの円墳があり，うち3基に横穴式石室が開口している。多岐神社(祭神須佐之男命)は，式内社の歴史をもち，奥の院の岩座では，古来，雨乞いの信仰が盛んであったという。多岐神社の北500mの古谷の鹿子池脇には，牛神古墳がある。小規模であるが古墳公園として整備されており，築造時の姿に復元され，石室や出土物も公開されている。

野々瀬古墳群の北西約1.7km，広域農道沿いには，根上がり松古墳・樹之本古墳がある。樹之本古墳は，朝倉の古墳では最大・最古(5世紀)のものである。かつては前方後円墳と考えられていたが，近年の調査の結果，長径40m・短径30mの円墳で，幅10mの二重濠をめぐらしていたことがあきらかとなった。現在目にすることができるのはその一部分である。朝倉の古墳のなかでは唯一，埴輪群が出土している。すぐ南に朝倉ふるさと美術古墳

野々瀬古墳群周辺の史跡

七間塚古墳　　　　　　　　　　　　　　　　復元された牛神古墳

館があり、朝倉の出土品が一堂に公開されている。そのなかの、樹之本古墳出土の漢式銅鏡(複製、東京国立博物館蔵)は貴重である。畑から掘りだされた骨壺のなかから出土した和同開珎や、「越智郡旦倉村」と読める平城京・長岡京出土の木簡(複製)、朝倉下の畦修理中に出土した平形銅剣(複製、国立歴史民俗博物館蔵)もある。

朝倉ふるさと美術古墳館の東方約1kmにある金毘羅山満願寺(真言宗)には、鎌倉時代後期の石造宝塔と石造層塔2基(いずれも県文化)がある。また、明治時代初期の神仏分離を免れるために、「金毘羅宮大門へ○丁」から急遽改刻し「不動殿大門江○丁」とした、一夜彫りの丁石が残されている。

満願寺の北にみえる平らな山頂は、中世の霊仙山城跡である。ほかにも朝倉には、南北朝～戦国時代の城跡が多い。西条市との境界にある世田山城跡、『太平記』に篠塚伊賀守の敵陣突破の武勇が伝えられる笠松山城跡、来島通総(豊臣秀吉方)に攻めおとされた龍門山城跡、秀吉の四国平定で小早川軍におとされ、城主妻子の悲劇が伝わる鷹取山城跡などである。

奈良原神社銅宝塔 ㉙　〈M▶P.70〉今治市玉川町大野(玉川近代美術館) [P]
　　　　　　　　　　　JR予讃線今治駅▶玉川方面行大野🚶3分

国宝の銅宝塔は期間限定で公開

朝倉の隣の玉川は、肌ざわりのよいなめらかな湯で評判の鈍川温泉で知られる。今治から鈍川温泉行きのバスに乗ると、蒼社川の上流鈍川渓谷の左岸に鈍川温泉郷が開ける。温泉の湧出の記録は平安時代にさかのぼるといわれ、今治藩の湯治場としても栄え、道後温泉と並ぶ名湯である。鈍川渓谷をはじめとする自然は美しく、千疋峠のサクラは国名勝である。

古墳の里―朝倉と玉川

奈良原神社銅宝塔

　温泉から鈍川渓谷をさかのぼり、さらに約1時間以上のぼると楢原山（標高1042m）である。山頂にある奈良原神社（祭神伊佐奈伎命）は、役小角開山と伝えられ、南朝の長慶天皇遷幸の伝説をもち、牛馬をまもる神として広く崇拝されてきた。子持ち杉（県天然）は衰えてしまったが、周辺の自然は美しく、瀬戸内海まで眺望が開ける。境内には経塚があり、「建徳二（1371）年」と南朝年号がきざまれた石造宝塔がたっている。この経塚は、1934（昭和9）年に雨乞い祈禱のための掃除中に偶然発見され、そこから銅宝塔・銅経筒・檜扇（いずれも国宝）などが出土した。銅宝塔は、平安時代末期のすぐれた工芸品で、末法の世の信仰を知る貴重な資料である。国宝群は、玉川町中心部の大野バス停東方にある玉川近代美術館に所蔵されている。なお同美術館では、浅井忠・黒田清輝・藤島武二・岸田劉生といった画家の作品も展示している。

　大野の南約2km、畑寺にある光林寺（真言宗）は奈良原神社の別当寺で、絹本著色稚児大師画像（県文化）を所蔵する。境内には宝篋印塔（県文化、鎌倉末期）がある。大野の西約2km、桂の宝蔵寺（曹洞宗）は、釈迦山（標高399m）山頂部の釈迦堂に、本尊木造釈迦如来立像（国重文）を所蔵する。鎌倉時代の様式を伝える像高163.6cmの寄木造で、「文永五（1268）年」興慶の作と記され、新・旧暦の4月8日だけ開帳されている。また、宝蔵寺は木造貼付彩色前机（県文化）も所蔵している。釈迦堂の背後は中世の山城跡である。削平された頂上には、石造宝篋印塔（県文化、鎌倉時代末期）がある。

　大野から国道317号線を今治方面へ約2km進むと右手にみえるのが五十嵐の丘陵である。『延喜式』式内社である伊加奈志神社、鎌倉時代の神像3体（県文化）のある石清水八幡宮（祭神品陀和気命ほか）、嵯峨天皇勅願の寺四国霊場第57番札所栄福寺（真言宗）がある。第58番札所の作礼山仙遊寺（真言宗）は、作礼山（標高294m）の山腹にたつ。

西条・新居浜と霊峰石鎚

Saijō
Niihama

上空からみた新居浜市街

西条市内よりみた石鎚山

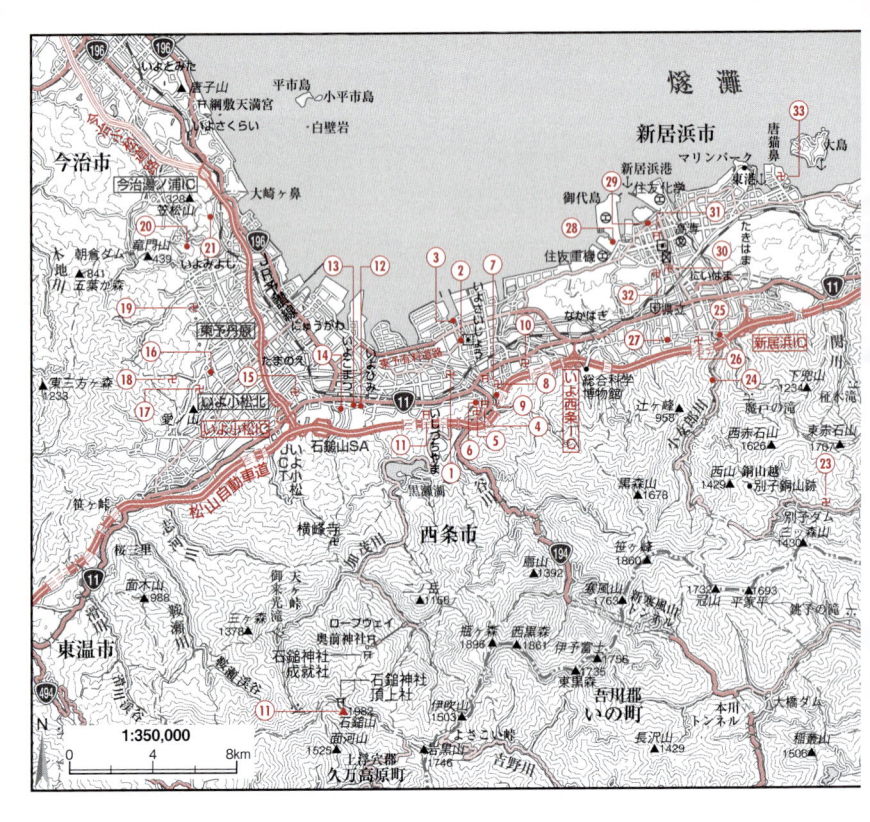

◎西条・新居浜散歩モデルコース

西条市内コース　1.JR予讃線伊予西条駅・鉄道歴史パーク in SAIJO_10_観音水_5_禎祥寺_5_アクアトピア水系_15_西条藩陣屋跡・西条市立西条郷土博物館・愛媛民芸館_5_西条市子どもの国_15_弘法水_30_JR伊予西条駅

2.JR予讃線伊予西条駅_10_伊曽乃神社_5_保国寺_10_土居構跡_15_西條神社・楢本神社_10_金剛院_15_西条市考古歴史館_10_八堂山遺跡_10_王至森寺_15_JR伊予西条駅

陣屋町小松を中心としたコース　JR予讃線伊予小松駅_1_宝寿寺_10_小松陣屋跡_3_養正館跡_1_近藤篤山邸_5_西条市立小松温芳図書館_1_仏心寺_5_舟山古墳_5_香園寺_5_高鴨神社_10_清楽寺_50_法安寺_30_JR伊予小松駅

丹原・東予地方を訪ねるコース　JR予讃線壬生川駅_10_綾延神社_5_福岡八幡神社_5_久妙寺_7_西山興隆寺_10_林芙美子の父宮田麻太郎の生家跡_5_観念寺_10_栴檀寺_5_世田山城跡_5_永納山城遺跡_5_JR予讃線伊予三芳駅

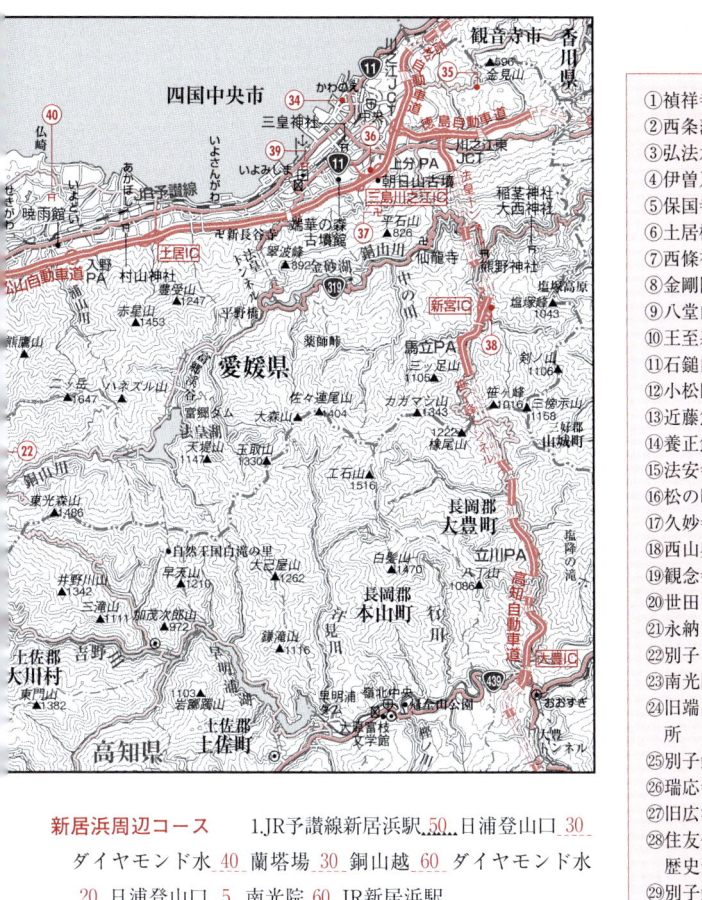

新居浜周辺コース 1.JR予讃線新居浜駅 50 日浦登山口 30 ダイヤモンド水 40 蘭塔場 30 銅山越 60 ダイヤモンド水 20 日浦登山口 5 南光院 60 JR新居浜駅

2.JR予讃線新居浜駅 15 旧端出場水力発電所・マイントピア別子 3 別子銅山記念館 10 瑞応寺 5 旧広瀬邸・広瀬歴史記念館 15 JR新居浜駅

3.JR予讃線新居浜駅 3 河内寺 5 慈眼寺 5 一宮神社 5 別子銅山口屋跡 7 住友化学愛媛工場歴史資料館 15 JR新居浜駅

四国中央市内コース JR予讃線川之江駅 5 一柳陣屋の陣屋門(川之江八幡神社) 25 仏殿城跡 10 仏法寺 10 四国中央市歴史考古博物館・紙のまち資料館 20 真鍋家住宅 25 三角寺 15 興願寺 3 三島神社 10 JR予讃線伊予三島駅

①禎祥寺
②西条藩陣屋跡
③弘法水
④伊曽乃神社
⑤保国寺
⑥土居構跡
⑦西條神社
⑧金剛院
⑨八堂山遺跡
⑩王至森寺
⑪石鎚山・石鎚神社
⑫小松陣屋跡
⑬近藤篤山邸
⑭養正館跡
⑮法安寺
⑯松の町丹原
⑰久妙寺
⑱西山興隆寺
⑲観念寺
⑳世田山城跡
㉑永納山城遺跡
㉒別子山
㉓南光院本坊円通寺
㉔旧端出場水力発電所
㉕別子銅山記念館
㉖瑞応寺
㉗旧広瀬邸
㉘住友化学愛媛工場歴史資料館
㉙別子銅山口屋跡
㉚河内寺
㉛一宮神社
㉜慈眼寺
㉝明正寺
㉞仏殿城跡
㉟真鍋家住宅
㊱宮山古墳
㊲三角寺
㊳馬立本陣跡
㊴三島神社
㊵八雲神社

水景の陣屋町—西条

西条市は、南に霊峰石鎚山を仰ぎ、北は燧灘に面している。江戸時代には松平氏3万石の城下町として栄えた。

禎祥寺 ❶ 〈M ▶ P.102, 105〉 西条市上喜多川 Ⓟ
JR予讃線伊予西条駅🚶10分

「水の都西条」のシンボルアクアトピア水系 喜多川の「お観音さん」

伊予西条駅東隣に鉄道歴史パーク in SAIJOがあり、0系新幹線車両や新幹線構想を打ち出した元国鉄総裁十河信二の遺品が展示されている。

伊予西条駅前から西に進むと、西条市総合文化会館の西側に、西条藩陣屋の堀の水源となった観音水とよばれる泉がある。西条市は、古くから「水の都」とよばれ、石鎚山系を源とする加茂川の伏流水が豊富で、泉が多く、また、市内いたるところにわきでる自噴水がある。自噴水は「うちぬき」とよばれ、1985(昭和60)年に環境庁の「全国名水100選」に選ばれている。

観音水から陣屋跡の堀までの間約1.5kmは、水と親しむことができるアクアトピア水系として整備され、「水の都西条」のシンボルになっている。

観音水にかかる観音橋西側に禎祥寺(臨済宗)がある。聖観音像を本尊とするところから、「喜多川のお観音さん」とよばれ親しまれている。観音水の名は、この観音像に由来する。寺は鎌倉時代の創建と伝えられ、境内には樹齢400年といわれるフジの老巨木があり、毎年4月下旬から5月上旬にかけてみごとな花を咲かせる。また、1585(天正13)年の天正の陣(豊臣秀吉の四国平定)で討死した僧や兵士たちの供養のためはじまったとも伝えられる花火大会が、8月17日に行われる。

アクアトピア水系観音水

西条藩陣屋跡 ❷

〈M ▶ P.102, 105〉 西条市明屋敷234
JR予讃線伊予西条駅 🚶15分

　観音水からアクアトピア水系をとおりぬけると西条藩陣屋跡がある。西条藩は1636（寛永13）年、伊勢神戸から入封した一柳直盛にはじまるが、直盛が西条へ入封の途中で没したため、子の直重が3万石を継承して陣屋を開いた。しかし、一柳家は1655（寛文5）年、3代直興のとき改易され、陣屋および武家屋敷は、一柳家の一族・家臣らが去り空家になった。この地域を明屋敷とよぶのは、「空け屋敷」に由来するという。その後、1670年に和歌山藩初代藩主徳川頼宣の2男松平頼純があらたに封ぜられ、10代藩主頼英が1869（明治2）年版籍奉還するまで200年間、西条藩松平家が続いた。

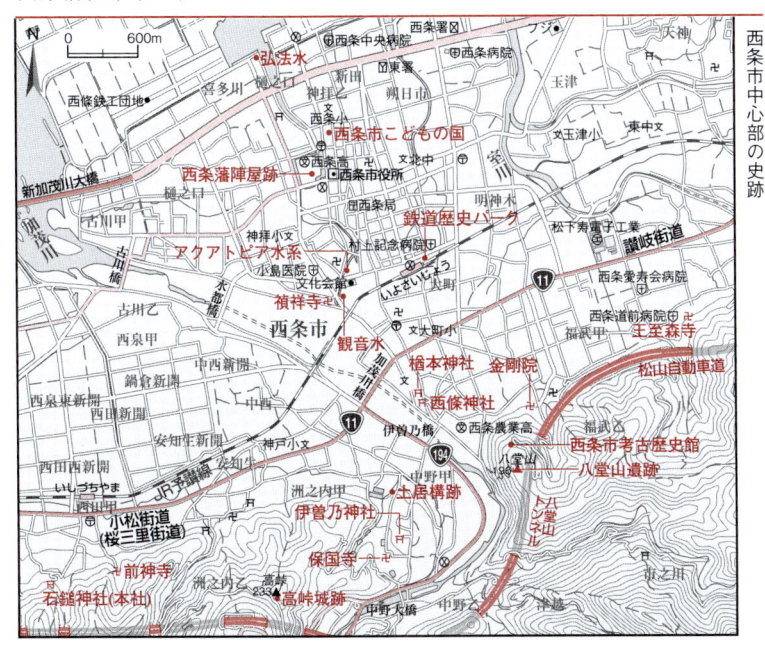

3万石の陣屋町
藩政時代の面影

西条市中心部の史跡

水景の陣屋町―西条

現在，陣屋跡地は県立西条高校や愛媛民芸館・西条市立西条郷土博物館になっているが，陣屋跡正面の大手門，大手門前の堀の石垣，「お矢来」とよばれる土塁の一部が，大手門横や校庭の北西部に残っており，藩政時代の面影を残している。

　西条市立西条郷土博物館には，陣屋にあった戸襖や水桶，鎧，兜などが展示され，当時の武士の生活を垣間見ることができる。愛媛民芸館は江戸時代以降の土蔵造の建物で，館内には民芸品・焼物・塗物など，江戸時代から現代まで約2000点を展示している。

　陣屋の北側には，1805（文化2）年，8代藩主松平頼啓の時代に開かれた藩校擇善堂があった。1872（明治5）年の学制令で廃校となったが，その扁額は近くの西条小学校に保存されている。陣屋周辺には，四軒町・八千代巷・滋巷・松之巷など武家屋敷にちなむ町名が多く，一部武家屋敷が残されている。

　陣屋跡正面から北へ進むと，西条市こどもの国がある。館内には，実物の西条祭りのだんじり3台と，復元された江戸時代の神輿が展示されている。また，江戸時代作成の『西条祭絵巻』のパネル展示，みこしの金糸の面，三角ぶとんなどの展示を行っている。

弘法水 ❸

〈M ▶ P.102, 105〉西条市樋之口
JR予讃線伊予西条駅🚶30分

海からわきでる清水　弘法大師の加持水

　陣屋跡の堀の北にかかる朱塗りの欄干橋から本陣川沿いに北へ約1.3km進むと，弘法水がある。海のなかにあって，潮が引いたときにわきでてくる不思議な清水である。ある夏の日，老婆が飲み水を水桶にいっぱいくみ込んで帰ってきたところに，弘法大師がとおりかかった。大師は，汗をぬぐいながら水をもらってのどの渇きをいやした。この水が遠方からくんできたものであることを聞き，その苦労を思い，杖のさきで2～3回大地を強く突き刺した。すると不思議なことに清水がこんこんとわいてきた。これを弘法水といい，弘法大師の加持水として言い伝えられている。

伊曽乃神社 ❹

0897-55-2142
〈M ▶ P.102, 105〉西条市中野甲1649　P
JR予讃線伊予西条駅🚌西之川行伊曽乃🚶10分

　加茂川左岸のバス停から土手をくだると，伊曽乃神社参道入口の大鳥居があらわれる。西条祭りの中心となる神社で，10月15・16日

伊曽乃神社社殿

と神輿渡御があり，だんじり79台・神輿4台が奉納される。

創祀は「成務天皇七年」と『続日本紀』に記されている。社伝によると，景行天皇の皇子の武国凝別命の子孫が，天照大神と武国凝別命を祭神としてまつったのが創祀とある。奈良時代，伊予国第一の大社として朝廷の尊崇篤く，称徳天皇より日本で最初の神階をさずけられた。その後も国司・領主らによる社地・神田の寄進および社殿の建立などが続き，江戸時代には歴代西条藩主の保護をうけた。1940(昭和15)年国幣中社に列した。現在の社殿は1941年にたてられたもので，総檜の神明造であり，屋根の改修が30年ぶりに行われ，2004(平成16)年に完成した。

10月15・16日西条祭り国重文の与州新居系図

宝物館には「与州新居系図」(国重文)をはじめ，伊曽乃大社祭礼絵巻(西条祭絵巻)，10代西条藩主松平頼英奉納の象形兜など，神宝類約130点，大倉粂馬寄贈の古文書などの蔵書約1万冊が収蔵されている。「与州新居系図」は東大寺戒壇院の示観国師凝然が，1281(弘安4)年に伊予の豪族新居氏の家系を消息文の紙背へ詳細に書いたもので，3.6m余りの横系図に，平安時代中期より鎌倉時代末期までの約300年間，数百人の名が書かれている。この「新居系図」は，「和気系図」(滋賀県園城寺蔵)，「海部系図」(丹後籠神社蔵)とともに日本三大系図とよばれている。

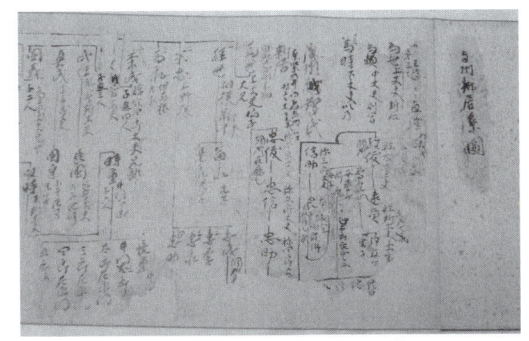

「与州新居系図」

水景の陣屋町―西条

保国寺 ❺

0897-56-3357 〈M ▶ P.102, 105〉 西条市中野甲1681 P
JR予讃線伊予西条駅🚌西之川行伊曽乃🚶15分

国名勝の室町時代の石庭
国重文の木造仏通禅師坐像

伊曽乃神社参道を南にぬけると、右手前方に保国寺(臨済宗)がみえる。万年山金光院といい、阿弥陀如来を本尊としている。本堂裏手にある庭園(国名勝)は、1430(永享2)年ごろの築造と推定され、立石配樹の妙は枯淡な味わいと幽玄の趣を呈し、とくに傑出した石組みには室町時代特有の手法をみることができ、作庭文化史上でも非常に価値の高いものである。

また、木造仏通禅師坐像(国重文)は、像高78.3cmの肖像彫刻の代表的なもので、1312(正和元)年禅師の没後まもないころの造像と考えられている。この仏像はもと京都東福寺に安置されていたが、仏通禅師が保国寺中興の祖であるため、江戸時代末期、乞うてここに移されたものであるといわれている。像は黒光りしており、俗に「黒仏さん」とよばれている。堂々たる容姿、重厚な顔かたちは、東福寺の管長であった傑僧の風格をよく表現している。1970(昭和45)年11月、アメリカのボストン美術館に日本の肖像彫刻の代表として出展された。ほかに足利尊氏御教書、仏通禅師所持と伝わる宋版法華経など貴重な古文書を所蔵している。

保国寺庭園

土居構跡 ❻

〈M ▶ P.102, 105〉 西条市中野甲1743
JR予讃線伊予西条駅🚌西之川行伊曽乃🚶10分

中世城郭の遺構
江戸時代初期の民家

保国寺の駐車場から右手に伊曽乃神社をみながら北へくだると、中世城郭の遺構で知られる土居構跡(県史跡)に至る。土居構跡は、高峠城主石川氏の居館跡である。高峠城には城主の平常の居館として東之館と西之館があったといわれる。1585(天正13)年の兵火により、居館のすべてが焼失したといわれるが、東之館の遺構は保

西条祭りと『西条祭絵巻』

コラム

祭

元禄の昔を伝える祭礼絵巻

西条祭りは10月の体育の日の前々日・前日と、14〜17日まで嘉母神社・石岡神社・伊曽乃神社・飯積神社で行われる。これらを総称して西条祭りという。

西条市内には150をこえるだんじり・神輿・太鼓台があり、各神社ごとに列を組み巡行する。なかでも15・16日の両日、80台余りのだんじり・神輿が奉納される伊曽乃神社の祭礼は、元禄年間（1688〜1704）の昔の姿を伝える絵巻として有名である。

15日未明の宮出し、16日未明の御旅所、御殿前（現、西条高校前）、加茂川の渡御と見どころも多い。絢爛豪華なだんじり・神輿が太鼓や鉦を打ち鳴らし、「伊勢音頭」をうたいながら練り進むさまは、まさに圧巻である。

西条のだんじりの発祥にについては定かではないが、文献上に屋台が登場するのは、石岡神社祭礼では1757（宝暦7）年、伊曽乃神社祭礼では1761年である。藩政時代の祭礼の様子は伊曽乃神社社宝の『西条祭絵巻』（長さ26.7m・幅35cm）からうかがうことができる。制作年代は、江戸時代末、1840年代ごろと推定される。

だんじり19台、神輿5台に、先導・鬼・御道具持などの供奉の人びとにまもられた「御神輿の渡御行列図」からはじまり、西条藩士の拝礼する様子を描いた「御殿前略景」、数万の群集が集う「御旅所略景」「子供狂言之図」の4場面が、表情までいきいきと細かく描かれており、当時の風俗とあわせて貴重な資料となっている。

この絵巻物は、昔、江戸の城内で仙台の殿様が、お国の祭自慢に花を咲かせていたところ、それを聞いた西条の殿様が、そんな祭りなどものの数ではないと、伊曽乃の祭礼を絵巻に描かせ仙台に贈ったものである。以来伊達家に保存されていたが、1950（昭和25）年に伊曽乃神社の所有となった。

「御殿前略景」（『西条祭絵巻』）

存され、土居跡とよばれた。東南は風呂之谷川、西南部は高峠城に続く台地になっている。北側には堀の跡があり、鏨積みの石垣や芝生の犬走りに当時の姿を残している。

1642（寛永19）年久門政武が中野村庄屋となってこの地に住み、現在の当主に至っていることから、土居構跡は久門氏邸ともよばれ

土居構跡

る。寛文年間(1661～73)に建築された家屋は、長年の間に補修も行われたが、旧態を保っている。家伝によると、1670(寛文10)年に松平西条藩が御殿をたてたとき、久門家が用材を献上した。その際、用材の余りを利用してたてたといわれている。また、庭は同じく寛文年間の築造で、江戸時代初期の民家の庭園として代表的な名園である。なお、邸内にある植物は400種にのぼる。

　土居構跡から西方1.4kmの山頂に高峠城があった。標高223mの高峠を中心とした山城である。室町時代初期以来、伊予の豪族河野氏の居城であったが、1379(天授5)年河野通直が佐々久山の戦いで討死してから讃岐の細川氏の支配下となり、その代官石川氏が城主となった。やがて石川氏は細川氏から自立し、新居・宇摩の旗頭となるが、1585(天正13)年の豊臣秀吉の四国平定で、小早川隆景軍の進行をうけて野々市原で討死し、高峠城も落城した。

西條神社 ❼
0897-56-8802
〈M ▶ P.102, 105〉西条市大町1159　**P**
JR予讃線伊予西条駅🚌松山方面行 常心🚶10分

10月16日未明 だんじり・神輿が集まる

　土居構跡から加茂川にでて、伊曽乃橋(メロディ橋)を渡り、加茂川右岸の土手をくだると、伊曽乃神社の御旅所がある。西条祭りの行われる10月16日未明には、伊曽乃神社祭礼に奉納されるだんじり・神輿のすべてが御旅所へ集まる。100余個の提灯にかざられただんじり・神輿が練り進むさまは、まことに壮観である。

　御旅所の一角に鎮座する西條神社は、西条藩主松平頼純が1670(寛文10)年前神寺に創建した東照宮を起源とする。明治時代の廃藩の際、西条藩最後の藩主10代松平頼英の発意により、歴代藩主を合祀してこの地に創建された。

　西條神社に隣接する楢本神社には、神風特別攻撃隊敷島隊員の慰霊碑・神風特攻記念館がある。隊長関行男は、西条市大町出身であ

七重石塔(金剛院)

った。また，境内には，同じく大町出身の医師真鍋嘉一郎の生家を移した真鍋記念館がおかれている。真鍋は東京帝国大学教授で，夏目漱石や浜口雄幸の主治医もつとめた。

金剛院 ❽
0897-55-2365

〈M ▶ P.102, 105〉 西条市福武1447　P
JR予讃線伊予西条駅 🚌新居浜方面行福武沢🚶10分

　西條神社から八堂山の中腹にみえる弥生式住居を模した建物を目標に，東へ10分ほど歩くと，八堂山山麓の金剛院(真言宗)に着く。保元年間(1156～59)の創建と伝えられ，本尊は不動明王で，仏生山金剛院光明寺という。寺伝によれば，はじめ八堂山にあり，七堂伽藍のあるうえに観音堂をたてたことによって，八堂山の名がうまれたといい，1585(天正13)年の兵火ののち移転した，とも語り伝えられている。山門は，万治・寛文年間(1658～73)の建築と考えられ，正面軒には小松藩3代藩主一柳頼徳の筆になる「仏生山」の扁額がかかっている。

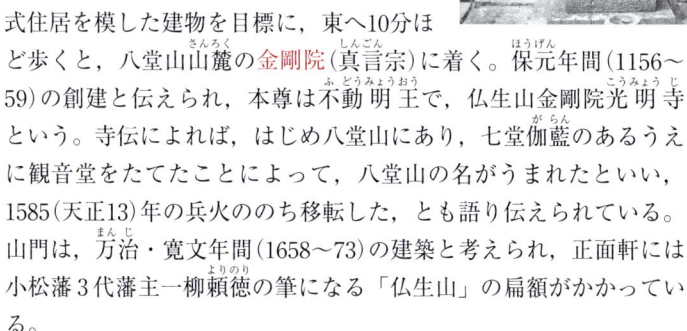

　境内にある七重石塔(県史跡)は，高さ3.22m，鎌倉時代末期の製作とみられ，鎌倉幕府3代将軍源実朝の供養塔と伝えられている。実朝が没したのち，実朝の北の方は仏門にはいり，本覚尼となり，京都に遍照心院(大通寺)を建立して，夫実朝の菩提をとむらった。西条荘はその寺領となり，1270(文永7)年，実朝の五十回忌にあたって，その霊を供養するためにこの石塔を建立したものとみられる。

県史跡の七重石塔　源実朝の供養塔

八堂山遺跡 ❾

〈M ▶ P.102, 105〉 西条市福武八堂山　P
JR予讃線伊予西条駅 🚌新居浜方面行福武沢🚶30分

　金剛院をでて，八堂山(標高196.5m)山頂に向かって進むと，山の中腹に西条市考古歴史館がある。全国でも数少ない弥生時代後期の高地性集落遺跡として知られている八堂山の中腹に，歴史考古学の学習拠点として1991(平成3)年に開館した。館内には，八堂山遺

高地性集落の八堂山遺跡　西条市考古歴史館

水景の陣屋町―西条　111

跡出土品を中心に、そのほか西条市内にある天神山遺跡や半田山遺跡、氷見経塚古墳・祭ヶ岡古墳からの出土品が展示されている。

考古歴史館から220mほど山道をいくと、山頂に八堂山遺跡がある。弥生時代中期末から後期中葉（2〜3世紀）の高地性集落の遺跡で、竪穴式住居と高床式円形倉庫が復元されている。1972（昭和47）年の1次調査で、3棟の竪穴住居跡と円形倉庫跡1棟が発見された。その後1987年の2次調査では、山頂南にあたる集落背後の緩傾斜地で、集落南端を区切る幅2.5〜3.6m・深さ1.2〜1.3mのV字状の溝が発見された。1990（平成2）年の3次調査では、集落の東斜面で土器・石器の破片の堆積が確認されている。また、出土品のなかには、石包丁が13個、籾痕のついた土器があり、稲作が行われていたと考えられる。遺跡周辺は「市民の森」として整備されており、自然のなかを散策できる憩いの場となっている。

王至森寺 ⑩
0897-55-2251

〈M ► P.102, 105〉 西条市飯岡3021 P
JR予讃線伊予西条駅 🚌 新居浜方面行野口 🚶10分

国天然のキンモクセイ「かおり風景百選」認定

八堂山をおり、「四国のみち」の標識を目印に山麓に沿って約3km東へ進むと王至森寺（真言宗）がある。本尊は大日如来である。舒明天皇が道後温泉へ行幸の途次、燧灘で暴風雨に遭遇し、この地で難を避けたので、それより王至森寺というようになったとの伝承がある。山門の扁額「法性山」は小松藩3代藩主一柳頼徳の筆跡である。藩政時代は、この地は上島山村で小松藩領であった。

門外には、環境省の「かおり風景百選」認定の王至森寺のキンモクセイ（国天然）がある。高さ16m、常緑小高木であるモクセイとしては珍しい巨木で、全国でも最大級である。10月ごろ、赤みをおびた黄色の小さい花を多数咲かせ、その香りは2km四方に達する。

王至森寺山門

石鎚本社

霊峰石鎚山と石鎚神社 ⓫
0897-55-4044

〈M ▶ P.102, 105〉西条市・西条市西田甲797（石鎚本社） P
JR予讃線伊予西条駅🚌西之川行ロープウェイ前下車，登山ロープウェイ頂上駅🚶15分（成就社）・2時間20分（頂上社）・JR予讃線石鎚山駅🚶5分

西日本最高峰の霊峰石鎚山（標高1982m）は，神がやどる山として，7世紀に役行者（役小角）によって開山されたといわれる。以来今日まで，修験道の霊山，霊験ある山として，山そのものを神体として信仰されてきた。この神をまつるため，山頂に頂上社，中腹に成就社と土小屋遥拝殿，西条市西田に石鎚本社が鎮座しており，4社をあわせて石鎚神社という。祭神は石鎚毘古命であるが，神徳をあらわすために，玉持（仁）・鏡持（智）・剣持（勇）3体の神像をまつっている。

毎年7月1～10日に行われる石鎚山の祭礼は，古くから「お山開き」「お山市」とよばれている。この期間は，本社に鎮座する3体の神像を頂上社に移す。その間の登拝者は，全国各地より数万人を数える。昔から「ナンマイダー，ナンマイダンボー」ととなえながら登拝し，上り下りの登拝者が参道で行き交うときには，「お上りさん」「お下りさん」とあいさつをかわすのが習いとなっている。山に鈴の音やホラ貝がこだまし，白装束の登拝者で賑わう10日間である。

石鎚山駅より南へ650mほどのところにある石鎚本社から東へ約200m進むと，四国霊場第64番札所前神寺（真言宗）がある。明治時代初期までは現在の石鎚神社の位置にあり，石鎚神社の別当寺として，また神仏習合の寺院として全国の石鎚行者の中心であった。1870（明治3）年に神仏分離令により廃寺になり，それにかわり寺は石鎚神社となった。その後，前神寺は今の位置に再興され，石鎚神社とともに石鎚信仰の大きな柱となっている。

> 西日本の最高峰 7月1～10日にお山開き

水景の陣屋町―西条

❷ 桜三里から讃岐街道—道前

小松は陣屋町，丹原は在町，東予は港町という特色をもつ。
霊峰石鎚山の麓に開け，道後に対し道前とよばれる。

小松陣屋跡 ⑫ 〈M ▶ P.102, 114〉 西条市小松町新屋敷御殿
JR予讃線伊予小松駅 🚶10分

一柳氏の陣屋町小里　石鎚と四国遍路の小里

小松は古来より南海道のルートにあたり，交通の要衝であった。小松の名は1636(寛永13)年に，一柳直頼が父直盛の遺領1万石を領知したことにはじまる。1638年に新屋敷の一部の塚村を小松と改めて開発され，陣屋町が形成された。小松陣屋は東西63間(約114m)・南北100間(約181m)，敷地は6300坪(約2万800m²)あり，ここを中心にして，金比羅街道沿いに東西に長く町割が行われた。

陣屋の周囲は家老喜多川家をはじめとする上級藩士の居住区，ほかの武家屋敷町，町人町などとなっていた。陣屋の建造物は廃藩置県のときに取りこわされ，現在は旧藩・御殿・家中などの地名や外郭の石垣などが残るのみで，かつての太鼓櫓の跡に「一柳公館跡」と記された記念碑がたてられている。

『伊予小松藩会所日記』は150年以上も書きつがれたもので，全国でもっとも小さな藩の内情や庶民の暮らしがあますところなく綴られている。この日記を含め，この時代の絵図，出土物など文化財の多くは，西条市立小松温芳図書館に展示されている。温芳図書館は藩政時代の小松を知ることのできる4200冊をこえる貴重な史料を保管している。小松藩は直頼のあと，9代236年間続いたが，歴代藩主のうち3代頼徳は詩歌・書画など諸芸にすぐれ，とりわけ書道は当時の諸侯中第一の能家家と称賛された。また頼徳は神仏への信仰が篤かったため，小松町新屋敷の仏心寺(臨済宗)をはじめ多くの社寺に扁額を奉納している。幕末には小松藩は薩摩や

伊予小松駅周辺の史跡

『伊予小松藩会所日記』

コラム

全国最小の小松藩陣屋町の暮らしを描写

　「これは小さな藩の記録である。城もない、正式な武士は僅か数十人、藩内の人口は一万余、面積も人口も現在の村か町と同じ規模の藩である。このような小藩の状況が広く知られることは稀であろう。しかし、小さい藩をとおして、江戸時代のしくみや人々の暮らしを知ることができる」。

　これは増川宏一著『伊予小松藩会所日記』の序文である。地元では『会所日記』をまもり、保存してきた人びとの地道な活動や、同書を丹念に解読した北村六合光らの業績は知られていた。しかし、同書の内容をみても、世に語りつがれるような大事件もなく、歴史に名を残すような藩主もなく、地味でめだたぬ藩であった。

　『会所日記』に記された人びとも時には法を犯すものもいたが、ほとんどは平凡な日常をすごしていた。今まで愛媛県の歴史家をはじめとする人びとは、その平凡さゆえに『会所日記』にさほど注目していなかった。

　しかし小藩で大事件のなかったことが、かえって当時の人びとの具体的な生活をあますところなく描写することになり、江戸時代の雰囲気を今に伝えることになった。

　財政破綻やリストラ、武士の内職など、時代や社会状況は違うものの、現代人の悲哀に通ずるものがある。

　また居酒屋での下級武士の喧嘩、金に困った武士たちの食卓の様子、不倫や駆け落ち、賭博、盗難事件の捜査、金比羅や伊勢詣の旅行など、現在とさしてかわることのない人びとの姿は、興味深いものである。

長州を中心とする雄藩側につき、1863（文久3）年の八月十八日の政変に伴う七卿落ちのときに沢宣嘉を護衛した田岡俊三郎らがおり、養正が丘に石碑が建立されている。

　このほか小松には、小松藩主の墓所をはじめ、歴代藩主の崇敬をうけた三島神社・高鴨神社・常盤神社、仏心寺・清楽寺(真言宗)など多くの史跡が点在している。また四国霊場八十八所第60番札所で修験の中心とされる横峰寺、第61番札所で安産の子安大師として知られる香園寺、十一面観音像を本尊とする62番札所宝寿寺など3カ寺もあり、春や秋には遍路客で、夏には白装束に身を包んだ行者たちが石鎚山をめざして、賑わっている。

近藤篤山邸と養正館跡 ⓭⓮

0898-72-6199

〈M ▶ P.102, 114〉西条市小松町新屋敷甲3069

JR予讃線伊予小松駅🚶10分

伊予聖人近藤篤山 小松藩校養正館

　小松陣屋跡の西側，伊予小松駅から南へ500mのところに近藤篤山邸（県史跡）がある。近藤篤山が日常に使用した書斎や，表門などが残っている。近藤篤山は宇摩郡土居（現，四国中央市）の生まれで，寛政の三博士として知られる尾藤二洲門下の三傑に数えられた朱子学者である。1806（文化3）年に小松藩7代藩主頼親に賓師の礼をもって迎えられた。藩校培達校を改修して学制を定め，養正館と改称した。

　篤山は藩の教学に40年余にわたって努力し，藩校以外にも自分の屋敷地内に私塾挹蒼亭と緑竹舎を開き，多くの子弟の教育にあたった。生涯，向学心を失わず，みずからの誠実な日常生活をもって教育にあたったため，佐久間象山から「徳行天下第一」「伊予聖人」とたたえられた。

　近藤篤山邸は東西28間（約51m）・南北22間（約40m），626坪（約2000m^2）あり，全体の規模は当時の家老職に匹敵するものであった。当屋敷は近藤家より小松町に寄贈後，史跡として整備が進められた1999（平成11）年度より一般公開され，当時の儒官の生活をしのぶことができる。また邸内の篤山椿は春咲きの白い小輪で，伊予五大椿の1つである。このほか真鍋家や仏心寺にも名椿が多くあり，小松は椿の町として全国的に知られている。

小松藩校養正館跡の碑

　近藤篤山の墓所は格蔵山の中腹にあり，やはり儒者として著名な佐藤一斎撰文の墓標がある。この篤山邸の南側に敷地450坪（約1500m^2）といわれる藩校養正館があった。教授陣は儒官1人，学頭1人，助教3人，補欠1人，

法安寺の礎石

助読1人であった。学生は目見以上の10歳以上の子弟で素読者約50人、講義習約30人であった。敷地内には江戸湯島聖堂を模した孔子堂があったが、常盤神社に移され、現在は養正館跡の石碑が残るのみである。

法安寺 ⓯
0898-72-2836

〈M ▶ P.102〉西条市小松町北川長丁157　P（4月中旬〜5月初旬のボタンの季節のみ有料）
JR予讃線伊予小松駅🚗5分

伊予国最古の寺院　千本ぼたんの寺

　法安寺は、中山川の南側に広がる田園地帯である北川の中央に位置している。現在は「千本ぼたんの寺」として広く知られており、花が満開となる5月は多くの参拝客で賑わう。高野山真言宗に属し、薬師如来を本尊としている。1255（建長7）年の伊予国神社仏閣等免伝注進状案には、法安寺の寺田は7反350歩（約9500m²）あり、大寺であったことがわかる。南北朝時代にも後醍醐天皇の皇子懐良親王からの寄進をうけており、その勢力を維持していたようであるが、天正年間（1573〜92）の兵乱によって焼失した。寺伝によると、この地方の豪族越智益躬が聖徳太子の命をうけて建立したとされる。

　塔跡と考えられる16個の礎石、その北方30mのところに金堂跡とされる14個の礎石、さらに25m北に講堂跡とされる4個の礎石が確認できるが、それらは南北一直線上に配置されており、典型的な四天王寺式の伽藍配置である。県内最古の古代寺院であり、同時に最初の国指定史跡でもある。建物跡と推定される地点から法隆寺式複弁蓮華文巴瓦や百済式単弁蓮華文瓦などが出土しているが、それらは飛鳥時代末期から奈良時代初期以前のものと推定されている。この寺の建立者は寺伝では越智氏とするが、『続日本紀』天平宝字8（764）年の記事に「伊与国周敷郡人多治比連真国等十人。賜姓周敷連」とみえ、翌年には周敷伊佐世利宿禰の姓をくだされており、多治比氏が建立した氏寺と推定することもできる。

桜三里から讃岐街道―道前

松の町丹原と久妙寺 ⓰⓱

0898-68-7280

〈M ► P.102, 118〉 西条市久妙寺193 ℗
JR予讃線壬生川駅🚌15分

丹原は松山藩の物資集散の町として，計画的につくられた在町として1644(正保元)年に建設され，東西240間(約440m)・南北60間(約110m)が地割りされ，商業の中心地として栄えた。その地域に松並木を植えたので，「松の町」ともよばれた。丹原の南にある綾延神社は田野上方にあり，品陀和気命・息長帯姫命・姫大神を祭神としている。社伝では，716(霊亀2)年に綾延姫の墓辺に祠をたて，墓辺社と称したと伝える。その後，豊前(現，大分県)の宇佐八幡宮から八幡神を勧請して合祀し，墓辺社または八幡宮と称した。1879(明治12)年に綾延神社となり，のち県社に列した。10月17日に祭りが行われるが，なかでも奴行列は有名である。綾延神社の北方には，かつて国の天然記念物として指定されていたおしぶの森がある。またその山麓には玉依姫命を祭神とする福岡八幡神社があり，招福の神として多くの参拝者が訪れる。

おしぶの森の北西の方角に古刹久妙寺(真言宗)がある。久妙寺は京都仁和寺の支院で梵音山弘法院と号し，本尊は観音菩薩である。行基によって創建され，西海が再興して嵯峨天皇の祈願所になったと伝える。寺地にはサクラがたくさん植えられており，花時には参拝者も多く「サクラの久妙寺」としてよく知られている。

久妙寺周辺の史跡

西山興隆寺 ⓲

0898-68-7275

〈M ► P.102, 118〉 西条市丹原町古田甲1659 ℗
JR予讃線壬生川駅🚌15分

興隆寺は西山寺ともよばれ，古田の西方，県指定の名勝地となっている西山の山腹にあり，1350年の歴史と伝統を誇る古刹である。

西山興隆寺本堂

真言宗醍醐寺派の別格本山で,山号を仏法山と称し,本尊は千手観音である。西山川の渓流をさかのぼり,興隆寺の石段の手前にはみゆるぎ橋があり,それを渡るとどっしりとした構えの仁王門がある。境内はクス,スギ,ヒノキ,アラカシなどの巨木が覆い,神秘的ですらある。ここから霊峰石鎚山をのぞみ,周桑平野や燧灘を一望できる景勝地であるが,とくに秋の紅葉の時期はすばらしく,「紅葉の興隆寺」とも称される。

西山の古刹興隆寺 紅葉の景勝地

広い境内には多くの文化財があり,1375(文中4)年に再興され室町時代の様式を伝える本堂,その本堂の右後方にあり,源頼朝の供養塔といわれている宝篋印塔,「弘安九(1286)年」の銘文のある銅鐘(いずれも国重文)などがある。また,小像ではあるが,県内最古といわれる銅造如来立像,鎌倉〜室町時代中期にかけての同寺の変遷を知ることのできる興隆寺文書(ともに県文化)などもある。

観念寺 ⑲
0898-66-3523 〈M▶P.102, 120〉 西条市上市1017
JR予讃線壬生川駅🚗10分

観念寺(臨済宗)は,1240(延応2)年に越智(新居)氏が創建したとされ,700余年の歴史をもつ古刹で,越智氏の菩提寺である。たびたびの戦火にあい,荒廃した時期もあったが,1642(寛永18)年松山城主松平(久松)定行により再建された。山門は数回修復されているが,中国風の竜宮門に似て大変優美である。階上には「呑海楼」の額を掲げてあるように,そこからは燧灘を一望できる。山門の

観念寺山門

桜三里から讃岐街道―道前

観念寺周辺の史跡

優美な山門をもつ古刹
県指定の観念寺文書

南に10間(約18m)，北に20間(約36m)ある高石垣も特徴的である。これは松山藩4代藩主定直(さだなお)のとき，郡普請(ぐんぶしん)で大明神川(みょうじんがわ)の流石を使ったものである。ゆるやかに勾配をとった，入念な野面積(のづらづみ)の技法は，長年の天災地変にたえて完全に残っている。山門・石垣ともに数少ない傑作である。

本堂の裏に3基の宝篋印塔が並んでいる。建立された時期は不明であるが，中央は台座に複弁反花(ふくべんかえりばな)をきざみ，側面に同時代格狭間(こうざま)をいれるなど，鎌倉時代後期の様式を伝える貴重な文化財である。

寺には「観念寺文書」111通(県文化)が残されており，寺院文書としては県内随一の数量を誇る。時代は鎌倉時代末期から江戸時代中期にわたるが，なかでも南北朝時代の寄進状が多く，観念寺の消長や檀那(だんな)であった越智氏の動向だけでなく，中世伊予国の歴史を知るうえで重要な史料である。

世田山城跡(せたやまじょうあと) ⑳

太平記の舞台世田山城
大館氏をまつる栴檀寺(せんだんじ)

〈M▶P. 102, 121〉 西条市楠乙(くすおつ)454 ℗
JR予讃線伊予三芳(みよし)駅🚌5分

世田山城は，標高339mほどの世田山頂(やまじろ)に築かれた山城である。『伊予温故録(おんころく)』には，城の郭(くるわ)は3段あり，もっともうえの郭は東西7間(約13m)・南北8間(約15m)，そのしたの郭は東西3間(約6m)・南北12間(約22m)，これより10丈余り(約30m)したに最下段の郭があり，東西12間・南北7間とある。

国府(こくふ)への道はこの世田山の麓(ふもと)をとおっており，古代からの要地であり，伊予国府の防衛拠点であった。南北朝時代，伊予国守護(しゅご)で，南朝の中心人物であった新田義貞(にったよしさだ)の同族である大館氏明(おおだてうじあき)が，河野(こうの)氏一族である得能通時(とくのうみちとき)らとともに，南朝勢力の興隆につとめた。大館氏明は新田義貞の鎌倉攻めの際に，難攻不落の要害(ようがい)といわれていた極楽寺坂(ごくらくじざか)の堅塁(けんるい)を破った武勲をもつ武将であった。しかし1339(暦応(りゃくおう)2)年，北朝側の讃岐(さぬき)国の守護細川頼春(よりはる)と40日余りの攻防戦のすえ敗れ，この世田山城で戦死している。『太平記(たいへい)』巻22には，このときの戦いの様子が「大館左馬助主従十七騎，一ノ木戸口へ打出テ，

西条・新居浜と霊峰石鎚

世田山城跡

屏ニ著タル敵五百余人ヲ,
遙ナル麓ヘ追下シ,一度ニ
腹ヲ切テ,枕ヲ雙テゾ臥タ
リケル。防矢射ケル兵共是
ヲ見テ,今ハ何ヲカ可期ト
テ,或ハ敵ニ引組デ差違ル
モアリ,或ハ己ガ役所ニ火
ヲ懸テ,猛火ノ底に死スル
モアリ。目モ当ラレヌ有様也」。すなわち,「新田一族の大館氏明の主従17騎が一ノ木戸にで,500余人の敵を城の麓に追い返し,皆なで自害をして果てた。それをみた城をまもる兵たちも,最期と思い,敵と差し違えたり,火を放って死ぬ者もいた。目もあてられない悲惨な有様である」と記されているように,伊予国における南北朝の壮絶な合戦であった。世田山の麓にある栴檀寺(世田薬師)には,大館氏明の位牌がおさめられている。

また伊予の最大勢力である河野氏も細川軍とたびたび干戈を交え,河野通朝はこの世田山城で討死し,通朝の遺児通堯も佐志久原の戦いに敗れ,自害している。

永納山城遺跡 ㉑

〈M ▶ P.102, 121〉西条市河原津
JR予讃線伊予三芳駅 🚶 5分

県内唯一の古代山城 県内11番目の国史跡

古代山城は,西日本に約30カ所存在するといわれるが,現在23カ所が確認されており,永納山城は愛媛県で唯一の古代山城である。そのうち文献に名をとどめる山城には,大野城・基肄城・金田城・屋島城・高安城などがあるが,これらの城は,663(天智2)年大和政権が白村江の戦いで唐・新羅連合軍に大敗し,その敵軍に備えるため,百済の亡命貴族たちを登用して築城させたもので,朝鮮式山城とよばれる。

一方,『日本書紀』などの文献にはみえないが,朝鮮式山城と同種の遺跡と考えられる古代山城は16城あり,永納山城もその1つと考えられている。

永納山城は西条市の最北部,今治市と

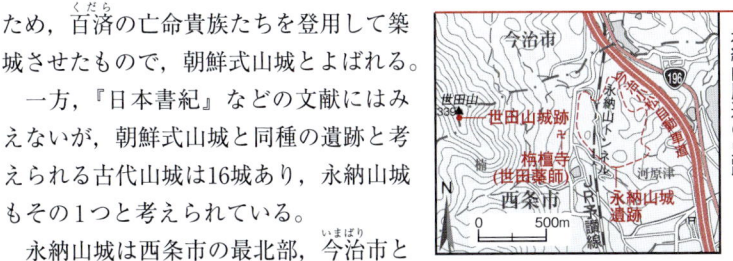

永納山周辺の史跡

林芙美子と東予

コラム

芙美子の父宮田麻太郎の生家

「私は宿命的に放浪者である。私は古里をもたない。父は四国の伊予の人間で、太物の行商人であった。母は九州桜島の温泉宿の娘である」。

これは林芙美子の名作『放浪記』の冒頭の一節である。芙美子の父宮田麻太郎は、1882(明治15)年に現在の西条市新町の扇屋という雑貨商の11人兄弟の長男として生まれた。

その麻太郎に対して芙美子は随筆「父を語る」で「あの書物(『放浪記』)は、あなたの子供であった私からの痛烈な抗議書であったかもしれません」と、父は自分にとって拒否すべき存在であると語っている。多くの芙美子の伝記を手がけた作家もそれをそのままうけいれ、薄情な父とのイメージができあがった。

芙美子がよく登った佐志久山や壬生川駅に記念碑が、また芙美子も訪れた思い出の場所である西条市新町にも、父宮田麻太郎の生家の標柱がたてられている。

永納山城の列石

境を接する場所に位置している。世田山の麓にある標高132mの永納山と医王山の山頂から山裾まで、古代山城を特徴づける列石や土塁が取り巻いており、その全長は2554mにおよぶ。

列石は永納山にある花崗岩を使用しており、大きさは場所や位置によってさまざまであるが、一般的に海側のものは大きく、その反対側は小さくなっている。土塁は大規模なものでは基底部が20mをこえるものもあり、しかも土塁を強化するために土を層状につき固めた版築工法が使用されており、多大な労力を要したことが想像できる。このほか、城門・水門・望楼・倉庫などがあったと考えられているが、それらは現在のところ未確認である。

永納山は標高が低いにもかかわらず、周桑平野、今治平野、来島海峡、芸予諸島などを一望でき、海からの敵の襲来に備えたものと考えられ、史跡公園として整備されている。

③ 別子銅山ゆかりの工都―新居浜

新居浜市は別子銅山とともに発展した工業都市。市内には別子銅山にゆかりのある産業遺産が数多く残されている。

別子山 ㉒　〈M▶P.103, 127〉新居浜市別子山 **P**
JR予讃線新居浜駅🚌国道11号線長田交差点から約50分

別子銅山繁栄時の産業遺産群

　別子山は別子銅山の開坑とともに発展した地域であり、1916（大正5）年まで銅山の中心であった。この銅山が新居浜市を四国有数の工業都市に導くことになる。別子銅山は1690（元禄3）年に鉱床が発見され、泉屋（住友家）が翌年江戸幕府に対して稼行請負願を提出、許可されて銅の採掘がはじまった。おりしも長崎貿易における決済が銀から銅にかわり銅の需要が高まった時期だった。

　元禄・安永年間（1688～1781）に江戸時代の産銅のピークを迎えたが、坑道が深くなるにつれて湧水が増加するなど、採鉱環境も悪化し、銅の生産も停滞した。しかし、幕末から明治時代にかけて活躍した広瀬宰平が近代技術を積極的に導入し、産銅量が増大して、盛時には人口も1万2400人を数えた。

　国道11号長田交差点を南へ折れ、別子ラインを経て県道47号線を約27km走っていくと、日浦登山口（登山口入口に掲示板あり）に至る。ここから登山道沿いにのぼっていくと、別子銅山の産業遺産や遺跡に関する説明板が写真付きで整備されており、身近に銅山の歴史を学んだり往時をしのぶことができる。鉱山集落の住居跡をはじめ、1899（明治32）年には生徒数298人を数えた住友別子尋常高等小学校跡、収容能力1000人とされる劇場跡の長い石垣が残る。さらに進むと、ダイヤモンド水（先端の掘削用ダイヤモンドが回収されずに地中に残ったもの）、1879（明治12）年ごろにたてられた本格的な洋式熔鉱炉があった高橋製錬所跡などが続く。

旧別子銅山見取図（パンフレットより作成）

　さらにのぼっていくと、高品位の鉱床が確認され歓喜にわいたことから命名さ

蘭塔場　　　　　　　　　　　　　　　　　　　　　　　　　　　　歓喜坑

れた，別子銅山最初の坑口である歓喜坑，さらには1694（元禄7）年の大火で銅山の元締めをはじめ132人の焼死者がで，その供養のために住友家がたてた，コの字形の石垣が残る蘭塔場などを見学することができる。

南光院本坊円通寺 ㉓　　〈M ▶ P.102〉新居浜市別子山乙551-7　P
　　　　　　　　　　　　　JR予讃線新居浜駅🚌南光坊前🚶30分

銅山で働く人びとの崇拝をあつめた寺院

　日浦登山口から銅山川沿いに県道47号線を約3km四国中央市方面に進むと，雲谷山円通寺（真言宗）がある。円通寺は平家落人により，土佐郡大北川（現，高知県土佐郡大川村）に建立され，慶長年間（1596〜1615）に別子山大野に移転し，1705（宝永2）年保戸野（現，別子小・中学校地）に移転された。1903（明治36）年学校建設に伴い，末寺である南光院の地に本坊円通寺を移転した。住友家の要請で，別子銅山に出張所を設け，銅山関係者の霊を供養していた。

　南光院は，住友家の要請により招かれた，阿波生まれの修験者快盛法印が，山で働く人びとの尊敬を集め，その徳をたたえて神社が創建されたことに由来する。明治初年の神仏分離令により，南光院は仏体であるということから円通寺の末寺となり，現在に至る。

　本殿は1888（明治21）年に建立され，多くの人びとが参拝に訪れた。南光院の本尊は大日如来で，ほかには木造聖観音菩薩坐像・円通寺棟札・石造地蔵菩薩立像がある。地蔵菩薩立像は像高93cmの銅鉱石でつくられ，多くの人びとの祈りの線香のすすで黒くなっている。別子銅山との深いつながりを示す資料も多い。

旧端出場水力発電所 ㉔

〈M ▶ P.102, 127〉新居浜市立川町594　P(マイントピア別子)
JR予讃線新居浜駅🚌マイントピア別子行終点🚶5分

東洋一の落差を誇ったといわれる水力発電所

　端出場は海抜156mの国領川両岸に位置し，1893(明治26)年に別子鉱山鉄道下部線(下部鉄道)の発着点となり，物資輸送の中心であった。1912(明治45)年5月，国領川右岸に旧端出場水力発電所が完成した。1930(昭和5)年には採鉱本部が端出場へ移され，閉山されるまでこの地が採鉱の拠点となった。石ケ山丈の貯水池から送水管を伝って，落差約597mの流水が発電機をまわし，最大4800kwを別子銅山に送電した。当時としては東洋一の落差を誇ったとされる。この発電所のなかには，ドイツのシーメンス社製の発電機などが，当時のまま保存されている。

　周辺の渓谷は変化に富んだ巨石と清流に恵まれ，朱塗りの生子橋から上流約10kmの渓谷は，別子ラインとよばれる景勝地になっている。その大部分が，1955(昭和30)年に県の名勝に指定された。

　この発電所の対岸には，赤レンガ造りの銅葺き屋根がみえる。ここがかつての別子銅山の採掘本部を利用した観光施設マイントピア別子であり，1991(平成3)年に開館している。マイントピア別子でも，別子銅山の開坑から閉山までの歴史を，模型や映像によって学習することができる。

　ここでは，わが国で最初に導入された鉱山鉄道(復元)に乗ったあと旧火薬庫を利用した333mの観光坑道を歩いて見学できる。マイントピア別子には，1937(昭和12)年竣工した住友の接待館泉寿亭も一部移築されている。

旧端出場水力発電所

別子銅山ゆかりの工都―新居浜

別子銅山記念館 ㉕
0897-41-2200

〈M ▶ P.102, 127〉新居浜市角野新田町3-13 [P]
JR予讃線新居浜駅🚌マイントピア別子行山根グランド🚶2分

別子銅山ゆかりの資料館

　マイントピア別子から約3kmほどくだると別子銅山記念館入口に至る。大山積神社の参道でもある入口の階段をのぼると、右側に別子銅山記念館の建物がみえる。この記念館は鉱山の坑内を彷彿とさせる半地下構造で、屋根にはサツキが1万本植えられている。銅山が開坑した5月にちなんで植樹が行われ、周辺にも3000本あり、新居浜市内のサツキの名所としても親しまれている。記念館は新居浜市発展の礎となり、日本経済の発展に寄与した別子銅山の意義を後世に伝えるために、1975(昭和50)年に建設された。開坑以来の住友家や銅山の歴史・地質鉱床・生活風俗・技術に関する貴重な資料を展示している。

　この記念館の前にはドイツのクラウス社から購入し、日本最初の山岳鉱山専用鉄道である別子鉱山鉄道上部線(上部鉄道)を走った蒸気機関車「別子1号」が保存展示されている。

　また、この記念館の東には大山積神社がある。1691(元禄4)年別子銅山の鎮護の神を大三島(現、今治市)の大山祇神社から勧請し、当初は別子山中の縁起の端に建立され、事業の変遷とともに目出度町などを経て現在の生子山山麓に移された。生子山頂には南北朝のころ、松木通村が築いた生子山城があった。生子山の麓には、山根製錬所(湿式銅製錬所)が1888(明治21)年に建設されたが、現在ではその煙突だけが山頂に残り、生子山は煙突山の愛称で親しまれている。

瑞応寺 ㉖
0897-41-6563

〈M ▶ P.102, 127〉新居浜市山根町8-1 [P]
JR予讃線新居浜駅🚌マイントピア別子行瑞応寺前🚶7分

四国唯一の専門僧堂

　バス停の少し東に南北にのびる道があり、これを南に約200m進むと瑞応寺(曹洞宗)がある。瑞応寺は山号を仏国山と称す。本尊は釈迦如来像。1448(文安5)年11代生子山城主松木景村が鎌倉から月担禅師を請い、父母の菩提をとむらうために当寺を建立したことにはじまる。その後、1588(天正13)年の豊臣秀吉による四国攻略の戦火のため生子山城が落城し、寺運は衰退した。1660(万治3)年備

西条・新居浜と霊峰石鎚

瑞応寺山門　　　　　　　　　　　　　　　　　　　　　　　大転輪蔵

後国東城（現，広島県庄原市東城菅）徳雲寺9世法孫分外和尚が庄屋河端・神野家に迎えられて入山し，曹洞宗に改め再興した。1697（元禄10）年伽藍を大修築したが，1828（文政11）年春の火災で焼失した。約20年後に再建され，現在に至っている。

　1897（明治30）年に専門僧堂を開設し，禅門修行道場として広く学僧が出入りし，一般参禅者もあとを断たない。現在，曹洞宗の別格に位置している。瑞応寺は，1916（大正5）年の銅山施設の旧別子からの移転に伴い，蘭塔場の墓碑が移されるなど，別子銅山と縁のある寺院である。

　大転輪蔵（県文化）は，室町幕府3代将軍足利義満により山名氏の冥福を祈るためにつくられ，京都北野天満宮に奉納されていたが，1871（明治4）年神仏分離令に伴い，瑞応寺20世黙仙和尚が住友家はじめ多くの人びとの喜捨を得て，天満宮より譲りうけたもので，転輪蔵の中央には土台から屋根裏に届く太い中心となる柱があり，その柱を軸として周縁に取りつけた棚に黄檗版2000余冊の一切経がおさめられ，転輪蔵を廻して礼拝すれば，一切経読誦の功徳があるとされる。

　本堂近くにある大銀杏（県天然）は，

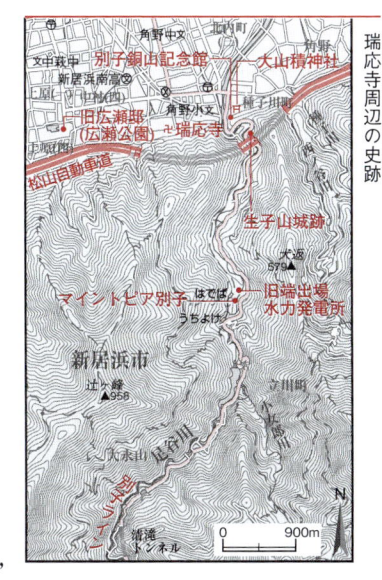

瑞応寺周辺の史跡

別子銅山ゆかりの工都—新居浜　　127

鎮守金毘羅大権現の奉祀にまつわる神木で樹齢800年と推定され、目通り8.5m・高さ27mの巨木である。境内は山林を含め1万500坪余り（約3万5000m²）。

瑞応寺では1月中旬から下旬にかけて寒行托鉢が行われ、新居浜の冬の風物詩となっている。毎週日曜日には参禅会なども開かれ、秋は紅葉の名所として知られている。

旧広瀬邸 ㉗
0897-40-6333
（広瀬歴史記念館）

〈M ▶ P.102, 127〉新居浜市上原2-10-52　P
JR予讃線新居浜駅🚍広瀬公園行🚶2分

近代和風建築の重要文化財

瑞応寺から約1.5km西にいくと広瀬公園で、そこに広瀬宰平の旧宅である旧広瀬邸（国重文）がある。主屋は乾蔵などとともに金子村久保田（現、新居浜市久保田町）で竣工されたが、1887（明治20）年に現在地に移築された。その後、新座敷や庭園も整備され現在の形となった。邸宅は伝統的な和風の建築様式をもとにしながらも、マントルピース（暖炉）・洋式便器・板ガラス・避雷針といった西洋文化も随所に取りいれられている。西洋技術を導入して別子銅山の近代化を推進していった広瀬宰平の進取の気性を垣間見ることができる。

主屋の2階には、宰平の漢詩にちなみ望煙楼と名付けられた部屋があり、工都新居浜の町が一望できる。新座敷は、別子開坑200年祭には接待館として利用された。1889年に建設され、庭園は赤石連峰を借景に、座観式と回遊式の両方を兼ねそなえたものである。この建物は、「別子銅山を支えた実業家の先駆的な近代和風住宅」として、2003（平成15）年重要文化財に指定された。

旧広瀬邸

旧広瀬邸と、西隣にある住友家がつくった灌漑用人工池の亀池周辺は、広瀬公園（国名勝）として開放されている。1997（平成9）年に開館し

広瀬宰平と宰平像

コラム

住友家初代総理事

　住友中興の祖といわれる広瀬宰平は近江国野洲郡八夫村(現，滋賀県野洲市八夫)に生まれ，別子銅山勤務の叔父の養子となり，叔父に従って勘定場に勤務することになった。その後，この地域の資産家の広瀬家の養子になった。

　宰平が別子銅山の支配人となった1865(慶応元)年ごろ，時代は大きな転換期を迎え，江戸幕府の財政事情の悪化による買請米停止や，明治維新の際の別子銅山接収などの困難な状況を乗り切り，住友の経営を継続させることに成功した。

　新政府に出仕し，政府から別子銅山の経営権を確保したが，住友の大阪本店では経営難から銅山売却問題がおこった。これに対しても，宰平は別子銅山売却を阻止し，別子銅山の改革に乗りだすことになった。宰平は生野銀山や伊豆金山などを視察し，火薬を用いた近代的な採鉱法なども学んだ。1874(明治7)年フランス人技師ルイ・ラロックを招き，ラロックの作成した計画をもとに，銅の採掘や製錬などの近代化を推進していった。

　別子銅山への物資の運搬のために，新居浜まで約28kmの牛車道の建設に着手したり，惣開に洋式製錬所を設置し，産銅高も飛躍的に増大していった。宰平は1877(明治10)年に，住友家当主友親から総代理人(のちの総理人・総理事)を委嘱され，67歳で総理人を退き隠居するまで，国の発展のために尽力した。

　2003(平成15)年に広瀬歴史記念館の玄関横に，宰平の銅像が復元された。原型は宰平の古希を祝い，別子銅山の銅を使用してつくられた等身大の銅像で，住友家から贈られたものである。住友家は東京美術学校(現，東京芸術大学)学長の岡倉天心に依頼し，制作は高村光雲らが担当することになった。

　最初の像は不採用となり，再度最初から造り直し，1898(明治31)年に燕尾服姿の立像が完成。その後，広瀬邸に安置されていた。しかし，1943(昭和18)年に，第二次世界大戦の軍需物資として供出されてしまった。遺族が銅像の復元を強く希望し，木型原型を所蔵していた東京芸術大学に依頼して，2003(平成15)年3月に完成した。この年は新居浜市と別子山村の合併という記念すべき年でもあった。

た広瀬歴史記念館とともに，市民の憩いの場となっている。この記念館は，幕末から明治の激動期に，別子銅山を政府による銅山接収などの危機からまもり，日本の近代産業を育成した広瀬宰平の足跡をとおして，新居浜市の成り立ちと日本の近代化の歩みをたどる施設である。宰平の生涯が映像や実物資料，パネルなどによって紹介

されている。

住友化学愛媛工場歴史資料館 ㉘
0897-37-1711

〈M ▶ P.102, 130〉 新居浜市惣開町5-1
JR予讃線新居浜駅🚌15分

　住友化学愛媛工場歴史資料館(国登録)は，住友化学株式会社愛媛工場の敷地内にあり，工場の正門に向かって右側の道をはいり，突き当り付近にある。別子銅山の銅鉱石を製錬する際に発生する亜硫酸ガス問題の解決をめざし，苦心の末に鉱石を処理し硫酸を回収する技術を開発した。そして，住友化学の過燐酸石灰製造を目的とする，直営肥料事業の開始に関する資料を展示している。この建物は，1901(明治34)年から1958(昭和33)年まで使用された，旧住友銀行新居浜支店の一部を改修し利用しており，2001(平成13)年国の登録有形文化財になった。資料館の見学は，事前連絡が必要である。資料館横には，1890(明治23)年別子開坑200年を記念し，広瀬宰平が別子銅山の発展を祝ってたてた「總開の記」碑がある。

国の登録有形文化財の資料館

別子銅山口屋跡 ㉙
0897-32-8430(公民館)

〈M ▶ P.102, 130〉 新居浜市西町6-2
JR予讃線新居浜駅🚌住友病院行 登道🚶3分

銅鉱石輸送の港湾所跡

　1691(元禄4)年の別子開坑からしばらくの間，別子銅山で採鉱された銅鉱石は，天満浦(現，四国中央市土居町)から大坂に輸送されていたが，1702(元禄15)年路程を短縮するために，銅山越を経由する泉屋道を新設し，新居浜浦に別子銅山の物資輸送港務所を設置した。これが口屋である。ここでは食料などの一般物資を収納するとともに，銅鉱石輸送の重要拠点として，別子一帯の幕府領を支配する川之江代官所の役人や，住友家の手代などが常駐した。新居浜出店(口屋)は，1890(明治23)年に惣開へ移転するま

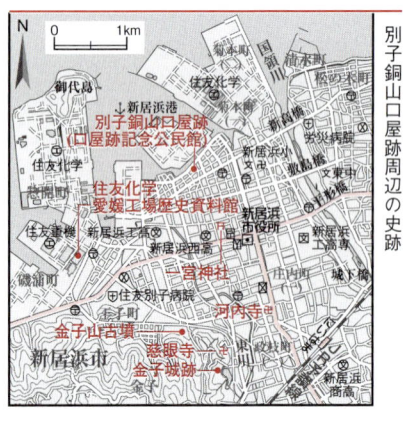

別子銅山口屋跡周辺の史跡

で，188年この地にあった。

現在は，口屋跡記念公民館となっており，当時を物語る老松が残っている。公民館は，バス停から昭和通りを約100m西にいくと銀行があり，その角を北に約100m進んだ突き当りにある。登道は，別子銅山へのぼる輸送路であったことに由来してよばれている道路で，現在は商店街となっている。

河内寺 ㉚
0897-35-2626

〈M ▶ P.102, 130〉新居浜市高木町3-21 P
JR予讃線新居浜駅 🚌 住友病院行高木入口 🚶 5分

バス停のすぐ西側の高木交差点からくすのき中央通りを北に進み，結婚式場の手前の細い道路を西に進むと，住宅街のなかに河内寺（真言宗）がある。河内寺は，東予地方屈指の古刹であり，天智天皇の時代に創建されたと伝えられる。平安時代には東西80間（約144m）・南北60間（約108m）の境内に，七堂伽藍が並んでいた。境内からは百済式布目瓦や法隆寺式布目瓦が多数発掘されており，新居浜文化センターでみることができる。

本尊の木造薬師如来坐像（県文化）は，像高91.5cmの一木造で豊満な面相で，密教特有の威厳に満ちており，平安時代初期のものといわれる。1967（昭和42）年，京都国立博物館において修理が行われた。脇仏の十二神将像は鎌倉時代の作品といわれる。

河内寺木造薬師如来坐像

密教彫刻で知られる新居浜の古刹

境内には後年，同じ境内から移転配置された塔礎石が残っている。

河内寺周辺には古墳なども存在し，古代文化の中心地として栄えたことが推定される。天正の陣（1585年）で伽藍は焼失したが，本尊は難をまぬがれ仮堂に安置され，1706（宝永3）年に現在の本堂が再建された。

一宮神社 ㉛
0897-32-2054

〈M ▶ P.102, 130〉新居浜市一宮町1-3-1 P
JR予讃線新居浜駅 🚌 住友病院行市役所前 🚶 7分

市役所前で下車するとすぐ北側に，東西にのびる平和通りがある。この平和通りを西に500m進むと一宮神社の森がみえる。一宮神社

別子銅山ゆかりの工都―新居浜

一宮神社とクスノキ群

太鼓祭りの宮入り国天然記念物の大クスノキ群

は大山積神・雷神・高龗神をまつり，709(和銅2)年大三島の大山祇神社より勧請し，新居郷の一宮として古くから崇敬されて今日に至っている。

社伝によると，一宮神社は嵯峨天皇の勅願所で，天皇の崇敬も篤く，しばしば勅使が派遣されたと伝えられる。その後，新居氏・河野氏・金子氏らに崇敬され繁栄をきわめていたが，1585(天正13)年豊臣秀吉の四国平定の際，小早川隆景に焼かれ，1620(元和6)年長州藩毛利家が松山藩主と協力して社殿を再建した。毛利氏は毎年代参をたてて崇敬した。1705(宝永2)年西条藩4代藩主松平頼純(紀州藩主徳川頼宣の2男)が現在の社殿を造営し，西条藩主松平公祈願所6社の1つに数えられた。

現在，1万7500m²の境内には，約90本のクスノキの大群落(国天然)が形成されている。このクスノキのなかには樹齢1000年以上のものもあり，目通り1m以上のものは約40本ある。一番大きいクスノキは目通り9.4m・根廻り14.9m・高さ29mに達する。

毎年10月16日から3日間行われる新居浜太鼓祭りでは，川西地区(国領川西)の豪華絢爛な太鼓台の宮出し・宮入りが行われている。

慈眼寺 ㉜　〈M▶P.102, 130〉 新居浜市西の土居町2-16-47　P
0897-32-2223　JR予讃線新居浜駅 🚶 20分

金子氏の菩提寺

新居浜駅前から西に向かって1.2km進むと金子山がみえ，その山麓に慈眼寺(曹洞宗)がある。山号は正法山，聖観音菩薩を本尊とする。慈眼寺は，1618(元和4)年金子城主歴代の菩提をとむらうために居館跡に建立された。金子氏は武蔵国入間郡(現，埼玉県入間市)の武士で，金子家忠が源平合戦の戦功により，伊予国新居郷に領地をあたえられ，約100年後の1283(弘安6)年に家忠より5代目の頼広が地頭として赴任した。現在の慈眼寺の地に館を構え，山上に砦を築いて金子城(橘江城)とした。また，城の北側の山麓に菩提寺(慈

眼寺)を建立した。

　その後，1406(応永13)年に堂宇が再建され，当初は臨済宗の東福寺派に所属した。しかし，1585(天正13)年に豊臣秀吉の四国攻略がおこると，金子元宅は野々市原(現，西条市氷見)で，小早川軍との戦いで戦死，金子城も落城，寺も焼失した。金子城を守備していた金子元宅の弟の元春は戦火を逃れたあと，戦死者の供養のために故郷の地に帰り，1613(慶長18)年金子城の館跡に寺院を建立することになった。これが慈眼寺のおこりである。

　初代住持関奄本徹和尚(金子元春)は当代の名僧で，明正天皇の綸旨をうけ，また3世安禅恩長も綸旨を下賜されたため，本堂の棟に16弁の菊の紋章をつけることを許された。

　現在の慈眼寺は天正の陣(1585年の豊臣秀吉の四国平定)後400年を記念し，1992(平成4)年にすべて新しくたて替えられた。金子山北麓には金子城主累代の墓所とされている，大小合わせて15基におよぶ鎌倉時代作とみられる五輪塔群もある。

　金子山の中腹にある金子山古墳は，1950(昭和25)年に発掘された，直径25m・墳丘高4.7mの円墳である。墳裾部には，円筒埴輪と朝顔埴輪が配置されていた。内部は竪穴式石室で，装身具(長鎖付耳飾・玉類など)，鉄剣などの武器，青銅鏡2面といった副葬品が出土した。新居平野の首長的クラスの墓ではないかと推測される。

　また，慈眼寺山頂(標高80m)の平地には金子城跡(市史跡)がある。城郭の遺構は山頂部周辺にあったと思われるが，公園に姿をかえて中世城館の面影は消滅し，わずかに南北に残る郭跡とみられる境目に，堀切の痕跡が残っている。天文～永禄年間(1532～70)に，この地方の豪族金子元成が築城したが，天正の陣により落城した。

明正寺 ㉝
0897-46-3039

〈M ▶ P.102, 134〉 新居浜市黒島136　P
JR予讃線多喜浜駅 🚌 黒島行終点 🚶 6分

皇朝十二銭や密教仏具など文化財の宝庫

　明正寺(真言宗)は，728(神亀5)年黒島神社別当寺として伊予の豪族越智氏により創建されたと伝えられ，聖観音菩薩を本尊とし，当初は西法寺と称していた。火災により，創建後400年ほどして現在の黒島神社の所在地に移築されたが，1643(寛永20)年明正天皇の病の平癒祈願を命じられた。そのころに再度現在地に移築され，勅

明正寺

命により明正寺と改められ、寺紋も十六菊、五七の桐となっている。1808(文化5)年の失火により、寺は全焼し、住職良然上人は責任をとって自害した。伽藍や本尊なども焼失したが、寺宝類は残った。のちに境内地を5分の1に縮小し、御代島の樹木を西条藩主松平頼啓より拝領し再建したが、老朽化により、1991(平成3)年に新本堂が建立された。

　明正寺は銅銭承和昌宝30枚、旅壇仏具である金銅密教法具(ともに県文化)や金胎両界曼荼羅、金銅釈尊誕生仏など多数の文化財を所蔵していることで知られている。境内には、ほかのサクラに先駆け、3月中旬に咲きはじめる、単弁白色のミョウショウジザクラがあるほか、多喜浜塩田開発の祖深尾権太輔光清の墓もある。

　明正寺の手前に黒島港がある。ここより市営のフェリーに15分乗船すると大島である。周囲約10kmの島であるが、大島は防塞跡など、伊予水軍に関する遺跡が残っている。

　この島では毎年旧正月(現在は成人の日)に「とうどおくり」という伝統的な行事が行われている。この行事は左義長などともよばれ、正月3日がくると、この地域の少年たちが早朝から家々の門先におかれた門松・笹・注連縄などを集めて歩き、高さ約12mもある大きな「とうどさん」をつくる。当日午前3時ごろから子どもたちの呼び声で、地区の人たちは一斉に浜に集まってくる。地区ごとの競争でとうどに火を放ち、燃やしはじめ、焼け残った竹のさきで、灰を鏡餅のうえにのせて家にもち帰り、

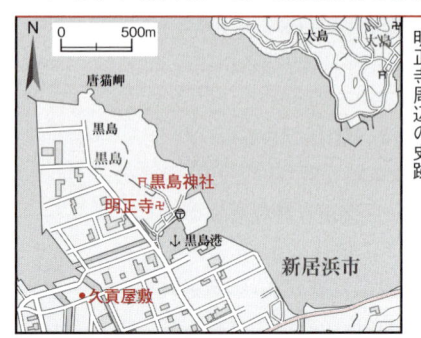

明正寺周辺の史跡

ふぐざく

コラム 食

新居浜発祥のふぐ料理

　新居浜市は瀬戸内海に面する四国の中北部に位置し，山の幸・海の幸に恵まれている。新居浜発祥の郷土料理の1つに，1940(昭和15)年に誕生したふぐざくがある。フグの切り身・皮，ネギ，カワハギの肝に薬味を加え，ポン酢醬油で味つけした独特なもの。酒の肴にもよくあい，さっぱりとした味を楽しむことができる。

　フグの切り身や皮を湯引きして，細く短冊状に切ったものを，地元では「ざく」とよぶ。市内の老舗料亭の常連客が，ふぐ刺しやふぐ鍋などの料理を待ちきれずに頼んだことにはじまる，いわばフグの即席料理であった。その名前の由来は，切る音の「ザクザク」からきているという。10～3月がシーズンで，市内の約60軒の料亭などで味わうことができる。

その餅をぜんざいにして食べると，無病息災にすごせるといわれている。闇夜に赤々と火が燃える光景はみごとである。

　明正寺から少し南に戻り，黒島交差点入口を約1.2km西にいくと，多喜浜塩田の開発を推進した天野喜四郎元明の邸宅があった久貢山がある。多喜浜塩田は江戸時代，西条藩における三大事業の1つで，1704(宝永元)年深尾権太輔が起工し，久貢山沿いに十三軒浜を完成した。その後，1720(享保5)年の深尾の死によって，広島県御調郡吉和浜(現，広島県尾道市)の製塩業者である天野元明が，この地の人びとの要請により久貢山に居を定め，塩田の築造に着手したといわれる。

　1959(昭和34)年に多喜浜塩田は廃止され，現在は工業団地に変貌しているが，塩田の面積は約240町歩(240ha)におよんだ。久貢屋敷の一角に，記念として植えた雌株のソテツ(県天然)がある。このソテツは，塩田開発の地ゆかりの記念物である。根回り約7m・高さ約5mにおよぶ。久貢屋敷内には久貢山から天野元明の墓が移され祀られている。

別子銅山ゆかりの工都―新居浜

④ 四国の十字路—四国中央市

旧宇摩郡域の大半を占める四国中央市は，古くから四国の交通拠点として繁栄し，往時をしのばせる史跡も多い。

仏殿城跡 ㉞
0896-58-0491(川之江城)
〈M ▶ P.103, 137〉 四国中央市川之江町城山公園 P
JR予讃線川之江駅 徒歩20分

四国の有力武将による争奪戦の舞台

　川之江町は，古くから讃岐・阿波・土佐への街道がつうじる交通の要衝として栄えた。その川之江のシンボル的存在が，川之江駅から西方約700mの鷲尾山(城山)山頂に築かれた仏殿城(川之江城)である。

　仏殿城は，南北朝動乱期の1337(延元2)年，南朝方に属した河野氏が，北朝方の讃岐守護細川頼春の伊予侵攻に備え，武将土肥義昌に命じて築城させたのがはじまりである。義昌は築城にあたり，山頂の草庵にあった阿弥陀如来像を城中にまつったため，この城を仏殿城と称した。

　その後，この城をめぐっては，伊予の河野氏・讃岐の細川氏・阿波の三好氏・土佐の長宗我部氏らの武将たちによる争奪戦が繰り広げられた末，江戸時代初めに破却された。そして，1984(昭和59)年から5年間にわたる市の城山公園整備事業において，あらたに川之江城の名称で，天守・櫓門・涼櫓などが建設されたのである。

　城の西方の断崖絶壁を姫ヶ嶽とよぶ。ここは，1582(天正10)年，当時の仏殿城主河上但馬守安勝が敵軍に敗れて落城の際，安勝の女年姫が海中に身を投げたと伝えられる場所である。また，燧灘を眺望できる城山中腹には，川之江出身の儒学者で，寛政三博士の1人である尾藤二洲の記念碑が建立されている。さらに山麓の仏法寺(浄土宗)では，河上但馬守の供養塔や樹齢300年をこすとされるみごとな臥竜の松を

川之江城

みることができる。

江戸時代の川之江の町は、1636（寛永13）年から一柳直家による7年間の統治ののち、天領として長く代官所がおかれた。一柳時代の陣屋の陣屋門が川之江八幡神社敷地内に移築されて残っており、桁行3間半（約6.4m），梁間2間半（約4.6m）の規模をもつ総2階建ての建物である。

また同町には、歴史資料の展示施設として川之江城（天守）・紙のまち資料館・四国中央市歴史考古博物館（高原ミュージアム）があり、それらをめぐるのも楽しい。

川之江駅周辺の史跡

真鍋家住宅 ㉟　〈M▶P.103〉四国中央市金生町山田井2030-2　P
0896-58-8078　　　　JR予讃線川之江駅 🚗15分

金生町の切山地区は、JR川之江駅から東方へ約8km，香川・徳島両県境に近い山里である。1184（元暦元）年，真鍋氏ら平家の落武者が幼少の安徳天皇を守護して阿波の祖谷（現，徳島県三好市東南部の山間地域）からこの地にはいり、天皇を讃岐に見送ったのち、そのまま住みついたと伝えられている。地区内には、院の墓・安徳の窪・下谷八幡神社・土釜社など平家伝説を伴う史跡が多く、これらをめぐるハイキングコースも設けられている。

深山に囲まれたこの切山

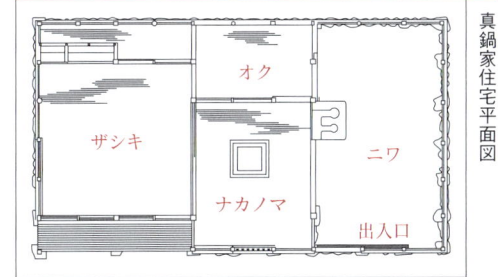

真鍋家住宅平面図

オク
ザシキ
ナカノマ
ニワ
出入口

真鍋家住宅

四国の十字路―四国中央市　　137

地区に, 真鍋家住宅(国重文)がある。17世紀後半にたてられ, 県内に現存する民家ではもっとも古いといわれる。桁行約10.2m・梁間約5.8mの平屋建てで, 茅葺き寄棟造の構造をもつ農家建築である。

　内部の空間は, 作業や炊事を行うニワ(土間), 居間や応接間として用いる炉のあるナカノマ, 寝室であるオク(奥の間), 仏壇・押入れを備え, 仏事や正式の接客の際に使用するザシキに分かれ, 中ネマ三間取りと称される。また, 住宅の背後の山にはヤマザクラやアラカシなどの古木が生いしげり, 自然の防風林を形成している。

県内最古級の現存民家

東宮山古墳 ㊱

〈M ▶ P.103〉四国中央市妻鳥町山口東宮山2256-2
JR予讃線伊予三島駅 霧の森行妻鳥 15分

　松山自動車道の三島川之江ICのすぐ東側に, 海抜80m余りの独立小丘陵の東宮山がみえる。この山頂平坦地に, 宮内庁陵墓参考地の東宮山古墳と春宮神社の祠がある。記紀(『古事記』『日本書紀』)に木梨軽太子(允恭天皇の第1皇子)の伊予の湯(道後)配流にまつわる話が記されているが, 木梨軽太子が道後に流される途中, 船が難破して近くの海岸に漂着しこの地で没したため, 里人が東宮山上に手厚く葬ったのが東宮山古墳だと伝えられている。

　この古墳は6世紀前半の築造と推定され, 現在残っている墳丘は直径約15m・高さ約3mの円墳状で, 横穴式石室を有している。1894(明治27)年, 春宮神社祭礼の準備中に地元の人びとによって石室が発見され, その際に数多くの副葬品が出土した。白銅製舶載鏡の内行花文鏡をはじめ, 金銅透彫帯冠・金環・水晶切子玉といった装身具や衝角付冑・三葉環頭大刀柄頭などの武具等, きわめて多彩である。現在は宮内庁に保管されているこれらの出土物から, この古墳の被葬者が大陸文化の影響を強くうけていたことがわかる。

大陸の影響をうけた多彩な副葬品が出土

東宮山古墳出土の金銅透彫帯冠

そのほか，7世紀前半の築造とされる金生町の宇摩向山古墳(国史跡)と，6世紀前半の築造とされる金田町の朝日山古墳(県史跡)が知られている。また，上柏町にある端華の森古墳館は，端華の森古墳を発掘時の状況に復元・保存している施設である。

なお，東宮山から北西約1.5kmにある三皇神社(祭神日本武尊ほか)の社叢椊の森(県天然)は，クスをはじめ暖帯性の常緑広葉樹林を主とする古代林である。その西隣りの下柏町には，下柏の大柏(国天然)とよばれる全国有数のイブキビャクシンの巨木がある。

三角寺 ㊲
0896-56-3065

〈M ▶ P.103〉四国中央市金田町三角寺甲75 P
JR予讃線伊予三島駅🚌霧の森行三角寺口🚶40分

三角形の護摩壇伝承が残る山寺

三角寺口バス停から法皇山脈の長い山道を南にのぼると，標高約360mの山腹に，四国霊場第65番札所三角寺(真言宗)がある。この寺の本尊は，平安時代初期の作とされる木造十一面観音立像(県文化)で，60年に1度の甲子の年のみに開帳する秘仏である。その像高は約168cm，ヒノキの一木造である。

境内の一角に弁財天をまつる三角形の小さな池がある。ここは弘法大師(空海)が三角形の護摩壇を築いて降伏護摩の法を修行した跡といわれ，三角寺という寺名の由来となっている。また，1795(寛政7)年にこの寺を訪れた小林一茶は，境内のサクラの大木をみて，「これでこそ　登りかひある　山桜」の一句を詠んでいる。

三角寺奥の院といわれるのが，新宮町古野地区の仙龍寺(真言宗)である。三角寺境内を起点に法皇山脈をこえ，山脈南面の仙龍寺へ向かう遍路道が現在も残っている。数多くの遍路道標や地蔵丁石がみられる趣きある古道だが，厳しい上り下りが続く全長約6kmの道は，ハイキングコースとしては健脚向きである。

仙龍寺は，空海の修行場との伝承がある。谷間の岩壁に寄り添うようにたてら

三角寺境内の池

四国の十字路—四国中央市

れた楼閣状の長大な通夜堂は壮観で、弘法大師を本尊としてまつる本堂は通夜堂の4階部分にある。

馬立本陣跡 ㊳

〈M ▶ P.103〉四国中央市新宮町馬立　P（霧の森）
JR予讃線伊予三島駅🚌霧の森行終点霧の森🚶5分

参勤交代で土佐藩主山内氏が休息・宿泊

新宮町は、北の法皇山脈と南の四国山地にはさまれた山間地域だが、古くからつねに伊予と土佐・阿波を結ぶ重要なルートがここをとおっていた。

とくに川之江と高知城下を結ぶ土佐街道は、1718（享保3）年に土佐藩の6代藩主山内豊隆が参勤交代に用いて以来、代々土佐藩の参勤交代道となった。

高知自動車道新宮IC近くの馬立本陣は、藩主の休憩所や宿泊所として使用されたもので、現在はその門のみが残されている。もともとは、石垣の上に銃眼を構える土塀で囲まれた、広い庭をもつ御殿風の建物であったが、1897（明治30）年の火災で全焼したという。

馬立本陣跡から北へ約2.6kmいった四国中央市新宮総合支所の北隣に、熊野神社（祭神伊弉冉尊ほか）がある。社伝によると、807（大同2）年に紀伊新宮の熊野速玉大社を勧請したもので、その後長い間四国における熊野信仰の有力拠点だったとされる。

神社の歴史の古さを示すものとして、神鏡と大般若経（ともに県文化）がある。それぞれ鎌倉時代初期のもので、境内から出土した直径13cmの神鏡には「貞応二（1223）年」の銘が、大般若経には「嘉禄二（1226）年」の奥書がみられる。

同町上山地区の稲茎神社の境内社に、大西神社がある。1577（天正5）年に土佐の長宗我部氏に敗れてなくなった領主大西備中守元武をまつる神社で、毎年の祭礼時に、元武を慰霊する鐘踊り（県

鐘踊り

土佐街道（笹ヶ峰越え）

コラム

険しい山をいく参勤交代の道

　土佐から標高1000m余りの笹ヶ峰をこえて伊予につうじる土佐街道は、古代の官道をその前身にするともいわれ、江戸時代中期以降、土佐藩が参勤交代で用いた。また幕末には、江戸に剣術修行に向かう坂本龍馬がとおり、板垣退助らの指揮する討幕軍が進軍し、あるいは「よさこい節」に歌われた悲恋の主人公の僧 純信が故国を追われた道でもある。さまざまな人が行き交うこの街道の賑わいは、昭和初期まで続いた。

　急峻な笹ヶ峰をこえて新宮にはいり、馬立本陣に向けて山をくだる途中の坂を腹包丁とよぶ。大名行列にしたがう武士たちが、あまりの急坂に腰の刀がつかえて歩きにくいため、やむなく刀を腹に回し、その姿が腹に包丁をさしたようにみえたことに由来する名称だといわれる。そのほかにもこの辺りには、山麓から吹き上げる風に旅人の笠が飛んだという笠取峠、土佐藩主専用の水を汲んだ梅の泉など、当時をしのぶ地名や史跡が数多く残っている。

　法皇山脈をこえて宇摩地域の平野部にくだると、上分町に槍下げの松があった。松月庵という堂の松の大木が街道まで張りだしたもので、大名行列が通過するときにじゃまなため家臣が枝を切ろうとしたところ、山内侯が「良い枝ぶりである。捨て置け」と命じた。以来、行列はここでは槍を下げ、馬上の武士は身をかがめてとおるようになったと伝えられる。近年、この松は残念ながら枯死してしまった。

馬立本陣の門

民俗）が奉納される。これは、太鼓・鉦・薙刀・はつり（まさかり）などを手にした22人の踊り手により演じられる、古式をよく残した念仏踊りの一種である。

三島神社 ㊴　〈M ▶ P.103, 142〉四国中央市三島宮川1-1
0896-23-3626　JR予讃線伊予三島駅🚶10分

　伊予三島駅からゆるやかな坂道を北にくだり、国道11号線との交差地点で右折して東に進むと、今治藩の三島陣屋跡の石碑があり、さらにそのさきの商店街をぬけると三島神社（祭神大山積神ほか）に

四国の十字路—四国中央市　141

三島神社随神門

大山祇神社を勧請 境内に古代の磐座遺跡

至る。

　三島神社は社伝によれば，720(養老4)年に越智玉澄によって大三島宮(大山祇神社)より勧請されたという。正面の堂々たる随神門(楼門)が目を引くが，この門は，1816(文化13)年に地元三島村の有力者たちが建立を発起，近隣の村々にも寄付を仰いで，1821(文政4)年にようやく完成させたものである。当時の北四国では，金毘羅宮の大門につぐ規模であった。

　また，現在の本殿は1902(明治35)年の建築であるが，1490(延徳2)年のものと伝えられる旧本殿も境内に保存されている。後世に何回かの補修をうけているものの，建物の一部には創建当時の要素も残しているという。

　境内に古代の宗教遺跡である磐座がある。磐座は神霊が宿る神聖な場所であり，この磐座も自然石や樹木が人の手を加えない姿のまま保存されている。

　神社の近くに，かつて三島神社の別当寺であった興願寺(真言宗)がある。この寺の三重塔(県文化)は1684(貞享元)年の建立で，屋根の反りが美しく，各層の大きさも調和がとれている。もとは徳島県阿南市の四国霊場第21番札所太龍寺にあったものを譲りうけ，1953(昭和28)年から4年間かけて解体・移築した。宇摩地域では唯一の三重塔である。

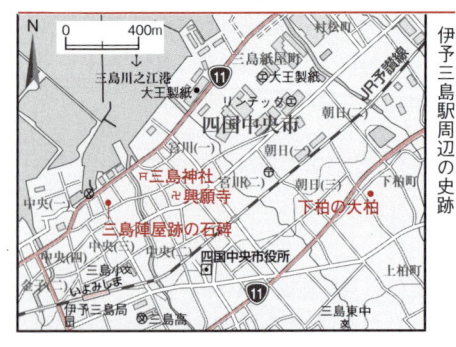

伊予三島駅周辺の史跡

製紙業と水引工芸

コラム

発展する四国中央市の紙産業

　四国中央市の基幹産業は、製紙業である。市の中・東部の平野部に数多くの製紙工場が集中し、日本有数の製紙工業地帯を形成している。

　宇摩地域の製紙の歴史は、江戸時代中期の宝暦年間（1751〜64）にさかのぼるとされる。法皇山脈南側の山間部において、自生するコウゾ・ミツマタと豊かな水を利用して、自家用に和紙が漉かれはじめ、それはやがて山脈をこえて平野部へも伝わり、徐々に生産をふやして、商品として取引されるようになっていった。

　近代にはいると、さまざまな人びとにより製紙業の発展がはかられた。幕末から明治期にかけて薦田篤平は、福井県や岐阜県など紙漉きの本場から熟練工を招いて本格的な生産に着手するとともに、京阪神地域へ販路開拓を行った。また篠原朔太郎は、明治中期から新しい紙漉き技術につぎつぎと取り組み、和紙原料を叩き解かす機械であるビーターを完成させた。こうした技術革新の努力は、第二次世界大戦後も続き、また、1953（昭和28）年の柳瀬ダム（金砂湖）完成によって、豊富な工業用水と電力が得られるようになり、紙の生産量は増加した。

　現在、この地域で生産される紙製品は、新聞用紙・印刷用紙・包装用紙・コピー用紙や、さらにはティッシュペーパー・紙おむつなど時代の変化とともに多様化している。また、紙産業に関連する機械・薬品・運輸などの企業も多く、その一方で小規模経営ながら手漉き和紙の生産も続いている。

　紙産業のなかでも特色あるのは水引工芸である。江戸時代から、市内の村松町・妻鳥町の辺りでは、髷を結ぶための紙縒である元結を生産していた。明治初年にはかなりの生産量があったというが、洋髪の普及にしたがって徐々に衰退し、かわって元結と製造原料が類似する慶弔用水引の生産に転換していった。

　第二次世界大戦後になると、水引を用いた工芸品が日本の美術工芸品として海外に紹介され、その評価が高まった。その後、水引製造にも機械が導入されたが、これ

水引工芸品の宝船

四国の十字路─四国中央市

を工芸品に仕上げるのは現在も熟練技術者の手作業である。高価な結納セットのほか、宝船・松竹梅・鶴亀など、色とりどりの水引を用いて製作されるきらびやかな水引工芸品は、1980年に愛媛県の伝統的特産品の指定をうけた。

川之江町の紙のまち資料館には、豊富な関係資料の展示があり、和紙の手漉きも体験できる。また、妻鳥町の愛媛県紙産業技術センターでは水引づくりの体験ができる。

八雲神社 ⓵
0896-74-3645

〈M▶P.103〉四国中央市土居町天満1-2
JR予讃線伊予土居駅🚶25分

律令体制期の「伊予軍印」を有する神社

伊予軍印

伊予土居駅東の交差点から北に進路をとり、関川を渡って北西に700m余りいった山麓に、伊予軍印(県文化)を所蔵する八雲神社(祭神素戔嗚尊ほか)がある。伊予軍印は縦3.8cm・横4cmの正方形に近い形で、背面中央に高さ1.8cmの把手がある重さ67gの薄型銅印であり、「伊豫軍印」ときざまれている。この印は、平安時代初期以前の律令体制下において、伊予のいずれかの地域に配置された軍団に交付された官印である。こうした軍印が現存する例は全国的にも珍しく、貴重な文化財である。

また八雲神社は、江戸時代後期から明治期にかけて活躍した二弦琴「八雲琴」の創始者である中山琴主にゆかりが深く、伊予軍印も琴主が神社に寄贈したものと伝えている。入野地区の四国中央市土居総合支所隣の暁雨館には、琴主ほか旧土居町出身の人物資料が展示されている。

JR赤星駅南の村山神社(祭神天照大神ほか)は、『延喜式』式内社とされた古社で、境内に平安時代後期の経塚である宝塚があり、ここから鏡・刀剣・磁器などが出土した。松山自動車道土居ICの近辺には、古墳時代後期の群集墳である高原大空古墳群(県史跡)がある。また畑野地区では、1585(天正13)年の豊臣秀吉の四国征討で滅んだ中尾城主薦田氏一族の慰霊のため、薦田神社境内で畑野の薦田踊り(県民俗)が奉納されている。

水郷大洲と内子・宇和の町並み

Ōzu
Uchiko

大洲城

内子の町並み

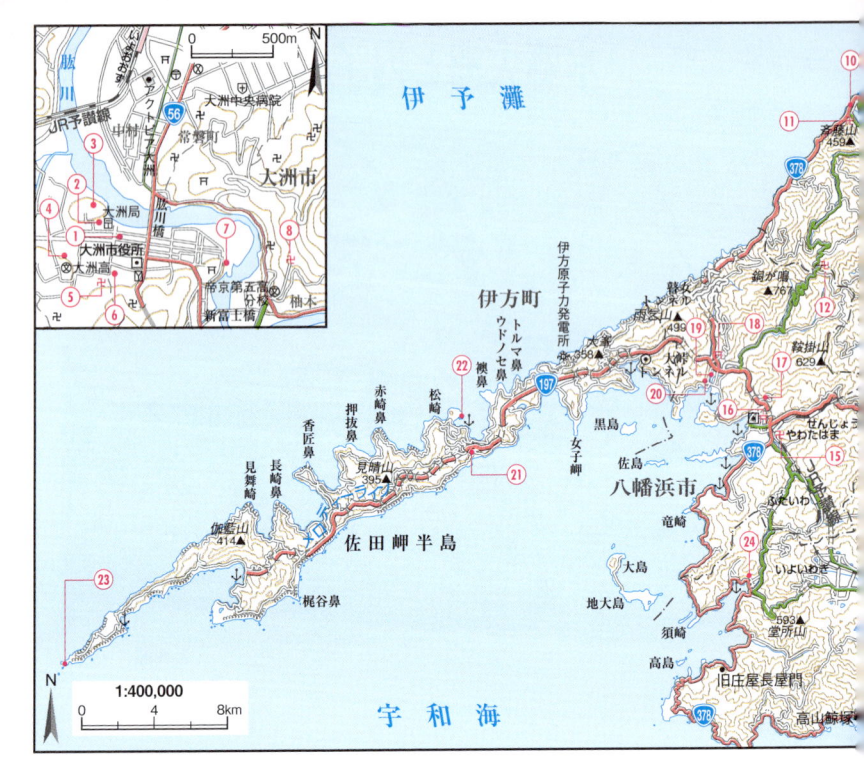

◎**大洲・内子・宇和散歩モデルコース**

大洲コース　1.JR予讃線伊予大洲駅_5_大洲まちの駅あさもや_5_三瀬諸淵生家跡_5_姜沆顕彰碑_10_大洲城_10_至徳堂_5_曹渓院・大禅寺_2_山本尚徳頌徳碑_5_JR伊予大洲駅

2.JR予讃線伊予大洲駅_5_大洲まちの駅あさもや_5_おはなはん通り_5_臥龍山荘_5_大洲神社_5_川田雄琴墓所(興禅寺)_25_如法寺_10_JR伊予大洲駅

大洲市郊外コース　JR内子線・予讃線新谷駅_10_新谷藩陣屋跡_10_八幡神社(電信黎明碑)_45_龍馬脱藩之日記念館_40_JR予讃線伊予大洲駅

長浜コース　JR予讃線伊予長浜駅_10_肱川あらし展望公園_10_長浜港_10_長浜大橋・江湖_5_沖浦観音(瑞龍寺)_40_出石寺_40_白滝_10_JR伊予長浜駅

内子コース　JR内子線・予讃線内子駅_10_八日市・護国の町並み_2_木蠟資料館上芳我邸_4_町家資料館_3_商いと暮らし博物館(内子町歴史民俗資料館)_3_内子座_14_JR内子駅

八幡浜コース　1.JR予讃線八幡浜駅_10_梅の堂三尊仏_5_保安寺_10_元城跡_25_

①三瀬諸淵生家跡
②姜沆顕彰碑
③大洲城
④至徳堂(中江藤樹邸跡)
⑤曹渓院
⑥山本尚徳頌徳碑
⑦臥龍山荘
⑧如法寺
⑨新谷藩陣屋跡
⑩長浜大橋
⑪沖浦観音
⑫出石寺
⑬八日市・護国の町並み
⑭内子座
⑮梅の堂三尊仏
⑯八幡神社
⑰斐光園
⑱三島神社
⑲旧白石和太郎洋館
⑳愛媛蚕種
㉑塩成堀切
㉒須賀の森
㉓佐田岬灯台
㉔三瓶(朝日文楽)
㉕明浜(俵津文楽)
㉖松葉城跡
㉗旧開明学校
㉘中町の町並み
㉙高野長英の隠れ家
㉚歯長寺
㉛泉貨居士の墓
㉜龍沢寺
㉝三滝城跡
㉞穴神洞遺跡

八幡神社 15 斐光園 20 八幡浜港 3 八幡浜市水産物地方卸売市場 30 JR八幡浜駅

2.JR予讃線八幡浜駅 20 三島神社 20 保内中学校(三英傑のモニュメント) 3 旧白石和太郎洋館(ドレメ) 1 赤レンガ通り 10 愛媛蚕種 5 美名瀬橋 1 旧東洋紡績赤レンガ倉庫 5 保内中学校 20 JR八幡浜駅

佐田岬半島コース　JR予讃線八幡浜駅 20 法通寺 5 道の駅きらら館 10 塩成堀切 5 三机湾・須賀公園 10 せと風の丘パーク 20 大佐田・船倉群 5 アコウ樹 15 佐田岬漁港 10 20 佐田岬灯台 20 80 JR八幡浜駅

宇和文化の里コース　JR予讃線卯之町駅 9 宇和米博物館 8 旧開明学校・申義堂 1 宇和民具館 1 中町の町並み 1 鳥居門 1 高野長英の隠れ家 8 JR卯之町駅

奥伊予コース　松山自動車道西予宇和IC 30 泉貨居士の墓 40 土居家住宅 45 三滝城跡 20 穴神洞 25 龍沢寺 40 西予宇和IC

① 藤樹を育んだ伊予の小京都—大洲

伊予の小京都大洲は，陽明学者の中江藤樹や，シーボルトゆかりの蘭学者三瀬諸淵らを輩出した，歴史かおる街である。

三瀬諸淵生家跡 ❶　〈M ▶ P.146, 148〉大洲市中町1　P（大洲まちの駅あさもや）
JR予讃線伊予大洲駅 🚌八幡浜方面行桝形 🚶20分

日本初の電信実験を行った蘭学者の生家跡

伊予大洲駅から東へ進み，国道56号線を南下して肱川橋を渡る。大洲市役所手前で国道441号線にはいると「大洲まちの駅あさもや」がある。ここに駐車場がある。「まちの駅あさもや」より西へ向かい，国道56号線を横切って大洲藩政時代の町屋の風情を残す中町商店街にはいってしばらくすると，左手に三瀬諸淵（周三）生家跡の石碑が目にはいる。

三瀬諸淵は1839（天保10）年，当地で塩問屋を営む三瀬家に生まれたが，学問を好む家風の影響をうけ，早くから大洲藩総鎮守八幡神

伊予大洲駅周辺の史跡

「日本における電信の黎明」記念碑

社の神官で，国学者の常磐井巌戈の私塾古学堂に学んだ。同門には，戊辰戦争で榎本武揚らがたてこもった箱館五稜郭の設計者である武田成章(斐三郎)らがいた。

1855(安政2)年，17歳の諸淵は，シーボルトの弟子で卯之町(現，西予市宇和町)で開業医をしていた叔父の二宮敬作のもとで，蘭学や医学を学んだ。このころ，シーボルトの娘楠本イネも敬作のもとでともに学んでおり，こうした縁で，諸淵はのちにイネの娘高子と結婚する。その後，敬作が宇和島藩の准藩医となって宇和島へ移ったので，諸淵もこれにしたがったが，宇和島では村田蔵六(大村益次郎)の門にはいり，蘭学を学んでいる。

やがて，長崎遊学後20歳で帰郷した諸淵は，1858年，古学堂から肱川をまたぐ対岸までの約1kmに銅線を架設し，衆人の見守るなかで電信実験を行い，成功している。「三瀬諸淵の針金だより」と称されるこの実験は，わが国電信の起源とされている。諸淵が実験を行った八幡神社前には，「日本における電信の黎明」記念碑がたてられている。

その後，明治にはいって，諸淵は大阪医学校(現，大阪大学医学部)および東京医学校(現，東京大学医学部)の教官や，新橋・横浜間の鉄道敷設の指導にあたるなど，日本の近代化にその才をふるった。しかし1877(明治10)年，病のため39歳で没した。約50年後の1928(昭和3)年，有志によって郷里の大禅寺に墓所を移し，あわせてその遺徳をしのぶ頌徳碑がたてられた。

姜沆顕彰碑 ❷ 〈M ▶ P.146, 148〉大洲市三の丸 Ⓟ(大洲市民会館)
JR予讃線伊予大洲駅🚉八幡浜方面行桝形🚶3分

諸淵生家跡のある中町商店街をぬけると，桝形通りとよばれる広い通りにでる。ここはかつて参勤交代に向かう隊列が勢ぞろいしたところで，付近には藩校明倫堂(大洲警察署跡地)や町会所などがた

藤樹を育んだ伊予の小京都—大洲

姜沆顕彰碑

近世儒学の礎を築いた儒学者ゆかりの碑

ち並び、大洲藩政時代のメインストリートであった。そこから大洲城の大手門があった大洲郵便局前をとおり、三の丸方面から大洲城に向かうと、右手に大洲市民会館がみえてくる。この市民会館敷地内西側に儒学者姜沆顕彰碑がある。

姜沆は朝鮮李朝の高名な朱子学者であったが、豊臣秀吉の1597年の2度目の朝鮮出兵である慶長の役に際し、義兵として秀吉軍と戦い、子2人は水死、みずからも大洲をおさめる藤堂高虎軍に捕らえられた。長浜から徒歩で大洲へ護送される途上、肱川渡河の際に疲労から溺れかかった姜沆は、付近にいた農夫に救われて一命をとりとめ、農夫から食事をあたえられた。後年、姜沆が記した「看羊録」には、このときの様子を回顧して、「倭人の中にもかくも至誠の人があるのか」と記している。大洲市五郎にはこの農夫の行為を顕彰して、「思いやり地蔵」が建立されている。やがて、大洲城についた姜沆はここで約10カ月幽閉されるが、その間、出石寺（真言宗）の高僧快慶とも交遊している。

1598（慶長3）年5月に大洲を脱走した姜沆は、宇和島で捕まり、処刑寸前のところをゆるされて再び大洲へ護送される。のちに大洲から京都伏見に護送され、ここで相国寺の僧藤原惺窩と出会う。赤誠を尽くして教えを請う惺窩の態度にうたれた姜沆は、惺窩に儒学の真髄を教授したとされる。これがのちの日本近世儒学の出発点となった。秀吉死後の1600年、朝鮮と徳川家康との間で和議が成立し、帰国した姜沆は、故郷の霊光（現、大韓民国全羅南道）で52歳の生涯を閉じた。

姜沆の幽閉から約400年を経た1990（平成2）年、日韓両国の有志によって姜沆顕彰碑が建立された。その裏面には、姜沆が出石寺の僧快慶にあたえた詩がきざまれ、往時をしのぶことができる。

150　水郷大洲と内子・宇和の町並み

復元された大洲城

大洲城 ❸
0893-24-1146

〈M▶P.146, 148〉大洲市大洲三の丸　P（大洲市民会館ほか）
JR予讃線伊予大洲駅🚌八幡浜方面行桝形🚶10分

　枡形バス停をおりて大洲城の内堀であった大洲市民会館横からゆるやかな坂道をのぼると、大洲城の堅牢な石垣がみえてくる。さらに二の丸から本丸へと進むと、4層4階の天守をもつ大洲城に至る。天然の要害である肱川を巧みに利用した大洲城は、築城の名手とうたわれた藤堂高虎の建造とされるが、脇坂安治の築城とみる説もある。旧天守は、城郭を封建時代の悪しき遺物とみた新政府の方針によって明治時代初期に取りこわされたが、江戸時代末期につくられた高欄櫓（南西隅）および中央部の台所櫓（ともに国重文）が往時のまま残存している。

戦後初の木造4層4階で復元された大洲城

　なお、現在の天守は大洲市政施行50周年事業の一環として、2004（平成16）年に再建された。近年各地で再建された城郭建築の多くが原形と異なる復元であるのに対して、大洲城は、残存する旧大洲城の実測図や木割図に基づいて厳密に復元された、戦後初の4層4階の木造天守とされ、城郭建築史上においても特筆すべき復元とされている。大洲城は、2階部に上部が半円形の火灯窓を連続して使っており、この特徴は、秀吉の時代にたてられた近江大津城と同様とされる。旧二の丸東端の肱川河畔には苧綿櫓（国重文）が残存し、小規模ながら美しい姿をみせている。

　大洲城があった一帯は、かつて比志城とよばれる軍事上の要衝で、早くは源平合戦のころにその名が登場する。その後、鎌倉時代末期に宇都宮氏が伊予国守護に任ぜられ、大津地蔵岳（嶽）城を築いて以後、約200年間にわたりこの地をおさめた。しかし戦国時代にはいると、土佐の一条・長宗我部氏、道後の河野氏、中国の毛利氏らの勢力におされて宇都宮氏は衰え、一時家臣の大野直之が城主となった。

藤樹を育んだ伊予の小京都―大洲

このように，大洲は各勢力の緩衝地帯としての特徴をもち，為政者がめまぐるしくかわる時代が続いた。やがて秀吉の四国征討ののち，小早川隆景(こばやかわたかかげ)が伊予一国をあたえられたが，隆景の九州転封(てんぽう)後は戸田勝隆(とだかつたか)，さらには藤堂高虎・脇坂安治の支配へとかわった。ついで1617(元和(げんな)3)年，加藤貞泰(さだやす)が伯耆(ほうき)(現，鳥取県)米子(よなご)から大洲藩6万石(ごく)に任ぜられて入城以後，明治時代初期の廃藩置県(はいはんちけん)まで加藤氏の治世が続くこととなった。この地が「大津(おおつ)」から「大洲(おおず)」と改称されるのは，2代藩主加藤泰興(やすおき)のころとされる。

至徳堂(中江藤樹邸跡)(しとくどう なかえとうじゅやしきあと) ❹
0893-24-4115(大洲高校)

〈M▶P.146, 148〉大洲市大洲737(大洲高校内)
JR予讃線伊予大洲駅🚌八幡浜方面行三の丸🚶5分

日本陽明学の祖、中江藤樹が青年期をすごした邸宅跡

大洲城をあとに坂道をくだって突き当りを右折したのち，つぎの三差路を左折する。さらに県道をこえて直進すると，左手下に広い敷地がみえてくる。ここは大洲城の南側に，長く張りだした外堀があったところで，現在は埋め立てられ，県立大洲高校のグラウンドになっている。

この一角に，南隅櫓(みなみすみやぐら)(国重文)がある。1766(明和(めいわ)3)年に改築されたこの櫓は，外堀とともに旧大洲城の南面を防御する役割を果たしたもので，内部には三角形の鉄砲狭間(ざま)もみられる。なお，この櫓のある旧藩主加藤家の邸宅を中心に，山田洋次監督「男はつらいよ 寅次郎(とらじろう)と殿様」(1977年)の撮影が行われた。

南隅櫓をあとに城下町特有の屈曲道路を，左手に旧外堀をみながら進む。石垣の途切れた辺りから右手に目をやると，大洲高校の正門がみえてくる。校内にはいると，わが国における陽明学(ようめいがく)の祖で，近江聖人(せいじん)とうたわれた中江藤樹の至徳堂(中江藤樹邸跡，県史跡)がある。

この一帯はかつての大洲藩武家屋敷で，藤樹も近江へ帰郷するまでの12年間をここですごした。邸跡の大部分は数m地上げされて校地となったが，藤樹が使用した井戸は「中江の水」として，当時のまま保存されている。藤樹が起居した跡地には，1939(昭和14)年，藤樹の邸宅を模して至徳堂がたてられ，藤樹関係資料の展示や生徒

至徳堂

の修養道場として活用されている。

　また、その前庭には近江の藤樹書院から分けられたフジが植えられている。頭を垂れるフジの花をことのほか好んだ藤樹をしのぶように、「遺愛の藤」と命名されたそのフジは、毎年可憐な花を咲かせている。

　中江藤樹は、初代大洲藩主加藤貞泰の転封に伴い、祖父とともに米子から大洲にきた。当時10歳の藤樹は、風早郡(現、松山市北条)の代官に任じられた祖父にしたがって、一時、柳原(現、松山市北条)に住したのち、13歳で大洲に帰り桝形に落ち着いた。その地は現在大洲小学校となっており、校門横には藤樹の少年時代の銅像がある。15歳で元服し、さきの至徳堂付近に居を構えた藤樹は、禄高100石の武士として大洲藩に仕えた。学問への志にめざめた藤樹は、この地で自学に励み、その博学ぶりは多くの藩士の知るところとなった。しかし、近江に残した母親を思い、27歳のとき大洲をたった。

　帰郷後も、藤樹を慕う大洲藩士らが多く、また、藤樹を訪ねて入門するものや書簡で教えを請うものが続出した。やがて陽明学などにみずからの思想的支柱をみいだした藤樹は、1648(慶安元)年、41歳で没するまで、近江で「致良知」「知行合一」の道をあきらかにした。こうした藤樹の学風はその後も長くうけつがれ、大洲藩に好学の士風を根づかせた。

曹渓院 ❺
0893-24-3660
(M▶P.146, 148) 大洲市大洲1003
JR予讃線伊予大洲駅🚌八幡浜方面行桝形通り🚶3分

大洲藩の歴代藩主が眠る菩提寺

　至徳堂のある大洲高校正門から、正面に冨士山を眺めながら約200m直進すると、右手の山際に龍護山曹渓院(臨済宗)がみえてくる。ここは大洲藩主加藤家歴代の墓所が並ぶ菩提寺にあたり、初代藩主加藤貞泰の父光泰の法号にちなんで、寺名を曹渓院とした。光泰は美濃国(現、岐阜県)出身で、秀吉方の武将として浅井長政の兵を破って功をあげ、ついで山崎の合戦(1582年)では高山右近らとと

藤樹を育んだ伊予の小京都―大洲　153

曹渓院

もに明智光秀の軍を急襲して勲功をあげた。一時期，秀吉の怒りにふれ羽柴秀長預かりとなったが，やがて小田原征討の軍功によって甲斐24万石をあたえられた。

　その後，秀吉の朝鮮出兵に赴くが，戦地で病死する。その子，貞泰は関ヶ原の戦い直前に徳川方に味方し，家康を喜ばせた。その後米子6万石の城主を経て，大坂の陣ののち伊予大洲6万石城主となった。

　大門をくぐって中庭に進むと本堂・太子堂などがあり，その奥が霊廟となっている。霊廟の周囲には石垣や白壁が高くめぐらされ，入口の赤門からなかをみると，正面に光泰（曹渓院）の霊廟がある。その左手には10代泰済・11代泰幹・13代泰秋の墓所が，光泰にしたがう形で後方に並んでいる。初代貞泰・8代泰行の墓は赤門左手，6代泰侊の墓は山手のやや離れたところにあり，それぞれ別の区画となっている。寺内には光泰をはじめとする加藤家歴代画像14幅や，歴代藩主の書画などが保存されている。

　また，曹渓院に隣接する大神寺の境内を山手に5分ほどのぼると，三瀬諸淵の墓所に至る。墓所のかたわらには諸淵の頌徳碑がたてられ，ここから城下町大洲が一望できる。

山本尚徳頌徳碑 ❻

〈M ▶ P.146, 148〉大洲市大洲1006
JR予讃線伊予大洲駅🚌八幡浜方面行桝形通り🚶3分

一命を賭して大洲騒動を鎮めた至誠の人ゆかりの頌徳碑

　龍護山曹渓院をあとに桝形方面に向かって直進すると，すぐ右手の大洲南中学校隅に山本尚徳頌徳碑がみえてくる。山本尚徳は1826（文政9）年，大洲町大洲（現，大洲市）に生まれ，大洲藩執政（家老）となった。1870（明治3）年，大参事となり維新に伴う混乱期の大洲県政を担当した。尚徳は近江から桑苗を取り寄せて無償で農家に配布したり，茶の栽培を奨励して宇治から製茶工を雇いいれるなど，

山本尚徳頌徳碑

士族授産に努力した。

　しかし，あいつぐ政府の諸改革に対する農民の反発や，「旧藩主加藤泰秋の東京転居は大参事である尚徳の陰謀である」との誤解を招き，1871年，旧藩主の転居反対などを求めて農民が肱川河原に多数集結した。やがて藩内約4万人の農民が呼応する大洲騒動となり，城下の町人は家財道具をもって他郷へ避難するなど，事態は悪化した。事態の収拾をはかるべく最後の藩主であった泰秋が鎮撫に出向くなどしたが，8月15日午後，尚徳は騒動の責を負い自邸で自刃した。「尚徳自刃」の報を聞いた農民は，翌日，解散した。

　尚徳没後50年にあたる1921（大正10）年，尚徳に正五位があたえられたのを機に，有志のよびかけで頌徳碑の建立計画がもちあがった。やがて10年後の1931（昭和6）年，尚徳の邸跡であった当時の県立大洲高等女学校（現，大洲南中学校）庭の北西隅に，その功績をたたえる頌徳碑が建立された。

臥龍山荘 ❼
0893-24-3759
〈M ▶ P.146, 148〉 大洲市大洲411-2
JR予讃線伊予大洲駅🚗10分

　「大洲まちの駅あさもや」から裏手の整備された道路にはいると，明治時代を思わせる古い町並みがみえてくる。この辺りは，NHK朝の連続ドラマ「おはなはん」（1968年放映）の撮影地であったことから，通称「おはなはん通り」とよばれている。通りの途中には休憩所を設け，訪れる人が気軽に町並みを散策できるように配慮している。

　ここから北西へ4分ほど歩くと，1901年にたてられ

おおず赤煉瓦館

藤樹を育んだ伊予の小京都—大洲

臥龍山荘

肱川河畔にたたずむ、桂離宮を模した優美な山荘

た洋風煉瓦建築で、旧大洲商業銀行本店を改装した**おおず赤煉瓦館**があり、大洲の産業の歴史や特産品の販売が行われている。

　おはなはん通りからおおず赤煉瓦館とは逆方向の屈曲路を進み、古い家並みの続く細長い坂道を東へのぼりきると、肱川河畔の臥龍淵辺りにでる。この付近は水郷大洲随一の景勝地で、肱川の川面越しにツツジで有名な冨士山（とみすやま）が見渡せる。周囲に目をやると、檜皮葺（ひわだぶ）きの山荘風建物が目にとまる。それが**臥龍山荘**（県文化）で、新谷（にいや）（現、大洲市）出身の豪商河内（こうち）寅次郎が、京都の建築家に依頼して1907（明治40）年に完成させたものである。

　山荘の主屋（おもや）にあたる**臥龍院**（県文化）は、京都の桂離宮（かつらりきゅう）や修学院離宮（しゅがくいん）などを参考に、格式のある書院造（しょいんづくり）と数寄屋造（すきや）の風雅さを巧みに調和させた名建築である。門をくぐって内部に一歩足を踏みいれると、四季折々に見応えのある樹木をしつらえた庭園をめぐる散策路が設けられている。

　山荘の南端にあたり、臥龍淵を真下に見下ろす崖（がけ）のうえには、**不老庵**（ふろうあん）（県文化）がある。庵の半分を崖にせりださせ、石垣下の樹木を利用してささえ柱とするなど、自然との融合をはかったユニークな着想がみられる。庵そのものを苫屋船（とまやぶね）に見立てた茶室では、冨士山や肱川を借景（しゃっけい）として折々に茶会が開かれ、来訪者をもてなしている。

如法寺（にょほうじ） ❽　〈M▶P.146, 148〉 大洲市柚木（ゆのき）943　P
0893-24-3505　JR予讃線伊予大洲駅🚍20分

冨士山にいだかれた名僧盤珪開山の名刹

　臥龍山荘の土塀を左手に3分ほど坂道をのぼると、神楽山（かぐらやま）の頂き付近に**大洲神社**がある。ここは町内にあった数社を合祀した歴代城主ゆかりの神社で、近年はこの付近がドラマ「東京ラブストーリー」の撮影地の1つとなったことから、訪れる人も多い。

コラム

大洲銘菓・鵜飼い・いもたき

城下町が育んだ伝統の味と風物

　大洲には藩政時代から伝わる銘菓が多い。なかでも1624(寛永元)年創業で、大洲藩初代藩主から屋号をあたえられた土佐屋(現、村田文福老舗)が、藩特産のわらび粉を主材とした餅に青大豆のきな粉をまぶした月窓餅(月窓は2代藩主泰興の号)や、大洲藩江戸家中秘伝の菓子として、約200年前から伝わるしぐれ(志ぐれ)はその代表である。現在大洲市内には数多くのしぐれをあつかう店舗があり、それぞれの店が風味に工夫をこらしている。

　一方、水郷大洲を彩る夏の風物詩鵜飼いは、1957(昭和32)年からはじまり、今日では日本四大鵜飼いの1つに数えられるようになった。近年、コースの河岸整備が進み、川面に浮かぶライトアップされた大洲城を堪能しながらの川下りは、情緒あふれるひとときである。

　秋には、藩政時代に起源をもついもたきが如法寺河原で行われる。いもたきは、里いもにこんにゃく、鶏肉、あげなどを大鍋で煮込んだ郷土料理である。肱川の肥沃な土壌が育んだ地元の里いもを食材にした大洲のいもたきは、約300年の伝統をもち、県内ではここを発祥地として各地に伝わっている。

鵜飼い

　大洲神社から冨士山を左手に坂道をくだり国道441号線にでると、右手の山沿いに川田雄琴の墓のある興禅寺(臨済宗)がある。雄琴は江戸の陽明学者三輪執斎の高弟で、大洲藩5代藩主加藤泰温の招きにより1732(享保17)年に大洲着任後、陽明学の復興につとめ、藩校明倫堂(師の明倫堂を再興)を開いた学才である。

　さらに県道を進み臥龍の湯を経て肱川にでると、秋にはいもたき会場となる如法寺河原に至る。ここから冨士山の中腹にあり、地元

如法寺

藤樹を育んだ伊予の小京都―大洲

では「ねほうじ」とも称される如法寺（臨済宗）に向かう。帝京第五高校冨士校脇の参道から徒歩でのぼると，秋には美しい紅葉とあいまって古刹の雰囲気を味わうことができる。車で山腹にある門前に向かうと，途中に平将門や藤原純友をモデルに制作されたNHK大河ドラマ「風と雲と虹と」（1976年）にちなむ碑が建立されている。純友は伊予国を拠点に暗躍した海賊の首領で，大洲にあった不動倉（非常時の備蓄米貯蔵庫）も純友の襲撃をうけ，米穀を略奪されたという。

如法寺は1669（寛文9）年，2代藩主加藤泰興（月窓）の命により開かれた寺院で，城下の曹渓院とともに歴代藩主の菩提寺として，2代泰興をはじめ7人の藩主の墓所がある。

泰興は槍術の名手として知られる一方，茶道・香道・能楽などにも造詣が深い名君であった。かねてから禅の道に惹かれその師を得たいと思っていたが，平戸藩主松浦鎮信の仲介で，高名な禅僧盤珪を知り，招いて如法寺を開山した。盤珪は平易な法語で大衆に禅を説き，盤珪の開山になる寺院は，全国に50余カ寺ともいわれているが，なかでも如法寺は，郷里兵庫県網干の龍門寺とともに，盤珪ゆかりの二大道場と称される。

境内には禅堂を兼ねた仏殿（国重文）をはじめ，左右に鐘楼・経蔵・方丈・宝蔵などがある。ほかに，寺内には地蔵堂地蔵菩薩像・絹本著色釈迦三尊像（県文化）や，泰興着用の甲冑，盤珪の書画など300点余がある。

また，盤珪の分骨・遺髪が埋葬されている開山堂（別称，奥旨軒）や観音堂・地蔵堂などは，本堂からさらに小道を数百m分けいった山中に配されている。

新谷藩陣屋跡 ❾
0893-57-9993（大洲市文化スポーツ課）
〈M ▶ P.147, 160〉 大洲市新谷109　**P**
JR予讃線新谷駅 🚶10分

新谷藩政時代をしのばせる陣屋跡とその周辺

JR新谷駅から矢落川にかかる新谷大橋を渡り，新谷の町並みをのぞむ旧道を横切ってさらに北へ進むと，新谷藩陣屋跡にあたる新谷小学校がみえてくる。新谷藩は，初代藩主加藤貞泰の遺言により，大洲藩6万石のうちの1万石を2代藩主加藤泰興の弟直泰に分地されておこった藩で，陣屋の成立は1642（寛永19）年とされる。以後，

坂本龍馬と大洲藩

コラム

蒸気船の購入で龍馬と関わりの深い大洲藩

坂本龍馬と大洲藩は深い関わりをもっている。龍馬は1862(文久2)年、勤王派と目された大洲藩領を選んで脱藩し下関に向かった。近年高知県檮原から下関に至る脱藩の経路がわかり、主要ルートにあたる大洲市河辺町では、龍馬脱藩の道保存会を結成し、その行程の一部を歩く催しや、龍馬脱藩之日記念館をたて龍馬の足跡を紹介している。

その後、長崎で貿易結社の亀山社中をおこした龍馬は、大洲藩に蒸気船購入をすすめ、イギリス製の「いろは丸」を斡旋した。「いろは丸」はのち龍馬に大洲藩より契約貸与され、1867(慶応3)年4月龍馬は小銃400丁などを「いろは丸」に積んで長崎を出航、大坂に向かった。だが、瀬戸内海を夜間航行中に紀州藩船と衝突し、「いろは丸」は沈没した。その後、大洲藩は再び龍馬の斡旋で、西洋帆船洪福丸を購入している。この船はのち戊辰戦争で官軍に徴用され、日本海で大損壊、犠牲者もでた。

龍馬脱藩之日記念館(後方)と坂本龍馬脱藩像

約230年間にわたり新谷藩主は代々ここを陣屋としたが、9代藩主加藤泰令のときに廃藩を迎え、旧藩邸を学校敷地として寄贈した。

旧藩時代のものは順次取りこわされたが、維新直前の1868(慶応4)年の築とされ、謁見所・評定所の役割をはたした麟鳳閣(県文化)が往時のまま残されている。一時期、新谷藩県庁舎や小学校の講堂、公民館などに利用されたのち現在に至っており、旧藩時代の陣屋をしのぶ貴重な建造物である。ほかに、西側の庭園・池などが陣屋創設以来のものとされる。

小学校の校門から、もときた道を南に100mほど戻った三差路付近が、藩札の発行や引き換えなどが行わ

麟鳳閣

藤樹を育んだ伊予の小京都―大洲

大洲の巨石遺跡

コラム

大洲地方に多い巨石 東洋一のメンヒル

　大洲市中心部から西北西にそびえる高山寺山（標高561m）の中腹南西斜面に、地元で高山の石仏とよばれる楕円形の立石（メンヒル）がある。高さ4.75m・幅2.3mで、1928（昭和3）年、人類・考古学者鳥居龍蔵の調査により、東洋一のメンヒルといわれた。

　この辺りは、霧深い大洲盆地でも眺望の開けたところで、この巨石は、東南の神南山や大洲盆地に向けて、人為的にたてられている。

　大洲地方にはこのような巨石遺跡が数多くあり、大小あわせて50余カ所が確認されている。

　高山の石仏以外では、高山寺山山頂の巨石群や大洲市北只にある粟島神社の巨石、冨士山の三角点東約100mにある2個の盤状石が知られる。なかでも、粟島神社のものは、巨石自体が神社の神体となっている。

　いずれにしろ、これらの遺跡やその周辺の、本格的な考古学的調査が待たれる。

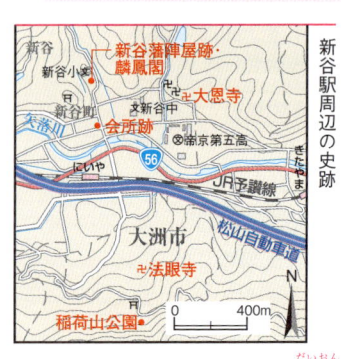

新谷駅周辺の史跡

　れた会所跡である。広場の南東側には藩札の収納・管理をになった新谷藩金蔵が残存しており、金蔵としては伊予8藩のうち唯一の遺構である。金蔵南面側にほどこされた加藤家の上り藤や、軒丸瓦にほどこされた新谷藩の蛇の目紋が、藩政時代をしのばせている。

　会所跡の東方約250mには、新谷藩加藤家の菩提寺である大恩寺（臨済宗）がある。

　新谷駅の南500mほどのところには、初代・6代の菩提寺である法眼寺（日蓮宗）があり、ここには幕末の新谷藩参事で岩倉具視の顧問、大正天皇の養育掛となった香渡晋の墓もある。法眼寺のすぐ南の神南山北麓には、紅葉の名所として名高い稲荷山公園がある。ここのカエデは、かつて藩主が参勤交代の帰途、京都高雄の紅葉をめで、そこから苗木を持ち帰りこの一帯に植えたものと伝えられている。

② 肱川河口の港町—長浜

道路可動橋のある長浜は，肱川河口の港町としてのたたずまいが残り，瑞龍寺や金山出石寺などの名刹も数多い。

長浜大橋 ⑩
0893-52-1111（大洲市役所長浜支所）
〈M ▶ P.146, 162〉大洲市長浜町 P
JR予讃線伊予長浜駅 🚶15分，または大洲IC 🚗20分

日本で現役最古のバスキュール式開閉橋

　松山自動車道大洲ICから肱川沿いに県道24号線を車で約20分，長浜は肱川河口に開かれた港町である。肱川右岸高台の肱川あらし展望公園からみると，肱川にかかる赤い橋がひときわ目を引く。この橋が通称「赤橋」とよばれている長浜大橋（国登録）であり，JR伊予長浜駅から国道378号線を西に進み，本町商店街を南下すると，徒歩15分ほどで到着する。

　日本で現役最古の，橋桁が天秤式に跳ね上がるバスキュール式鉄鋼開閉橋で，全長226m，うち可動部分が18m，幅員は5.5mある。これが完成した1935（昭和10）年ごろは二大政党時代で，上流3kmに同年竣工した大和橋は政友会の橋，長浜大橋は民政党の橋といわれた。現在は肱川の舟運がなくなり，橋を開閉する必要はなくなったが，定期点検のため毎週日曜日の午後1時に開閉している。1977（昭和52）年，下流に新長浜大橋が完成したが，長浜大橋は町民の生活路として残された。

　橋の東岸たもとに小さな船だまりがあり，そのさきに長浜中学校がある。ここが通称江湖とよばれる藩政時代の旧港があったところで，白滝付近の須合田とともに，大洲藩の重要な湊として発展してきた。1617（元和3）年，米子から移封となった大洲藩主加藤貞泰が長浜に上陸したときは寒村だったが，初代御船奉行に市橋重長を任命し，海事行政の拡張に専念させた。現在の駒手町は当時の

長浜大橋

瑞龍寺木造十一面観音立像

波止場筋にあたり，船奉行屋敷，御作事所，御船蔵，波止番所などがあった。**船奉行御屋敷跡**は，現在の長浜小学校になっている。

現在の長浜港は，1859(安政6)年に宇津村(現，大洲市菅田)の奥野源左衛門ら商人の募金と藩の資金による波止築造にはじまる。港から定期船で約50分，沖合い13.5kmに浮かぶ青島へ渡ることができる。もともと大洲藩が馬の放牧地として利用していたが，1639(寛永16)年，播州坂越村(現，赤穂市)の与七郎が一族を率いて移住してきた。毎年8月13・14日に催される盆踊りは，赤穂浪士のいでたちで踊る盆踊りとして知られている(県民俗)。

沖浦観音 ⓫ 〈M▶P.146, 162〉 大洲市長浜町沖浦丙2053 P
0893-52-0726　JR予讃線伊予長浜駅🚶20分

本尊十一面観音は国重文
4月17日の祭礼には開帳

長浜大橋から徒歩で5分ほど西へいくと，肱川左岸の見晴らしのよい山腹に萬松山**瑞龍寺**(臨済宗)があり，通称**沖浦観音**として知られている。白壁の坂道を少しのぼると本堂にたどり着き，その左側に1980(昭和55)年度に改装補修された収蔵施設がある。

そこに安置されている本尊の**木造十一面観音立像**(国重文)は，藤原時代初期のもので，高さ163.3cm，頭部からあごまで37.9cm，面幅17.9cm，臂張り43.6cmの一木造である。全身がきわめて豊満優美で量感があり，端麗な面相はやや長く，官能的な美しさを感じさせる逸品である。しかも保存状態がよく，後補ではあるが船形光背八重蓮座もそろっている。漆箔は江戸時代の補修であるが，天衣の一部には古いものが残っている。1978年度には修理がほどこされた。

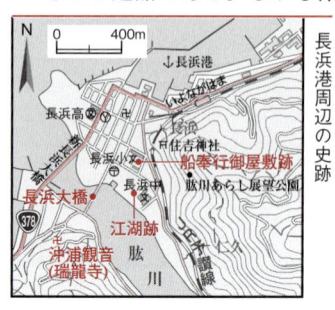

この仏像は，その昔山口県下関の阿弥陀寺にあったものを，平家滅亡後，平清盛の女登喜姫が父の菩提をとむらうため，内子町寺村の

長浜港周辺の史跡

コラム

体感，肱川あらし

霧を含んだ強風の冷気
川霧のドラマ

　大洲盆地から下流の肱川は，先行谷の峡谷を形成して伊予灘にそそぐ。その河口に位置する長浜は，11月から3月にかけての好天の日，肱川あらしとよばれる霧を含んだ強風にみまわれることがある。

　これは，いわゆる海陸風と山谷風が重なった局地風である。大洲盆地では，好天の日の夜間，周辺の山地斜面で放射冷却された冷気が下降し，盆地内に冷気湖が形成される。気温がさがると冷気湖内には霧が発生する。これらの霧をふくんだ冷気は，大洲盆地と伊予灘の気圧差によって肱川を流れる。吹きだした冷気は，伊予灘の温暖な海面に接すると蒸気霧を発生させる。

　出石寺などからみる霧の海や川は壮観である。また，肱川右岸の高台にある肱川あらし展望公園からは，河口付近の壮大な川霧のドラマがよくみてとれる。

　肱川では，2〜3月にかけて，大和橋周辺を中心に，2km上流の柿早橋付近において，色・香り・味がよい，上品質の青ノリの採取が行われる。

　大潮の日，引き潮で川底がみえはじめると，白旗を合図に川にはいり，冷たい風が吹きすさぶなか，石に付着した青ノリを採取する。採取したノリは，よく水洗いしたあと，屋外で自然乾燥させ，東京方面へ出荷されている。

　最盛期にくらべると生産量がいちじるしく減少しているが，肱川の初春の風物詩である。

肱川あらし

清盛寺(曹洞宗)へ施入したといわれている。その後大洲如法寺(臨済宗)の盤珪禅師のもとに移り，さらに大洲藩3代藩主加藤泰恒が海上安全・海事繁盛を祈願するため，当地に瑞龍寺を営むにあたり，本尊にまつられたと伝えている。

　毎年4月17日の祭礼には多くの露店が軒を並べ，開帳された観音像の参拝者で賑わう。また，サクラの名所としても知られている。

出石寺 ⑫　〈M ▶ P.146〉大洲市豊茂乙1　P
0893-57-0011　JR予讃線伊予出石駅 🚗 30分

　長浜市街から南南西へ約20km，JR伊予出石駅前の大和橋を渡り，肱川支流の大和川沿いに県道28号線をのぼっていくと，出石寺(真

肱川河口の港町―長浜　163

出石寺の銅鐘

出石山頂からの遠望
国重文の朝鮮式銅鐘

言宗)にたどり着く。この寺は，瀬戸内海国立公園に属する標高820mの出石山頂に位置し，県の名勝に指定されている。山頂からは伊予灘を隔てて中国・九州をのぞみ，背後には石鎚山をはじめ，四国連山を遠望することができる。大洲や八幡浜からものぼることができるが，長浜からの道路が近年整備されてきている。

　出石寺は，718(養老2)年の開創で，猟師が山中で千手観音を発見し，仏門にはいり名を道教と改め，ここに庵を構えたことにはじまると伝えられる。その後，唐から帰朝した空海が，807(大同2)年この山にのぼり，本堂を一夜で建立して護摩を修したと記されており，そのとき山号を雲峰山から金山と改めたといわれている。たびたび火災に見舞われ，1941(昭和16)年にも全焼したが，今では宝塔伽藍も完成し，県内はもとより山口県・広島県など県外からも広く信仰を集めている。

　巨大な弘法大師像を背後に長い石段をのぼりつめ，梵鐘のある山門をくぐると，右手奥の護摩堂の軒下に銅鐘(国重文)がみえてくる。この銅鐘は高さ69cm・径48cmで，竜頭のそばに円筒形の旗さしの部分がつけられ，上部には3列3重の乳の間を設け，これを包んで方形に唐草の蓮弁文様を配し，下部には仏体の坐像と鳳凰2体の優雅な文様が鋳出されている。朝鮮の高麗王朝時代(918～1392年)の制作で，いわゆる朝鮮鐘である。1597(慶長2)年，当時大洲領をおさめていた藤堂高虎が朝鮮出兵した際，戦利品として持ち帰った千手観音画像・薬師画像とともに奉納されたものである。

　本堂には，南北朝時代の作といわれる木造釈迦如来坐像(県文化)が安置されている。この釈迦如来坐像は，像高87.5cm，檜材・寄木造・漆箔・玉眼で，一般的な釈迦如来像とは異なり，頭部の螺髪は縄状で，衣文は首から下ほとんどをおおっている。宋の様式をとったいわゆる清涼寺式の像である。

　また，境内にはスギ，ヒノキなどの巨木がしげり，付近には幹の太さ11mのカツラをはじめアカガシ，ケヤキなどの大木も多い。

水郷大洲と内子・宇和の町並み

③ 木蠟と白壁の町―内子

大洲街道の宿場町内子には，復元・整備され現代に息づく，八日市・護国の町並みと芝居小屋内子座がある。

八日市・護国の町並み ⑬
0894-44-5212（八日市・護国町並保存センター）

〈M ▶ P.147, 166〉喜多郡内子町城廻211 P
JR予讃線内子駅 🚶 20分

和紙と木蠟で栄えた町並み整備保存事業が進む町

大洲藩に属し，大洲街道の宿場や物資の集散地として栄えた内子。江戸時代末期から明治時代にかけては和紙と木蠟で栄え，とくにさらして精製した晒蠟生産では，文久年間（1861～64）にうみだされた新製法により，国内外から評価の高い一大産業へと発展した。

八日市・護国町並保存センター近くの高昌寺から約750mにわたる，ゆるやかな坂道沿いに連なる家屋（商家・民家・土蔵）の約70軒の町並みが，八日市・護国の町並みである。これらの家屋は，江戸時代末期以前の家屋が15軒，江戸時代末期から明治時代初期の家屋が43軒で，いずれも白や黄色味を帯びた重厚な漆喰壁や，海鼠壁，格子や蔀戸が美しい建物が軒を連ねている。これらの家屋の多くには，今も住民が暮らしており，内部の見学はできないが，当時の暮らしの美学を現代に伝えている。

八日町・護国の町並みは，1982（昭和57）年に，国から内子町八日市護国重要伝統的建造物群保存地区として，四国でははじめて指定をうけた。

町並みの北入口（町並保存センター側）から，ゆるやかな坂道をくだると，左手に上芳我家（国重文，有料），さらに150m進むと，右手に本芳我家（国重文，非公開）および，大村家（国

内子町八日市護国重要伝統的建造物群保存地区（パンフレットより作成）

木蠟と白壁の町―内子

本芳我家　　　　　　　　　　　　　　　　　　　　　商いと暮らし博物館

重文，非公開)がある。本芳我家は，最大の晒蠟業者として財をなした芳我弥三右衛門の邸宅で，1884(明治17)年にたてられ，亀甲型の海鼠壁をはじめ，竜や鶴の彫刻や繊細な格子に彩られている。隣接する大村家は，1790(寛政2)年にたてられた商家で，八日市で現存する最古のものである。

上芳我家は，本芳我家の分家にあたり，1980(昭和55)年からは，町が借りうけ，木蠟資料館上芳我邸として整備，公開されており，本家につぐ蠟商の大店としての豊かな暮らしぶりが見学できるほか，製蠟の過程を模型や映像で紹介，各種道具も展示されている。

3軒の家屋の少しさきには，1793(寛政5)年の建築で，当時の典型的な町家を1987(昭和62)年に修理復元した，町家資料館がある。

さらに，町家群をあとに100mほどさきをいくと，商いと暮らし博物館(内子町歴史民俗資料館)がある。江戸時代後期から明治時代の商家を利用した博物館で，1921(大正10)年ごろの薬店の様子や暮らしを，人形と当時の道具類を使って再現している。内子町の歴史や民俗，郷土の人物についての理解が深められる資料館である。このほか町並みには，和蠟燭・棕梠細工・和傘など，昔ながらの店が軒を並べ，伝統の技を現代に伝える職人た

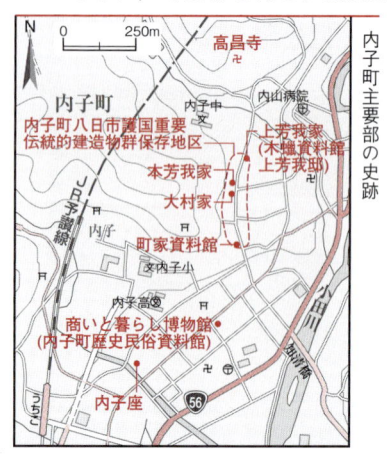

コラム

蠟生産

内子・中山地方の蠟生産の盛衰

内子・中山地方での木蠟の生産は，1738（元文3）年，芸州（現，広島県）の蠟職人3人を古田村（現，五十崎町）の綿屋長左衛門が招いて，製蠟を行わせたのが始めとされている。

内子では，20年後の1757（宝暦7）年ごろから晒蠟をはじめた。文久年間（1861～64），八日市の芳我弥三右衛門が，水におちた蠟花の結晶が真白になることからヒントを得て，伊予式箱晒法による白蠟製造を開発した。

以来，すぐれた品質で生産額は増加し，飛躍的な発展をとげ，大洲藩の重要財源となり，八日市を中心に晒蠟業者を輩出した。明治維新後は，主要輸出品として需要は増加したが，大正時代以降，西洋蠟の発明・石油の輸入・電灯の導入によって需要が激減，大正時代中期には衰退した。

ちに出会うことができる。現在も整備保存事業は進んでいる。

また，2004（平成16）年4月29日から10月31日に開催された「えひめ町並博2004」において，この町並みを中心にさまざまなイベントが開催され，愛媛県の新観光地として期待されている。

内子座 ⓮
0893-44-2840　〈M ▶ P.147, 166〉喜多郡内子町内子甲1152-2　P
JR予讃線内子駅 🚶14分

八日市・護国の町並みをあとに，本町（旧六日市）の商店街を5分ほど歩いて，路地を右手にはいると内子座がある。

内子座は，「在郷町としての内子」「木蠟生産で繁栄した内子」の証となる記念碑的な建物であり，1916（大正5）年，大正天皇即位を祝して，有志が資金をだし歌舞伎劇場として建設された芝居小屋である。以来，内子座は町民の娯楽の拠点として親しまれてきたが，時代の流れとともに興行数は減少し，第二次世界大戦後は映画館や商工会館に転用されながら，その姿をとどめてきた。

しかし，破損と老朽がは

復元された内子座

木蠟と白壁の町―内子

大洲和紙

コラム 産

藩の専売制で発展した紙漉き和紙

大洲和紙の生産は，大洲藩主加藤泰興が，寛永年間(1848〜54)に，土佐浪人岡崎治郎左衛門に命じ，藩の御用紙を漉かせたのが始まりである。民間の紙漉きの創始者は，越前(現，福井県)出身の紙漉師宗昌禅定門で，普及したのは元禄年間(1688〜1704)と推定されている。大洲藩は紙漉きの技術を奨励保護するとともに，専売制を導入し，宝暦年間(1751〜64)に，生産・販売を統制し，内子に紙役所を，五十崎に楮役所を設けて厳しく取り締まった。集荷した紙は大坂に送られ，藩の収入の80％を占め，藩財政を潤した。

明治時代にはいると藩の専売制が廃止され，紙の値段は暴落し，品質も低下したが，明治の中ごろ，従来の楮から三椏に原料をかえ，地半紙から改良半紙として品質の向上をはかり，1908(明治41)年には，大洲産紙改良同業組合を設立した。

現在，経済産業省から伝統的工芸品の指定をうけている。

大正の息吹を伝える芝居小屋 歌舞伎・狂言・音楽の現役劇場

内子座内部

なはだしく，1982(昭和57)年の国の重要伝統的建造物群保存地区の指定を契機に，歴史的建造物として復元しようとする気運がおこった。さらに，翌年には，愛媛県の「文化の里」の指定をうけ，「木蠟と白壁の町並整備事業」として総工費7000万円と3カ年の歳月を費やして，1985(昭和60)年に再建された。

内子座は，歌舞伎をはじめとする伝統スタイルの芝居小屋として県内唯一の建物である。主体は瓦葺き入母屋造の純日本風2階建てで，両袖に切妻屋根の櫓を対象に張りだし，収容人員は約650人である。

外観の特徴として，妻入で，唐破風，太鼓櫓があり，バランスのとれた劇場建築の典型的な外観を呈している。内部は，花道や回り舞台，桟敷席，枡席など，本格的な歌舞伎設備が整った建設当時の

五十崎大凧合戦

コラム
行

端午の節句の伝統行事、大凧合戦

　現在でも五十崎町では、毎年5月5日に大凧合戦が伝統行事として行われている。大凧合戦の歴史は、大洲和紙の発祥よりもさらに古く、室町時代末期ごろからはじまっていたとされている。

　五十崎町の小田川の豊秋河原で、右岸と左岸の対抗で行われる大凧合戦の方式は、藩政時代からの習慣である。その特徴は、「ガガリ」とよばれる刃物を糸に仕込むこと。互いに相手の凧糸を切り合うこの真剣遊技は、第二次世界大戦前には「凧喧嘩」といわれるほど激しい戦いで、けが人が多数でたこともあるといわれる。

　現在のような県内外から多くの観光客を集める盛大な行事になったのは、1966(昭和41)年、県指定の無形民俗文化財となって以来であり、その伝統は現在にうけつがれている。

　また龍王公園からやや南の小田川沿いに、公立としては初の凧に関する博物館、五十崎凧博物館があり、凧の歴史や、国内はもとより外国の凧の展示もある。

大凧合戦（豊秋河原）

姿に戻った。

　舞台下の奈落や舞台、2階も見学できる。現在、内子座は、東京からの歌舞伎、狂言の上演のほか、多目的ホールとして、演劇・落語・各ジャンルのコンサート・トークショーなどで地域住民をはじめ、県内外から多くの観客を集め、地域の文化ホールとして広く活用されている。

木蠟と白壁の町—内子

④ 二宮忠八を育んだ港町—八幡浜

八幡浜には八幡神社、二宮忠八の功績をたたえる斐光園などがあり、保内町では近代の文化遺産をみることができる。

梅の堂三尊仏 ⑮
0894-22-1360(保安寺)

〈M▶P.146, 170〉八幡浜市松柏123(徳雲坊)
JR予讃線八幡浜駅🚶10分、または🚌穴井・三瓶方面行
梅の堂🚶2分

平安時代末期の阿弥陀如来坐像
国重文の三尊仏

梅の堂三尊仏

八幡浜駅から港に向かって国道197号線をとおって保内・西予市方面の交差点で左折し、国道378号線をいくと、五反田地区の東側の山麓に梅の堂がある。堂内に木造阿弥陀如来と脇侍の観世音菩薩・勢至菩薩坐像(国重文)が安置されている。3尊ともヒノキの寄木造・漆箔仕上げで、平安時代末期の彫刻である。4月16日の縁日、毎月第2日曜日午前中に一般公開されている。

八幡浜地方は律令制下では矢野郷といわれ、平安時代末期には平頼盛の荘園の1つで、荘官上総五郎兵衛忠光が管理していた。忠光は徳雲坊に忠光寺を建立し、阿弥陀如来五尊像を安置した。その後寺は廃寺となったが、1388(嘉慶2)年に梅の堂に五尊像をまつった。1683(天和3)年、宇和島藩2代藩主伊達宗利は五尊仏の破損を知り、宇和島で修理し、3尊は宇和島の等覚寺に、

八幡浜駅周辺の史跡

脇侍の竜樹・地蔵菩薩像は潮音寺に安置した。1872(明治5)年，地元の要請によって等覚寺にあった三尊仏は梅の堂に帰ったが，潮音寺の2体はそのまま宇和島に残された。梅の堂は現在五反田の保安寺(曹洞宗)が管理している。

梅の堂前の産業通りを西予市方面に向かい，祇園橋の交差点を左折して500mほどいくと神山小学校前にたどり着く。小学校前の丘陵は，戦国時代末期の宇和西園寺十五将の1人南方殿摂津氏の元城跡であった。摂津氏は萩森城主宇都宮氏とたびたび戦ったが，その戦いと元城落城にまつわる伝説にちなむのが五反田の柱祭り(県民俗)であり，現在は王子の森公園で行われている。この祭りは，投松明の競技を伴う一種の火祭りで，毎年8月14日の夜に行われる。戦国悲話を伝える火入れ競技は，美しい火玉が夜空に尾をひく壮観な祭りである。現在，元城跡は宅地造成が進み，元城団地になっている。

八幡神社 ⑯
0894-22-0384

〈M ► P.146, 170〉 八幡浜市矢野町1142
JR予讃線八幡浜駅🚶10分，🚌市立病院行大正町🚶2分

地名由来の八幡神社『八幡愚童記』は貴重な写本

八幡浜駅から国道197号線にでて西へ歩き，八幡浜郵便局のところで右に折れると八幡神社がある。社伝によると717(養老元)年，当地に八幡大神が降臨したと伝えられている。矢野郷33カ村の総鎮守で，八幡浜の地名は，八幡大神の鎮座する海浜の村落の意ともいわれている。

社宝に『八幡愚童記』(2冊，県文化)がある。八幡神の威徳をわかりやすく教えるという趣旨で書かれたもので，なかでも第2部は元寇の根本史料の一部で，1483(文明15)年の奥書のある貴重な写本である。

例祭は10月18・19日で，7月31日の夏越大祓はわぬけ祭といい，八幡神楽が奉納される。

八幡神社

二宮忠八を育んだ港町―八幡浜

斐光園 ⓱
0894-22-3111（八幡浜市役所）

〈M ▶ P. 146, 170〉 八幡浜市大平
JR予讃線八幡浜駅🚶15分，または🚌保内・伊方方面行大平🚶3分

二宮忠八の功績を伝える斐光園
明治維新後発展した八幡浜港

　八幡浜駅から西に向かって国道197号線をとおって，保内・西予市方面の法務局支局前で右折し，愛宕山トンネルをぬけ最初の信号で右折したところに斐光園がある。八幡浜市出身の二宮忠八が，1923（大正12）年帝国飛行協会から有功章とともに，「斐々有光」の書を贈られたのを記念して設けられた小公園である。

　忠八は少年のころから凧づくりが得意であったといわれ，1887（明治20）年，丸亀（現，香川県丸亀市）の連隊に入隊。その2年後，カラスの群れが飛ぶのをみて飛行の原理を発見，ライト兄弟の飛行機発明より12年前に，鳥型模型飛行機を完成させた。忠八自作の模型飛行機は，八幡浜市民図書館に所蔵されている。また，飛行実験の成功をたたえ，毎年4月29日に，忠八翁飛行記念大会が行われる。

　江戸時代の八幡浜は一漁村であったが，明治維新後に飛躍的な発展をとげた港町である。八幡浜港は1884（明治17）年の県統計書によると，愛媛県内でもっとも移出入額の多い港で，町は「伊予の大阪」と称されるほどの賑わいをみせた。1901（明治34）年には，県内で最初の商業学校（現，八幡浜高校）も開校している。現在，港は別府・臼杵（大分県）行きフェリーの発着港となっており，桟橋の対岸が，トロール漁業（2艘引き機船底引き網漁業）の基地向灘である。1948（昭和23）年には27統54隻であったが，現在八幡浜を基地とするものは，1統2隻に激減している。フェリー桟橋の横には，四国一の規模を誇る八幡浜市水産物地方卸売市場がある。トロール漁業の発展とともに，かまぼこを中心とする水産加工業も発展し，現在も市内各所にかまぼこ工場がみられる。

三島神社 ⓲
0894-36-1815

〈M ▶ P. 146, 173〉 八幡浜市保内町宮内5-1
JR予讃線八幡浜駅🚌保内・伊方・三崎方面行三島神社🚶10分

大山祇神社を勧請
神像と懸仏は県文化

　三島神社バス停から国道197号線を三崎方面に向かって最初の交差点で右折し，国道378号線をしばらく歩いていくと三島神社がある。昔は中島三島神社といい，保内入船明神とも称したと伝える。祭神は大山積命・雷公神・高龗神である。774（宝亀5）年に，保

真穴の座敷雛

コラム

行

長女の初節句を祝う座敷雛

　座敷雛は八幡浜市の南端、真穴地区に伝わる珍しいひな祭で、毎年4月2日夕刻から3日にかけて行われる。古老によると、この座敷雛の行事は、江戸時代の1783（天明3）年、村の青年芝居穴井歌舞伎が創設されたころからひな祭が年々華美になり、1861（文久元）年ごろにはほぼ現在のような座敷雛の形式を整え、明治時代中期には今とかわらないほど豪華なものになっていたという。

　座敷雛は、その家の長女の初節句を祝うもので、座敷いっぱいに多数の盆栽や小道具を使い箱庭をつくり、そのなかに内裏雛を中心に、親戚から贈られた各種の人形がおかれ、名物の鉢盛料理がそなえられる。

　市内外から集まった見物客で賑わいをみせる華麗な座敷雛の制作には、多額の費用がかかるといわれるが、この行事の規模の大きさ、華麗さからその模様は、さながら古い時代の宮廷の園遊会を連想させられる。

座敷雛

保内町の史跡

内郷の安泰繁栄を祈るため、宇和郡司が越智郡大三島大山祇神社を勧請し、建立された。1597（慶長2）年には、宇和島城主藤堂高虎が社殿を再建するなど、保内郷総鎮守として歴代領主・藩主の崇敬が篤かった。また、社殿が大破し、1666（寛文6）年から再興の計画があり、翌年正月2代藩主伊達宗利が白銀3枚を寄進したと記されている。

　神社には神像五軀と懸仏（いずれも県文化）がある。神像は像高30cm前後のヒノキの丸彫で、巾子冠を頂き、袍や狩衣をつけ、表情と姿態の巧みな変化はおもしろい。相撲人形

二宮忠八を育んだ港町—八幡浜

の一種で、鎌倉時代後期の作とされる。懸仏は直径33.3cm・重さ1.69kgの円形銅製で、表面に像高16cmの愛染明王の坐像を半肉彫に鋳造している。「建久五(1194)年」の銘がある。

旧白石和太郎洋館と愛媛蚕種 ⑲⑳
0894-22-3111(八幡浜市役所保内庁舎)

〈M ▶ P.146, 173〉 八幡浜市保内町川之石
JR予讃線八幡浜駅🚌保内・伊方方面行保内庁舎前🚶10分

　保内庁舎前バス停から南西に700mほどの保内中学校には、旧保内町がうんだ三英傑のモニュメントがある。三英傑とはシーボルトに師事した二宮敬作、第39代横綱前田山英五郎、新興俳句作家の富澤赤黄男である。

　保内中学校のモニュメントのあるところからこんぴら橋を渡って少し歩いていくと、明治の町並みにでる。

　旧白石和太郎洋館(ドレメ。川之石ドレスメーカー女学院〈のち専門学校〉)は、19世紀(明治時代)にたてられた左右対称の擬洋風建築で、内部にはいると、玄関の天井飾りには世界地図、2階の天井飾りには果物籠の形がほどこされている。建物全体にみごとな左官・大工の技術をみることができる。

　赤レンガ通りをみて、すいせん通りを港の方に向かって歩いていくとAコープの裏手に旧川之石庄屋跡がある。そこからさらに少し歩くと、愛媛蚕種(旧日進館、国登録)の建物がある。

　愛媛蚕種は1884(明治17)年に創業され、今では県内で唯一残って

旧白石和太郎洋館　　　　　　　　　　旧東洋紡績赤レンガ倉庫

コラム

伝説の里，平家谷

落人伝説とそうめん流しで賑わう平家谷

　宮内川上流の平家谷一帯は，平家落人の哀しい伝説が残る。

　1185(文治元)年，長門壇の浦の源平合戦に敗れた平家一族が，瀬戸内海を方々に落ちのびていった。そのなかの平有盛一族8人は三崎半島の瀬戸内海沿いに流れつき，逃げ落ちた場所が，現在の平家谷であるとされている。

　有盛らは身を隠して百姓になっていたが，3年の月日がたったある日，白サギの群れを源氏の白旗と見誤り，2人を残して6人が自害してはてたという。

　このような平家の落人伝説が残っており，古くから「不入の森」とされ，自然のままの姿が残されてきた。渓谷と自然林が美しく，2kmにおよぶ遊歩道やダム湖などが整備され，保内町を代表する観光地となっている。

　とくに夏場のシーズン中は，マス釣りなどが楽しめるほか，渓谷の清流を利用したそうめん流しが風物詩となり，観光客の人気を集めている。

いる蚕種製造会社である。1919(大正8)年にたてられた木造3階建てで，玄関と窓にペディメント(二等辺三角形の飾り)，羽目板張(板を縦に張ったもの)を使った美しい外観となっている。また蚕室のため赤レンガの防火壁がほどこされている。

　愛媛蚕種からすいせん通りを横切ったところに伊予銀行川之石支店がある。1878(明治11)年，愛媛県ではじめての銀行である第二十九国立銀行が設立され，現在その銀行跡の記念碑がある。銀行跡から少し引き返すと美名瀬橋がある。1933(昭和8)年につくられた当初，親柱は灯籠の役目をはたしていた。欄干は鉄柵があったが，太平洋戦争のため供出し，現在はコンクリートになっている。老朽化に伴い，1998(平成10)年，原形をいかした改修工事が行われた。

　美名瀬橋から旧東洋紡績赤レンガ倉庫がみえる。宇和紡績(のち東洋紡績)は，1887(明治20)年愛媛県で最初に設立された紡績会社で，四国ではじめて電灯が灯った場所としても知られる。1960(昭和35)年に閉鎖し，現在は赤レンガ倉庫だけが残り，川之石地区の繁栄を象徴する貴重な建物である。東洋紡績の広大な敷地跡は，現在，保内中学校・八幡浜紙業・八興産業などになっている。保内町にはボランティアで文化遺産の案内をしてくれる人たちがいる。八幡浜市役所保内庁舎に問い合わせてみるとよい。

二宮忠八を育んだ港町—八幡浜

⑤ 潮風と石積みの回廊―佐田岬半島

四国最西端に位置する，日本一細長い佐田岬半島では，海と風と石積みが織りなす文化が感じられる。

塩成堀切と須賀の森 ㉑㉒

〈M ▶ P. 146, 177〉西宇和郡伊方町塩成・三机 P
JR予讃線八幡浜駅🚗30分

旧日本海軍の訓練地 海につきでた半島のドライブコース

　JR八幡浜駅から国道197号線を車で20分，伊方町は今治市の宮窪杜氏と並ぶ杜氏の里として有名である。伊方町役場のある湊浦から佐田岬メロディーライン（国道197号線）は半島頂上付近を走り，潮風が心地よい風光明媚なドライブコースとなる。

　市街地をみおろす丸岡トンネルのうえに，717（養老元）年の開基と伝えられる古刹の法通寺（真言宗）があり，境内には樹高19m，樹齢約700年のナギの木（県天然）がある。本堂正面の「法通」の額は，宇和島藩7代藩主伊達宗紀の奉納によるものである。

　県内最大の潟湖である亀ヶ池の美しい姿を眺めながら，湊浦から西へ車で10分のところに堀切大橋がある。この橋は1987（昭和62）年に建設された，延長200mの逆ローゼ橋で，美しいアーチを描いている。この橋の下が，半島の幅がもっともせまくなっている塩成の堀切である。1610（慶長15）年から3年間，当時の板島城主富田信高が，運河を開こうと試みたところで，掘削の犠牲者を供養した供養様とよばれる地蔵がまつられている。堀切は佐田岬半島の迂回と，速吸瀬戸の潮流と岩礁を避けるため，この地に運河を開こうとした名残りである。領内から人夫を集めて大工事を行ったが，1613年，富田信高が改易となったため中断した。

　堀切の峠を瀬戸内海側へくだると三机湾が眼下に広がる。鳥の嘴状に砂が堆

堀切大橋

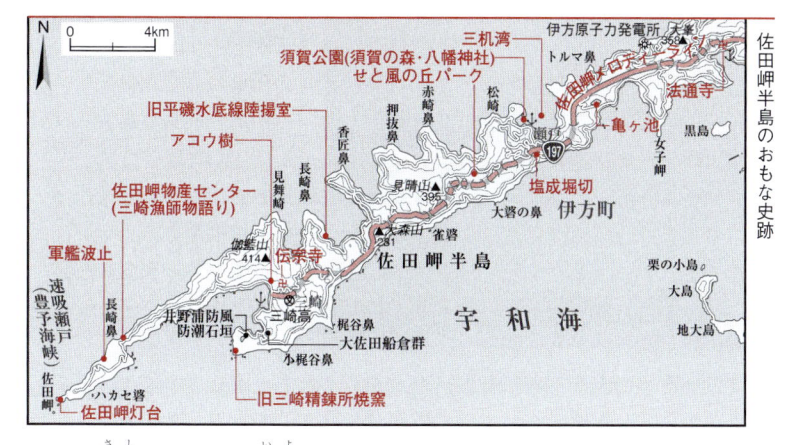

佐田岬半島のおもな史跡

積した砂嘴によって、伊予灘に面した天然の良港となり、江戸時代には宇和島藩主をはじめ、西国大名の参勤交代の寄港地として利用された。砂嘴上には、宇佐八幡宮の分社で、733（天平5）年建立と伝えられる八幡神社があり、西国大名が航海安全を祈願した。ま

三机湾と須賀の森

た、この湾はハワイの真珠湾と地形や水深がよく似ているので、第二次世界大戦前に旧日本海軍が、真珠湾攻撃の特殊潜航艇の訓練を行った場所としても有名である。1963（昭和38）年に須賀公園として整備され、八幡神社境内には樹齢250～500年のウバメガシ（県天然）が群生する。

佐田岬灯台 ㉓
0894-54-1111

〈M▶P.146, 177〉 西宇和郡伊方町正野 P
JR予讃線八幡浜駅 🚗80分

日本一細長い半島
アコウ樹の北限地帯

豊予海峡につきでた長さ約50kmの佐田岬半島は、日本一細長い半島である。半島には、かつて「耕して天に至る」と形容された麦類やイモ類の段畑が広がっていたが、スギの防風林に囲まれた柑橘畑にかわっている。傾斜地や入り江に点在する集落には、緑泥片岩の細片を利用した石段、防風・防潮石垣が随所にみられる。半島

潮風と石積みの回廊—佐田岬半島

佐田岬半島の先端には佐田岬灯台があり、長さ約14kmの海峡をはさんで、対岸の大分市佐賀関町関崎と向かいあっている。天気のよいときには、遠く北に山口県の島々、西に大分市・別府市、南に日振島などをのぞむことができる。

　塩成から、せと風の丘パークの風車群を遠望しながら、佐田岬メロディーラインを西へ15分で三崎に到着する。ここは、九州への交通の要衝で、佐賀関へのフェリーが就航している。

　三崎市街地北端の県道256号線脇に、熱帯または暖地性のクワ科の植物アコウ樹（国天然）があり、その分布の北限とされる。根回り7.5m・樹高12mで、幹の周囲から多数の気根がでている。また、伊方町三崎総合支所から北へ徒歩5分の伝宗寺（臨済宗）には、根回り14m・樹高20mのクスの大樹があり、樹齢1000年をこすといわれている。

　三崎市街地から県道256号線を車で20分で佐田岬灯台の駐車場に着く。駐車場からビャクシン、ツバキなど樹木のトンネルをぬけると視界が開け、サザエ・アワビ・ウニなどをとる海士や、アジ・サバなどの一本釣りをみながら遊歩道を20分、そそりたつ岸壁に白亜の佐田岬灯台が目の前にそびえたつ。

　この灯台は、1918（大正7）年に完成した白色塔形コンクリート造りで、海の難所の交通をささえてきたが、1986（昭和61）年無人化された。1998（平成10）年には

佐田岬灯台

岬アジ・岬サバ

コラム

佐田岬物産センターブランド確立への努力

　佐田岬半島先端部の三崎漁業協同組合では，漁協直販体制で海産物を出荷している。1967（昭和42）年には，佐田岬灯台と御籠島の間に，広さ約3000m²の蓄養池を造成し，採取したアワビ・サザエ・伊勢エビなどを調整出荷している。また，ウニやアワビの加工製品にも力をいれている。

　1991（平成3）年，佐田岬漁港をみおろす高台に，施設規模534m²の佐田岬物産センター三崎漁師物語りがオープンした。これは産地立地型の漁協直営販売施設であり，新鮮な魚介類の食事と販売を行っていたが，現在は閉店している。

　直営店だけではなく，インターネットでのウェブサイトの開設や産直市への出店，東京などでの賞味会の開催など，知名度の確立の努力を行っている。

　三崎産魚介類のブランド化のため，同じ豊予海峡を漁場とする大分県佐賀関の「関アジ・関サバ」に対抗して，「岬アジ・岬サバ」のブランドを確立しようと，とくに力をいれている。

佐田岬物産センター三崎漁師物語り

「日本の灯台50選」に選ばれ，道路の整備に伴い観光客もふえている。

　また，ここは第二次世界大戦まで要塞化されたところでもあり，旧陸軍の砲台跡などが多数残っている。

　近くの正野谷漁港の軍艦波止は，平礒の旧平礒水底線陸揚室，井野浦の旧三崎精錬所焼窯とともに国の登録有形文化財に指定されている。

砲台跡と蓄養池

潮風と石積みの回廊―佐田岬半島

6 文化の里宇和と奥伊予—西予市

海岸部の三瓶・明浜には文楽，文化の里宇和盆地には多くの文化遺産，野村・城川には山村の文化が残っている。

朝日文楽の三瓶 ㉔
0894-33-1111（三瓶総合支所）
〈M ▶ P.146〉西予市三瓶町朝立1-546 P
JR予讃線卯之町駅🚌三瓶行終点🚶13分

明治時代初期からの文楽町をあげての継承

八幡浜の南西部，宇和海に向かって開けた海岸に，朝日文楽（県民俗）で知られる三瓶の集落がある。朝日文楽は明治時代初期，地元の井上伊助が，手作りの人形を操ってはじめたものがしだいに充実し，1910（明治43）年にたてられた朝日座という芝居小屋で上演されるようになり，昭和初年，朝日文楽と名づけられた。

その後盛衰はあったが，文楽の保存伝承の気運が高まり，1964（昭和39）年，三瓶高校に文楽クラブが創設された。1977年には朝日文楽会館が建設され，1992（平成4）年には小中学生によってこども朝日文楽クラブが結成されるなど，伝統文化の継承がはかられている。三瓶文化会館には，文楽人形の頭や衣装（県民俗）のほか，歴史資料や民具などが展示されている。

三瓶から明浜に向かう途中の下泊の集落に，江戸時代のおわりごろにたてられた旧庄屋長屋門がある。ここは，宇和島藩の藩主が参勤交代の途中で，潮待ちや宿泊をする場所にもなっていた。海に面してたつ入母屋造の建物はひときわ目を引く。

三瓶高校文楽クラブ

下泊旧庄屋長屋門

俵津文楽の明浜 ㉕
〈M ▶ P.147〉西予市明浜町俵津2-996 P
JR予讃線吉田駅🚌田之浜行俵津車庫🚶3分

三瓶の南に隣接する明浜は，俵津文楽（県民俗）で知られている。

俵津文楽会館　　　　　　　　　　　　　　　　　　高山の鯨塚と戒名(右)

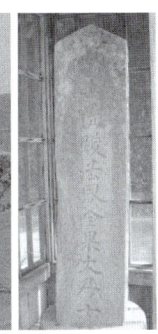

1852(嘉永5)年，地元の伊井庄吾によって人形芝居がはじめられた。1870(明治3)年，大阪から愛媛出身の竹本常太夫が明浜に移り住んで，浄瑠璃の指導をはじめ，菅原座を設立した。明治時代中期から大正時代にかけて菅原座は充実発展し，1952(昭和27)年，俵津文楽とよばれるようになった。その後一時衰退していたが，地元住民の熱意で1977年に再び活動がはじまった。毎年4月上旬に行われるさくら祭り開催時に，俵津文楽会館で公演が行われている。座員は幅広い年齢や職業の人びとで構成され，女性が多い。

4月上旬のさくら祭りに公演　江戸時代末期からの文楽

　なお，文楽の道具一式(県民俗)は，西予市明浜歴史民俗資料館に展示されている。

　宇和島藩庁の古文書によれば，江戸時代の宇和海ではしばしばクジラの姿をみることができた。クジラといっても小型のものと思われる。明浜の海岸部には3カ所の鯨塚がある。なかでも高山の鯨塚は，飢饉のさなかの1837(天保8)年に，比較的大きいクジラが浜に打ちあげられ，そのおかげで村人が餓死をまぬがれたということから，クジラの慰霊のために建立された。「鱗王院殿法界全果大居士」という碑文は，宇和島藩7代藩主伊達宗紀の筆になる。

松葉城跡 ㉖　〈M▶P.147, 183〉西予市宇和町下松葉
JR予讃線卯之町駅🚶40分

西園寺氏の居城　弥生土器片出土

　卯之町駅の辺りから北を眺めると，山頂部に岩肌の露出した山が目にはいる。標高407mのこの山が戦国時代，宇和を中心に南予に勢力を張っていた西園寺氏の居城，松葉城跡である。言い伝えによると，この城ははじめ岩瀬城とよばれていたが，あるとき城中で

文化の里宇和と奥伊予―西予市

松葉城跡

行われた酒宴のおり，盃(さかずき)に松の葉が落ちてきたので縁起がいいということで松葉城と改名したという。

高さ約16mの岩盤上に位置する最上段の一の郭(くるわ)(本丸)には，小さい祠(ほこら)がある。さらに，ほぼ東西に10の郭が階段状に長く連なる城跡には，土塁(どるい)・石段・池跡，岩肌をうがった柱穴などの遺構が残っており，宇和島藩儒学者上甲振洋(じょうこうしんよう)の碑文をきざんだ松葉城碑がたてられている。また，郭跡からは弥生(やよい)土器片や青磁(せいじ)・白磁片なども出土しており，古くからの生活の痕跡が残されている。

西園寺氏は鎌倉(かまくら)時代前期の1236(嘉禎(かてい)2)年，橘(たちばな)氏の所領であった宇和郡をあたえられたが，室町(むろまち)時代初期になって都から宇和に移り，松葉城を居城と定めた。さらに戦国時代には，南予地域の15人の国人(こくじん)領主(在地領主)を軍事同盟に組みいれて，勢力の維持と拡大をはかろうとしたが，土佐(とさ)の長宗我部(ちょうそかべ)氏による攻撃や懐柔策に翻弄(ほんろう)され，その結束力は弱かった。

1549(天文(てんぶん)18)年，西園寺実充(さねみつ)は居城を松葉城から，宇和川対岸に位置する黒瀬城(くろせ)に移転させた。これは，大洲(おおず)の宇都宮(うつのみや)氏，松山の河野(こう)氏のほかに，土佐の長宗我部氏，豊後(ぶんご)の大友氏にも対抗しなければならなくなったという情勢をうけて行われたものであろう。最後の城主西園寺公広(きんひろ)は1585(天正(てんしょう)13)年，豊臣秀吉(とよとみひでよし)の四国征討に際して開城し，宇和島の九島(くしま)で出家の生活を送っていた。しかし1587年，新しく南予地域の領主になった戸田勝隆(とだかつたか)は，公広を大洲に誘いだし謀殺したといわれている。

黒瀬城へは，卯之町駅から宇和川をはさんで南西方向にある宇和運動公園からのぼることができる。城は東西に階段状に長く連なる5つの郭などからなり，井戸跡や石段・土塁などの遺構が残っている。黒瀬城の周囲には岡城，水ガ森城をはじめ，多くの枝城(えだじろ)跡がある。

旧開明学校 ㉗
0894-62-4292

〈M ▶ P.147, 183〉 西予市宇和町卯之町3-109 P（商店街）
JR予讃線卯之町駅 🚶10分

　松葉城跡の南山麓の高台に宇和米博物館がある。この建物は，南に隣接する宇和町小学校の木造校舎3棟（1914〈大正3〉年〜34〈昭和9〉年にかけて建築）を移築したもので，米どころといわれた宇和盆地での米づくりの様子を見学することができる。また，校舎内には，土間と廊下の間に柱のない109mの百間廊下がある。

　宇和米博物館の坂をくだり，宇和町小学校を左にみながら3分歩くと五差路がある。ここから小学校正門前の通りを南に6分歩いた左側山手に，旧開明学校校舎（国重文）がある。開明学校の前身は，江戸時代末期の儒学者左氏珠山が，大師堂を借りて開いた私塾である。しかし1869（明治2）年，珠山が藩校明倫館教授として転任したので，門弟の有志は新しい教師を迎えるために，現在の宇和聾学校の場所に校舎を新築して，申義堂と名づけた。1872年の学制によって申義堂は廃止され，開明学校が創設されたが，校舎は申義堂の建物を使用していた。やがて

卯之町駅周辺の史跡

宇和米博物館の百間廊下

文化の里宇和と奥伊予—西予市

旧開明学校

明治時代前期の校舎建築
明治時代初期の掛図

1882年，現在地に校舎がたてられた。

白壁にアーチ型の窓を配した建物は，学校建築としては西日本でもっとも古いものである。やがて申義堂の校舎も今の位置に移された。1887（明治20）年の小学校令によって，開明学校の名前は廃止されたが，校舎は1921（大正10）年まで使われた。

現在，校舎内には明治時代初期の掛図をはじめ，当時の教科書など約3000点におよぶ教育資料が収蔵・展示されており，当時の教室の様子も再現されている。隣にある申義堂では，江戸時代の私塾の雰囲気を味わうことができる。

また，宇和盆地の遺跡や古墳からは，弥生土器，祭器と思われる盃状穴板石，朝鮮式土器の須恵器，ほぼ完全な形の蕨手刀をはじめ数多くの遺物が出土している。「久枝村にて鉾十五本掘り出し，申し出る」という，1710（宝永7）年の宇和島藩記録が示すように，宇和では銅剣・銅鉾類がときおり出土しており，開明学校にはこれらの遺物も展示されている。

開明学校に隣接して，戦国時代宇和地方を支配していた西園寺氏をまつる光教寺（臨済宗），生活用具を収集展示している宇和民具館がある。

中町の町並み

白壁の町並み
宇和島街道の宿場町

〈M ▶ P.147, 183〉 西予市宇和町卯之町3 P（商店街）
JR予讃線卯之町駅 ★10分

卯之町はもと松葉町とよばれ，西園寺氏が居城を松葉城から黒瀬城に移したときに，新しく形成された城下町であった。江戸時代にはこの地域の在郷町，また宇和島街道の宿場町として栄えた。通りの一角には，1843（天保14）年にたてられた高さ152cmの「従是西駅内」の石柱が残されている。

開明学校から坂道をややくだった通りが，江戸時代中期から明治時代にかけての土蔵や白壁の家屋が軒を連ねる中町の町並みである。

中町の町並み

地元では「なかんちょう」とよんでいる。この一角に,古い民家を活用して,誰でも気軽に立ち寄ることのできる文化の里休憩所が設けられている。近くには,犬養毅・尾崎行雄・浜口雄幸ら,明治時代以降の政治家や有名人が宿泊した松屋旅館がある。

中町と本町の通りが交わる辺りに,宇和先哲記念館がある。ここには,卯之町に関係ある人物ゆかりの品や,資料が展示されている。

高野長英の隠れ家 ㉔

〈M ▶ P.147, 183〉西予市宇和町卯之町3-239
🅿(商店街)
JR予讃線卯之町駅🚶10分

内部は非公開
蘭学医二宮敬作との親交

開明学校から中町の町並みを経て本町の路地を西に少しはいると,幕末の蘭学者高野長英の隠れ家(県史跡)がある。4畳半ほどの平屋である。この建物は蘭学医二宮敬作が,1833(天保4)〜56(安政3)年にかけて開業していた住居の離れである。もともと2階建ての2階部分であったが,1階部分が失われ,現在の状況になっている。

『戊戌夢物語』で江戸幕府を批判した高野長英は,蛮社の獄で捕らえられ,渡辺崋山らとともに投獄されたが,牢舎の火災による一時的な「お解き放ち」を機に逃走し,各地を逃げ回った。そして宇和島藩にかくまわれていた1848(嘉永元)年,一時この家に住んでいた。長英と敬作は,ともに長崎でシーボルトの教えをうけた学友であった。優秀な蘭学医であった敬作のもとには,長州藩の村田蔵六(のちの大村益次郎)やシーボルトの娘で女医のイネらが教えを

高野長英の隠れ家

文化の里宇和と奥伊予—西予市

請いに訪れた。

なお隠れ家の隣，すなわち二宮敬作の本宅にあたる場所は，本町通りに面しているが当時の建物はなく，石碑がたっている。

二宮敬作の住居跡の斜め向かいに，俗に鳥居門とよばれる大きな門を構えた旧庄屋屋敷がある。鳥居門の名前は，武家屋敷の門のような構えの門を，藩に無許可でたてたということで，建築した鳥居半兵衛が卯之町庄屋を罷免されたことにちなんでいる。

歯長寺 ㉚
0894-62-0228
〈M ▶ P.147, 183〉西予市宇和町伊賀上356 Ｐ
JR予讃線卯之町駅🚌宇和島方面行江良🚶1分

歴史資料として価値の高い『歯長寺縁起』を写真で公開

高野長英の隠れ家の辺りから国道56号線を宇和島方向に約800m進むと，右手に歯長寺（天台宗）がある。この寺は奈良時代の8世紀なかば，孝謙天皇の勅願によって創建されたと伝えられている。以前は三間町との境にある歯長峠付近の山中にあり，本堂・庫裏・山門などの建物を備えた大伽藍であったという。しかし，天正年間（1573〜91）兵火にかかって焼失したため，現在地に移転再興したといわれている。

現在の歯長寺は，仁王門・観音堂・金堂の簡素なたたずまいとなっている。この寺に，僧寂証によって室町時代の1386（至徳3）年に作成され，のちに秀栄によって筆写された紙本墨書歯長寺縁起（国重文）がある。ふつう寺の縁起といえば，どのようないきさつで寺ができたかという話が中心となり，現実にはおこり得ないような物語が記されることも多い。しかし，『歯長寺縁起』は，鎌倉幕府滅亡のきっかけの1つとなった，1331（元弘元）年の元弘の変をはじめとする，鎌倉時代末期から南北朝時代の動乱期の事件と歯長寺との関連などを，1320（元応2）年から67年にわたって記述している。しかもその内容は，寂証が3回にわたって都にのぼったときに，実際に見聞きしたことが中心となっているという点で，歴史資料としての価値がきわめて高い。なお，『歯長寺縁起』という表題は，表紙がなくなっていたこの文書に，後づけされたものである。

歯長寺から北を見通すと，山腹にみえるのが，1994（平成6）年に開館した愛媛県歴史文化博物館である。ここには縄文時代から現代までの豊富な資料が展示され，愛媛の歴史と文化が一目でわかるよ

うになっている。

歴史文化博物館から山をくだり、北に約1km進んだ山腹に、「あげいしさん」の名で親しまれている四国霊場43番札所明石寺(めいせきじ)（天台宗）がある。ここには室町時代の作と推定される絹本著色熊野曼荼羅(けんぽんちゃくしょくくまののまんだら)（県文化）が残されている。

『歯長寺縁起』

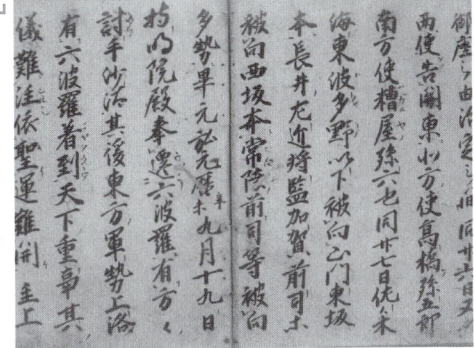

御座付岩沼方ニ相副同廿六日方
兩使告㔟東小方同廿七日佐々木
南方使糟屋臻々七日同廿七日佐々木
海東波多野以下被仰云門東城
関西波多野近将監加賀前司等被仰
奉長井左近将監加賀前司等被仰
多㔟早元弘元年九月十九日
討手沙汰其後東方軍㔟已洛
拘内院殿奉遷六波羅有方々
持六波羅着到天下重重章其
難注依聖運難悶至工

泉貨居士の墓 ㉛
0894-72-0154（安楽寺）

〈M▶P.147〉西予市野村町野村3-286（安楽寺）🅿
JR予讃線卯之町駅🚌野村行野村🚶13分

丈夫な和紙
宇和島藩の産業

バス停でおりて野村総合支所前の通りを東に4分歩き、宇和川にかかる三島橋(みしま)にたつと、北に白木城跡(しらきじょう)のある標高357mの山が目にはいる。白木城は、宇和西園寺氏と軍事同盟関係にあって、野村殿とよばれていた宇都宮左近尉乗綱(うつのみやさこんのじょうのりつな)の居城であった。城は長く連なった12の郭からなり、土塁・堀切・狼煙台(のろし)などの遺構がある。

東に目をやると、泉貨居士の墓（県史跡）のある安楽寺（曹洞宗）がある。三島橋から南東に約500m進んだ山手に位置する。泉貨とは、泉貨紙とよばれる和紙を発明した兵頭太郎右衛門(ひょうどうたろうえもん)の号である。太郎右衛門は戦国時代末期の武将であったが、のちに出家して安楽寺近くの庵(いおり)で隠居していた。このとき、太郎右衛門は楮に山芋の根汁(こうず)を加えて凝固させる方法で、泉貨紙とよばれる丈夫な和紙を開発した。

江戸時代になると、泉貨紙の製法は野村地方を中心とする山間部に普及した。しかし、宇和島藩は泉貨紙の専売制を実施したため、1793（寛政(かんせい)5）年、隣の吉田藩において専売に反対する武左衛門一揆(ぶざえもんいっき)がおこった。こうした農民の抵抗にもかかわらず、宇和島藩では1814（文化(ぶんか)11）年、泉貨方とよばれる役所が設置されるなど、泉貨紙は江戸時

泉貨居士の墓

文化の里宇和と奥伊予―西予市

惣川の土居家住宅

代の全期間を通じて藩の重要な産業として統制が行われ，藩財政をささえたのである。

泉貨紙を用いた帳簿は，火事のときなどに焼失を免れるため井戸に投げいれ，あとでとりだせば十分使えるほど丈夫であったため，上方で好んで用いられたといわれている。

明治時代になって泉貨紙の専売制は廃止され，大正時代から第二次世界大戦期にかけて地場産業として発展したが，戦後洋紙が普及したため，泉貨紙の生産は急速に衰退した。今では，泉貨紙の古来からの紙漉き技術を有するのは菊地孝（国選択）だけになっている。

野村の中心部から，県道宇和野村線を坂石まで進み，そこから県道野村柳谷線を約13km進んだ山あいの惣川集落に，旧庄屋土居家住宅がある。現在の建物は，江戸時代後期の1827（文政10）年，火災のあとにたてられたものである。茅葺きの重厚な屋根と太い大黒柱には圧倒される。母屋のほかに，明治時代の建築である離れや復元された茶室などを含めた建物は，現在茅葺き民家交流館として，宿泊や研修などに活用されている。

龍沢寺 ㉜
0894-82-0016

〈M ► P.147, 189〉西予市城川町魚成753　P
JR予讃線卯之町駅🚌野村行野村乗換え日吉方面行川向🚶20分

山あいの名刹　座禅体験

野村から東に桜ガ峠トンネルをこえ，川向バス停から南に約2km進んだ山あいに，禹門山龍沢寺（曹洞宗）がある。寺が開かれたのは，鎌倉時代末期の1323（元亨3）年といわれ

龍沢寺山門

水郷大洲と内子・宇和の町並み

乙亥大相撲

コラム

行

プロとアマカ士の取組

　西予市野村町は愛媛県内でも相撲の盛んな地域である。ここでは毎年11月下旬，大相撲九州場所をおえた力士を招いて，乙亥大相撲が開かれている。

　江戸時代末期の1852(嘉永5)年，野村で100軒余を焼く大火が発生した。庄屋緒方与次兵衛は愛宕山山頂に愛宕神社を建立し，火除けを祈願して100年間の奉納相撲をはじめた。相撲は毎年旧暦10月の乙亥の日に行われたので，乙亥大相撲とよばれるようになった。1952(昭和27)年が100年目にあたる年であったが，伝統行事としてその後も続けられ，今日に至っている。以前は特設土俵で行われていたが，現在は乙亥会館で実施されている。また，会館内には美しい化粧まわしや相撲に関する資料なども展示されている。

　乙亥大相撲の行われる2日間は，ほとんどの家で酒宴が開かれ，町は多くの人出で賑わいをみせる。

乙亥大相撲

る。はじめは龍天寺と称し，現在地より約3km南方の御開山山上にあった。その後寺は荒廃していたが，室町時代中期に，鹿児島の島津元久の子といわれる仲翁和尚が再興した。さらに1455(康正元)年，蒲庵和尚のとき，魚成地域を支配していた魚成豊後守通親の援助のもとに現在地に移転し，龍沢寺と名づけられた。江戸時代中期の1798(寛政10)年，火災のため建物の大部分が失われたが，1839(天保10)年までに本堂・禅堂・庫院など，現在の建物のほとんどが再建された。

　駐車場から小川にかかる偃月橋を渡って仁王門をくぐり，杉木立のなかを少しいくと壮大な山門がある。さらに石段をのぼると中雀門，その左右に禅堂と庫院，最上段に本堂と付属の建物群がある。なお，龍沢寺では予約

龍沢寺周辺の史跡

文化の里宇和と奥伊予—西予市　189

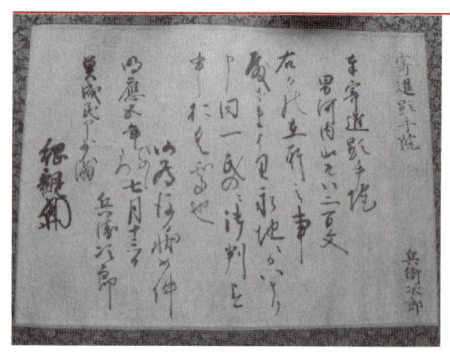

「顕手院文書」

をすれば座禅を体験して住職の法話を聞き，龍沢寺御膳という精進料理を味わうことができる。

龍沢寺から北に丘陵上の道を約1.5km進んだところに，顕手院(曹洞宗)がある。顕手院には魚成通親の寄進状などの「顕手院文書」(県文化)が残っている。ここから北を見通すと，野村と城川の境をなす標高420mの山上に，戦国時代，宇和西園寺氏と軍事同盟関係にあって魚成殿とよばれていた魚成氏の居城，龍ガ森城跡がある。城は大きく4つの郭からなり，土塁・堀切や石組みの一部などが残っている。

三滝城跡 ㉟

〈M ▶ P.147〉西予市城川町窪野　Ｐ
JR予讃線卯之町駅🚌野村行野村乗換え日吉方面行土居乗換え寺野行三滝🚌50分

天然の要害　4月17日「八つ鹿踊り」

三滝バス停の北，標高641mの急峻な三滝山山上に，中世の城郭三滝城跡(県史跡)がある。城主の紀氏は紀貫之の子孫といわれ，室町時代前半の1400年ごろに，伊予国北之川荘5300貫(現在の城川・野村・肱川にまたがる地域)をあたえられて，この地に根をおろしたと伝えられる。最初，居城は土居にある甲ガ森城であったが，土佐境を防衛する必要から永享年間(1429〜41)，紀実次が防御力のすぐれた三滝城をさらに改修して居城を移した。三滝城には甲ガ森城・黄幡城・白岩城・鐙ガ鼻城・猿ガ滝城・白石城などの枝城をはじめ，数多くの城や砦があった。

三滝城跡と城川自然ロッジ

戦国時代，最後の

コラム

どろんこ祭り

泥田のなかのユーモラスな御田植祭

　西予市城川町土居の集落の南にある三島神社の神田で、7月にどろんこ祭りが開かれていた（休止中、どろんこ祭り保存会にて展示）。御田祭ともいうこの行事は、正式には御田植祭とよばれ、明治時代前半にはじめられた。

　祭りはつぎのように進行する。最初に10頭のウシによってしろかきが行われる。つぎに4人の若者が田んぼにはいり、あぜ豆植えを行う。その途中でささいなことから若者たちの間にいさかいがおこり、4人が泥だらけになって取っ組み合いを演じる。

　それがおわると田んぼの脇の特設舞台では、3人の太夫が打ち鳴らす鉦と太鼓の軽快なリズムに乗って、だいばんとよばれる鬼による神楽がはじまるが、この鬼が悪乗りをして太夫たちをつぎつぎと泥田のなかに引き込み、祭りは最高潮に達する。

　最後は地元の少女が扮する早乙女による田植えが行われ、祭りは終了する。この祭りは、いつしかどろんこ祭りとよばれるようになった。

どろんこ祭り

城主紀親安は、宇和西園寺氏と軍事的な同盟関係にあって、北之川殿とよばれていた。三滝城は1583（天正11）年に長宗我部氏の攻撃をうけて落城し、親安は戦死したといわれている。

　山頂部には17の郭跡をはじめとする遺構が、階段状に長く連なっている。最上段の一の郭（本丸）を含めた一角が、城趾公園になっているが、険しい山全体に遺構が分布しており、まさに天然の要害をなしている。山頂部からややくだると、紀親安もまつられている三滝神社、さらに石段をくだると、江戸時代中期にたてられた林庭院とよばれる親安の慰霊碑および大イチョウ（県天然）がある。三滝神社では毎年4月、窪野八つ鹿踊り（国選択）が奉納されている。

　三滝山の西山麓、登山道に沿った断崖の谷あいが、変化に富んだ渓谷美をなす三滝渓谷とよばれ、ゴトランド紀（シルル紀）石灰岩（県天然）が露出する地域としても知られている。渓谷の入口には城川地質館が設けられ、城川地域で産出された岩石や化石、鉱物の結

文化の里宇和と奥伊予―西予市

晶などが展示されている。また、付近一帯は三滝渓谷自然公園として整備され、城川自然ロッジを起点として、再現された屋根つき橋・水車小屋・炭焼き小屋をみながら、渓谷を散策することができる。

三滝城跡から県道城川檮原線を三滝川に沿って下流に約2kmいくと、土居の集落に至る。土居の地名は紀氏の館跡に由来するといわれ、集落の西の山上に甲ガ森城跡、東の山手に紀氏ゆかりの報恩寺(曹洞宗)がある。また、城川支所南隣には1999(平成11)年、町立の文書館としては全国で2番目に開館した城川文書館がある。

穴神洞遺跡 34
0894-83-1008(JA川津南)

〈M ▶ P.147〉 西予市城川町川津 南3723 P
JR予讃線卯之町駅🚌川津南方面行終点🚌50分

> 縄文時代全期の遺跡
> 縄文時代の女性人骨

バス停西側の山の斜面に穴神洞(県史跡)がある。石灰岩地帯が広く分布する城川地域には、穴神洞・中津川洞をはじめとする鍾乳洞が形成されている。穴神洞は「穴神さん」とよばれて、地元の人びとの信仰の対象になっていた。

1961(昭和36)年、洞窟を探検していた愛媛大学の学生が縄文土器を発見し、以後3回におよぶ発掘調査が行われた。その結果、洞穴は縄文時代のほぼ全期間にわたって使われた遺跡であることが明らかになった。おもな出土遺物は、微隆起線文土器と細石刃器、シドロガイ・アオフネなどの垂飾品(装身具)、炉跡、人骨などである。このほか縄文土器をはじめ、獣骨・貝殻なども出土した。また、洞穴内部には鍾乳石や石筍が数多くみられ、自然の造形美を楽しむこともできる。

穴神洞の西方約4kmにある中津川には、縄文時代前期に石器を製造していたとみられる中津川洞遺跡があり、石器や縄文土器などが出土している。

これらの出土遺物は、下相地区の城川総合支所に隣接する西予市立城川歴史民俗資料館に展示されている。資料館には、昔の山村生活の道具や生活用具なども展示され、敷地の一角には、茅葺き屋根の民家も移築されている。また、駐車場をはさんで近くには「かまぼこ板の絵」の展覧会で知られるギャラリー城川がある。

Uwajima

維新ゆかりの宇和島

宇和島城

真珠の養殖筏

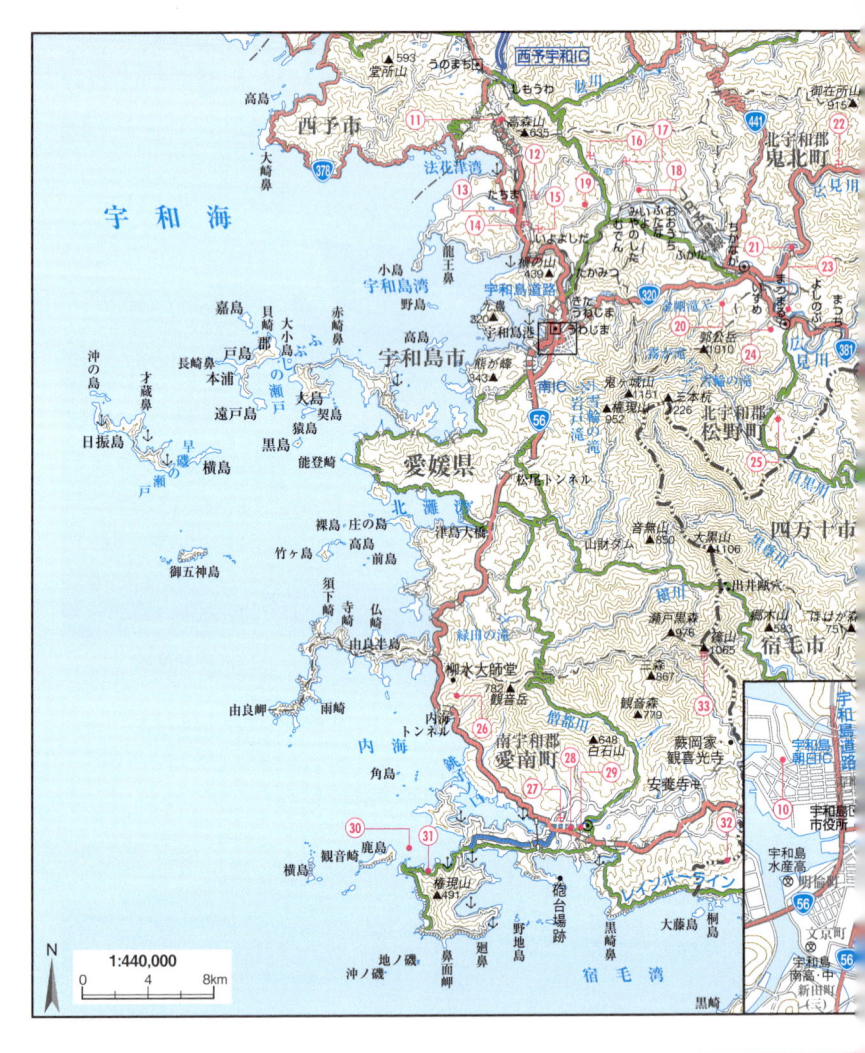

①和霊神社	⑧西江寺	⑭安藤神社	㉑岩谷遺跡
②宇和島城	⑨高野長英居住地跡	⑮大信寺	㉒善光寺薬師堂
③天赦園	⑩宇和島市立歴史資料館	⑯仏木寺	㉓広福寺遺跡
④村田蔵六住居跡		⑰正法寺観音堂	㉔河後森城跡
⑤児島惟謙生誕地	⑪法華津峠	⑱大森城跡	㉕目黒ふるさと館
⑥龍華山等覚寺	⑫大乗寺	⑲旧庄屋毛利家住宅	㉖柏坂遍路道
⑦金剛山大隆寺	⑬吉田藩陣屋跡	⑳旧等妙寺跡	㉗観自在寺

維新ゆかりの宇和島

◎宇和島散歩モデルコース

宇和島コース　　1.JR予讃線宇和島駅 10 和霊神社 15 宇和島城 5 丸之内和霊神社 12 龍華山等覚寺 7 金剛山大隆寺 23 宇和島市立伊達博物館 20 JR宇和島駅

2.JR予讃線宇和島駅 20 宇和島市立伊達博物館 1 天赦園 6 村田蔵六住居跡 9 穂積陳重・八束兄弟生家跡 5 児島惟謙生誕地 2 木屋旅館 5 西江寺 9 高野長英居住地跡 20 宇和島市立歴史資料館 20 JR宇和島駅

吉田コース　　JR予讃線卯之町駅 15 法華津峠 30 大乗寺 10 吉田藩陣屋跡 5 吉田ふれあい国安の郷 7 安藤神社 5 大信寺 6 JR予讃線伊予吉田駅

鬼北コース　　JR予讃線宇和島駅 35 仏木寺 10 旧庄屋毛利家住宅 5 龍光寺 5 正法寺 5 在町宮野下 5 鬼ヶ峠 40 大森城跡 30 鬼ヶ峠 10 清良神社 45 旧等妙寺跡 30 岩谷遺跡 15 善光寺 25 広福寺遺跡 10 河後森城跡 5 芝不器男記念館 20 松野町立目黒ふるさと館 70 JR宇和島駅

南宇和コース　　JR予讃線宇和島駅 40 柏坂遍路道 13 観自在寺 5 平城貝塚 5 常盤城跡(諏訪公園) 20 外泊 60 JR宇和島駅

㉘平城貝塚
㉙常盤城跡
㉚宇和海海中公園
㉛外泊
㉜松尾峠
㉝篠山神社

伊達10万石の城下町—宇和島

① 宇和島は伊達氏の城下町であり，現在も町のそこここに伊達氏の時代に起源をもつ文化財や祭り，風習がみられる。

和霊神社（われいじんじゃ） ❶
0895-22-0197

〈M ▶ P.195, 197〉宇和島市和霊町1451　P
JR予讃線宇和島駅 10分，または 柿原行和霊神社前 すぐ

和霊信仰の中心 盛大な和霊大祭

　宇和島駅から国道320号線を西に進み，右折できる最初の信号を右に約300m進むと和霊公園に着く。大鳥居をくぐり太鼓橋を渡ると和霊神社である。祭神の山家清兵衛公頼（やんべせいべえきんより）は，初代宇和島藩主伊達秀宗（ひでむね）の家老職総奉行（かろうそうぶぎょう）として，仙台より同行した人物である。

　秀宗は1615（元和元）年の入国の際，父の仙台藩主政宗（まさむね）から多額の借金をし，加えて大坂城石垣工事を江戸幕府から命ぜられ，初期の藩財政は大変厳しかった。そのため財政責任者である清兵衛は，家臣に対しても大きな負担を強いたといわれる。史料は乏しいが，財政たて直しの過程で不満をもったものの讒訴（ざんそ）を信じた秀宗の命令で，1620年6月29日夜，刺客が山家邸をおそい，一族を滅ぼしたと伝えられる。

　清兵衛の死後，政敵や暗殺事件関係者の変死があいつぎ，清兵衛怨霊（おんりょう）と恐れられるようになり，地震や洪水，飢饉（ききん）までもがその所業とされた。そこで，その霊を神としてまつって魂をしずめようという御霊（ごりょう）信仰がおこり，1653（承応2）年，秀宗によって山頼和霊（やまよりわれい）神社が建立（こんりゅう）され，6月23・24日に京都吉田家（吉田神道の家元）から使者を招いて勧請（かんじょう）の儀式が行われた。社殿は移転を繰り返すが，1728（享保13）年には吉田家から和霊大明神（だいみょうじん）の称号が認められ，1731年に現在地におちついた。

　和霊信仰は西日本一帯に広がり，瀬戸内海（せとないかい）沿岸を中心に分社は約150ある。坂本龍馬（りょうま）が脱藩成就（じょうじゅ）

和霊神社

維新ゆかりの宇和島

を祈ったとされる高知市の和霊神社もその1つである。現在は、7月23・24日（月遅れの6月23・24日）に和霊大祭が盛大に開催されている。

宇和島城 ❷

0895-22-2832

〈M ▶ P.195, 197〉宇和島市丸之内1　P
JR予讃線宇和島駅🚶10分、または🚌出口行バスセンター🚶3分

伊達10万石の居城　重要文化財の天守の1つ

　和霊公園南西隅の派出所から、国道56号線を南西に約330m進んで突き当りの信号を左折すると、うっそうとした山の緑が右前方に迫ってくる。これが宇和島城（国史跡）である。

　この地にはじめて天守を建造し、本格的な築城を行ったのは、藤堂高虎である。高虎は、1595（文禄4）年豊臣秀吉より宇和郡7万石に封じられると、翌年より築城と城下町建設に取りかかり、1601（慶長6）年に城を完成させた。築城の名手といわれた高虎が、大名としてはじめて自分の居城につくった城である。代右衛門丸、長門丸などの曲輪の名前も、高虎の重臣の名によると伝えられている。

宇和島市中心部の史跡

伊達10万石の城下町―宇和島

宇和島城天守

　その後，1614（慶長19）年に伊達秀宗が宇和郡10万石を拝領し翌年に入部して以来，1869（明治2）年の版籍奉還に至るまで，225年間9代にわたる宇和島藩伊達氏の居城となった。廃藩後，周囲の櫓などは取りこわされ，往時をしのぶものは天守と南登山口にある上り立ち門，各曲輪の石垣だけである。1666（寛文6）年に建造された追手門（正門）は，1934（昭和9）年に国宝に指定されたが，空襲で焼失し，今は石碑だけがアーケード街最南部の西約10mの角にある飲食店の壁に残る。

　なお，現在の天守は，2代藩主宗利の大改修によって1671（寛文11）年に完成したもので，高虎時代の天守は西予市の愛媛県歴史文化博物館にその模型が展示されている。

　城への登山口をめざし国道56号線を南下し，宇和島駅前の国道320号線との交差点をこえて進むと，最初の信号のところに小川があるが，これが城下町の東の外堀辰野川で，ここより北と西がかつては海であった。今は市街地の中心にある宇和島城も，もとは北側と西側は海を天然の堀としていたのである。この辺りから南が城内で，宇和島消防署付近には藩主の館である三の丸がおかれていた。3つ目の信号で右折すると，北登山口である。ここに武家長屋門があるが，これは家老桑折氏の邸宅の門を第二次世界大戦後移築したもので，もとは間口が約35mもあった。

　舗装された登山道の左手の石段を進むと井戸丸があり，さらに石段をのぼると本丸への登山道にでる。左に進み，壁のように迫る石垣沿いにのぼると二の丸跡で，最後に大きな石段をのぼると本丸跡に着く。

　宇和島城天守（国重文）は，独立式（1基の大櫓が独立するもの，天守の最古の形式）・三重3階，白壁の総塗込め造りのものである。前述のように現在の天守は，江戸幕府4代将軍徳川家綱のころ，

宇和島城天守内部

1671年に完成したもので、平和な時代の城の様相を示している。矢狭間（矢を放つための縦長の小窓）・鉄砲狭間（鉄砲を発射するための小窓）・石落とし（建物の角の壁を張りだし、床をあげ蓋にして石の投下や射撃をする）などはみられないが、石垣上部には犬走りが、玄関には式台が設けられている。3層には唐破風、2層には千鳥破風、1層には2つの千鳥破風、そして玄関には唐破風と、変化をつけた屋根が白壁に映え、優美な姿をみせている。

　天守の内部も見学でき、7代宗紀と8代宗城の肖像、天守の模型などが展示されている。また、すべての階の連子窓（一定の間隔で断面が菱形の組子を取りつけた窓）からは、市街を見渡すことができる。

　登山道をくだり、井戸丸への石段を右にみながら直進すると、右手が藤兵衛丸跡で、現在は城山郷土館がおかれている。その奥に、後述する穂積陳重・八束兄弟生家の長屋門が移築されている。

　石段をくだり、児童公園となっている長門丸跡を背にして南にくだっていくと、代右衛門丸の石垣が左手にみえる。登山道に沿ってさらにくだると、上り立ち門がみえる。軒丸瓦には伊達氏の紋のなかでも古くから使われる九曜紋がみられ、宗利の大改修のときのものと推定されている。この門が城山の現在の南登山口で、かつての搦手門（裏門）の方向にあたるが、追手門側からも含めて天守に至るまでの門のうち、現存するのはこの門だけである。なお、門へくだる少し手前には、1932（昭和7）年設置の一等水準点があり、門前には、大津事件などで知られる児島惟謙の像がたつ。南登山口から国道56号線を東に約330m進むと、山家清兵衛暗殺の場所、現丸之内和霊神社がある。

伊達10万石の城下町—宇和島

天赦園 ❸

0895-25-2709

〈M ▶ P.194, 197〉宇和島市御殿町9-2 [P]

JR予讃線宇和島駅🚶25分，または🚌出口行 東高校前🚶2分

国名勝の大名庭園　幕末の志士会談の舞台

上り立ち門をでて西進し，最初の信号を左折すると，正面約200m前方の道路の中央に並木がみえる。この並木の左が伊達家ゆかりの武具甲冑・婚礼の調度品・古文書などを展示する宇和島市立伊達博物館である。甲冑は，伊達政宗のものと伝えられるものや，7代宗紀が徳川家お抱えの甲冑師につくらせたもの，8代宗城が9代水戸藩主徳川斉昭から贈られたものなどが展示され，婚礼の調度品では，9代宗徳の正室佳姫の輿をはじめとする一式などをみることができる。

伊達博物館をでて南にくだると，すぐに天赦園（国名勝）である。もとは2代宗利が1672（寛文12）年に造成した浜御殿の一部を，7代宗紀が隠居所と定め，1862（文久2）年から南御殿として住みはじめたところで，1866（慶応2）年に庭園が完成し天赦園と名づけられた。その名の由来は，初代秀宗の父伊達政宗が隠居後につくった漢詩「馬上少年過　世平白髪多　残躯天所赦　不楽是如何」（馬上に少年過ぎ　世平かにして白髪多し　残躯は天の赦す所　楽しまずして是れを如何せん）による。宗紀は隠居後も宗城・宗徳をささえ，この地で家臣や蘭学者の高野長英や村田蔵六（大村益次郎）・薩摩藩の西郷隆盛らと会見し，国事を論じたといわれている。

天赦園は，江戸時代末期の大名庭園を代表する池泉回遊式庭園で，園内は暖地性の植物が多く植えられているが，とくに竹・フジ・ショウブが多い。竹は伊達家の家紋である「竹に雀」にちなみ，フジは伊達家の先祖が藤原氏であることによる。ショウブは9代宗徳が愛し，1897（明治30）年ごろに東京・岡山・佐賀・熊本の各旧藩邸

天赦園

から集められた。4月のフジ，6月のハナショウブの美しさは格別である。園内には茶室である潜淵館，能書家でもあった宗紀の書屋春雨亭なども残っている。

村田蔵六住居跡 ❹

〈M ▶ P. 195, 197〉宇和島市神田川原
JR予讃線宇和島駅🚶25分，または🚌出口行東高校前🚶10分

城下町の名残り近代化をしのぶ町

天赦園をでて南へ約250mで，城下町の南の外堀神田川に着く。この辺りには，鉤型路や丁字路などの屈曲した街路が多く残る。これらは外敵の遠望を遮断するための，城下町特有の街路形態である。佐伯橋を渡って左折するとすぐ，泰平寺（曹洞宗）である。この山門右手の鐘楼に，国連本部におかれている「平和の鐘」の原型がつられている。

泰平寺から上流へ進み，最初の角を右にまがると，玉砂利の敷き詰められた区画がある。ここが，長州藩の軍事指導者として1866（慶応2）年の第二次長州征討や1868～1869（明治2）年の戊辰戦争で活躍し，明治政府では兵部大輔となり，日本近代軍制の創始者といわれる大村益次郎（当時は村田蔵六）の住居跡である。

長州出身で緒方洪庵の適塾で蘭学を学び，塾頭もつとめた村田は，故郷で医者をしていたが，高野長英にかわる蘭学者を求めていた8代藩主宗城に招かれ，1853（嘉永6）年にこの地へやってきた。村田は滞在中，兵書の講義・翻訳，軍隊編成，砲台築造などの研究を行った。また，細工職人嘉蔵（前原巧山）とともに軍艦雛形の製造を命じられ，1855（安政2）年に試運転に成功した。翌1856年，宗城の参勤交代にしたがって江戸へでた村田は，宇和島藩士の身分のまま，幕府の蕃書調所の教授方手伝いや講武所の砲術教授に抜擢され，1860（万延元）年からは故郷長州藩に移籍した。大村益次郎が，その才能を世に認められたのは，宇和島藩時代の活躍からともいえる。

村田蔵六の住居跡からさらに上流に向かって約250m進み，勧進橋を渡って約80mの交差点を右折して東進し，300mほど進むと教会がある。ここが日本キリスト教団宇和島中野町教会で，1887（明治20）年に宇和島にはじめて開かれたキリスト教会の流れをうけつぐ。

教会から約100m東進すると穂積陳重・八束兄弟の生家跡に着く。

穂積陳重は、1855(安政2)年、宇和島藩士の2男として生まれ、16歳のとき、藩の推薦で大学南校(現、東京大学)で学び、イギリスやドイツに留学し、法学を研究した。27歳で東京大学法学部教授兼学部長となり、1885(明治18)年の英吉利法律学校(現、中央大学)の設立には設立発起人の1人となった。また、1890年の第1回帝国議会では、勅選の貴族院議員となり、1893年からは民法典の編纂にたずさわり、1896年公布の現行民法の起草にあたった。1925(大正14)年10月には枢密院議長となるが、翌年の4月に没した。

1860年生れの陳重の弟穂積八束もドイツに留学し、おもに公法学を学んだのち、帝国大学法科大学(現、東京大学法学部)の教授となり、憲法学などを講じた。民法典論争に際しては、施行延期派の立場にたち、1891(明治24)年に「民法出デテ忠孝滅ブ」と題する論文を『法学新報』に発表し、施行の延期に大きな影響をあたえた。

児島惟謙生誕地 ❺   〈M ▶ P.195, 197〉宇和島市堀端町1
JR予讃線宇和島駅 🚶15分

大津事件の大審院長　護法の神

教会まで戻って約200m北進し、2つ目の交差点を右折して約80mで宇和島税務署である。この税務署前に大審院長(現、最高裁判所長官)をつとめた児島惟謙の生誕地を示す石碑がたっている。児島は、宇和島藩家老の家臣金子家に生まれた。幕末には討幕運動に加わり、3度脱藩、そのときに用いた変名の児島惟謙を、のちに本名とした。1871(明治4)年に司法省に出仕し、実務をとおして法律を学び、名古屋裁判所長・大阪控訴裁判所長などを歴任した。

1891年、大審院長に就任したその6日後、来日中のロシア皇太子ニコライ(のちのニコライ2世)が、警護の日本人巡査に負傷させられた大津事件がおきた。当時の第1次松方正義内閣は皇室に対する犯罪同様、犯人を死刑にするよう迫ったが、児島はこれを認めず、謀殺未遂罪を適用し、無期懲役の判決をくだした。これ以来、児島は「護法の神」とよばれるようになった。事件の翌年、司法官弄花事件(大審院判事の花札賭博事件)の責任をとって大審院長を辞任した。

児島惟謙の生誕地から道路を隔てて東側に、木屋旅館がある。こ

の旅館は1911（明治44）年の開業以来，多くの宿泊客から愛された。扁額・色紙が残る著名人は，政治家では初代南満州鉄道総裁・東京市長などを歴任した後藤新平，五・一五事件で殺害された首相犬養毅，また，国語学者の金田一春彦，作家司馬遼太郎・吉村昭ら，数えあげれば切りがない。

龍華山等覚寺 ❻
0895-22-1199

〈M▶P.195, 197〉宇和島市野川甲1157
JR予讃線宇和島駅🚶20分，または🚌薬師谷行ジェイコー宇和島病院前🚶5分

伊達家菩提寺の1つ　秀宗・宗城らの墓

　木屋旅館前の鉤型路を約300m東進し，2つ目の交差点を右折して，ゆるやかな上り坂を進み，さらに2つ目の交差点を左折すると，伊達家の紋の1つである三引両のついた楼門がみえる。ここが龍華山等覚寺（臨済宗），伊達家の菩提寺の1つである。1618（元和4）年，初代藩主秀宗は生母をとむらうためにこの寺を建立し，白雲山龍泉寺とよんだ。1658（万治元）年，秀宗の墓所となりその法名から浄妙山等覚寺となり，のちに山号が龍華山と改められた。近くの金剛山大隆寺（宇和津町）と同様，藩主の法名が寺名であるため，法名をよびすてにしないよう藩命により山号でよぶようになり，今でもこの両寺は山号でよばれることが多い。

　本堂左側奥の西側，墓所の一段高くなったところに多くの灯籠が配された墓がある。これが伊達秀宗と近臣4人の墓（県史跡）である。伊達政宗の庶長子である秀宗は，4歳のときから豊臣秀吉の人質となり，元服の際，「秀」の1字をあたえられた。のち徳川氏の人質となり，大坂冬の陣での功績が認められて，宇和島藩主となった。秀宗の墓の両側の少し小さな五輪塔は，殉死した近臣4人の墓である。この西側墓所には，4代藩主村年の墓もある。

　本堂裏には東側墓所があり，幕末期に軍備の近代化，蘭学・洋学の奨励につとめ，

龍華山等覚寺山門

伊達10万石の城下町―宇和島

薩摩藩主島津斉彬・土佐藩主山内豊信(容堂)・福井藩主松平慶永(春嶽)と並んで、「幕末の四賢公」と称された8代藩主伊達宗城並びに夫人猶子の墓(県史跡)がある。宗城は、幕末の将軍継嗣問題では一橋派で奔走したため、1858(安政5)年、安政の大獄で隠居させられたが、以後も公武合体派の中心として活動した。明治政府においても、議定職や外国官知事、民部卿や大蔵卿などに任ぜられ、1871(明治4)年には、全権大使として日清修好条規を締結した。ほかにも2代宗利・3代宗贇・6代村壽の墓がある。

金剛山大隆寺 ❼
0895-22-3832

〈M ► P.195, 197〉宇和島市宇和津町1-3-1 🅿
JR予讃線宇和島駅🚶25分、または🚌薬師谷行ジェイコー宇和島病院前🚶8分

秀吉像由来の寺
歴代藩主の墓

　龍華山の山門を背に、もときた道に戻り南東方向に約100m進むと、宇和津彦神社の石垣につきあたる。この神社は、藩政時代に藩の総氏神として伊達家の崇敬が篤かったところで、秋の例祭では仙台からもたらされた鹿踊りを源流とする、八つ鹿踊りが踊られる。

　この石垣を左折して約350mで、伊達家のもう1つの墓所金剛山大隆寺(臨済宗)に着く。この寺は、1608(慶長13)年に伊勢国へ移った藤堂高虎にかわって、伊勢国安濃津(現、三重県津市)から入城した富田信高が、父知信の菩提をとむらうために建立したもので、当時は金剛山正眼院といった。ここには富田知信・信高の画像(県文化)が所蔵されている(非公開)。知信は豊臣秀吉の近臣で、秀吉の死後、豊臣秀吉像(国重文)を描かせた。この秀吉像は幕末に同寺から伊達家に献上され、現在は宇和島伊達文化保存会の所蔵となり、模写が宇和島市立伊達博物館に展示されている。

　山門右手から本堂裏にまわると、伊達家の墓所である。まずみえるのが、初代

金剛山大隆寺山門

宇和島の祭り

コラム

祭

練り歩く牛鬼
迫力満点の闘牛

　宇和島市南部の海岸三浦地区の三浦天満神社祭礼の練り（県民俗）は，この地方の古来の練りの様式をほぼ完全な形で残し，10月19日の秋祭りには，集落ごとに「鹿踊り」「牛鬼」などさまざまな練りがみられる。

　鹿踊りは仙台・南部地方の鹿踊りに起源をもち，南予各地にみられるが，当地方だけが6拍子のリズムで踊られる。

　牛鬼は，鬼面に長い首，大きな胴体を動かしながら練り歩く。『枕草子』に牛鬼は「おそろしきもの」として書かれるが，この地方では悪魔払いの役割をはたし，和霊大祭や多くの神社の秋祭りに姿をみせる。

　三浦地区よりも西の遊子地区の津の浦集落には，いさ踊り（県民俗）が伝えられている。1856（安政3）年の『諫踊由来記』によると，海の難所であるこの地区では妖怪に悩まされていたが，丹後国（京都府北部）から「いさ踊り」を習い，盆踊りとして行ったところ，妖怪がでなくなったといわれている。

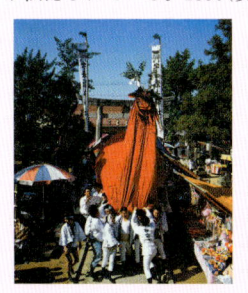

　その後も，踊りの中止を主張するものがあると，霊が取りついて継続を乞うたという。もともとは海上に3艘の船を横に並べて結び，うえに板を渡して踊っていたが，現在は8月15日に陸地で踊られている。

　このほか，神職による奏上という伝統がうけつがれている伊予神楽（国民俗）は，南予一円の神社の春祭りや秋祭りの際に奉納されている。また，巨大な牛が角つきあわせる闘牛は，和霊大祭の7月24日を含む年5回の定期大会が，市北東部の小高い丘のうえにあるドーム型の闘牛場で開催される。

牛鬼

闘牛

秀宗の夫人亀の墓（県史跡）である。富田信高によって建立されたこの寺が伊達家の菩提寺になったのは，肥前平戸藩主松浦静山の『甲子夜話』で，「三百諸侯中屈指の良主」と紹介されている5代藩主村候からのことである。村候は生前からの希望でこの寺に葬られた。

伊達10万石の城下町―宇和島

そして、寺名もその法名から大隆寺と改められた。村候のほかに、幕末に藩政改革を行い、8代宗城の開明路線の素地を築いた7代宗紀、最後の藩主9代宗徳の墓がある。

なお、山門正面の駐車スペースを西に向かって木々のなかを少しはいると、「おたまえさん」（和霊廟）とよばれている山家清兵衛の墓がある。暗殺された山家の遺体は有志によって、この地にひそかに埋葬されたといわれている。

西江寺 ❽
0895-22-0489
〈M ▶ P.195, 197〉宇和島市丸穂甲1140
JR予讃線宇和島駅🚶15分、または🚌出口行本町追手🚶5分

枯山水の庭園
賑わう閻魔祭

金剛山からきた道を戻り、宇和津彦神社から北進して3つ目の交差点を右折し、辰野川にかかる赤い橋を渡ると、西江寺（臨済宗）である。西江寺庭園（県名勝）は枯山水の様式で、江戸時代初期の作庭と考えられている。庭の正面奥は借景の手法を用いた築山で、庭の手前半分以上は芝生が占めている。本堂北側の墓地には、日本人による2番目の蒸気船製造を行った、細工職人嘉蔵こと前原巧山の墓がある。旧暦正月16日の閻魔祭には、村上天心作の閻魔大画像が拝観でき、大勢の人で賑わう。

高野長英居住地跡 ❾
〈M ▶ P.195, 197〉宇和島市新町2 🅿
JR予讃線宇和島駅🚶5分、または🚌出口行お茶撰橋🚶3分

蘭学者の隠れ家
長英逃亡の一場面

西江寺から辰野川沿いを約250mくだり、小さな公園で左折し、公園に沿った最初の信号を右折して北に約300m進み、信号のある交差点をこえて細い道路を左折すると、すぐ民家の前に石碑がたっている。ここが高野長英居住地跡である。

シーボルト門下の俊才とよばれた蘭学者高野長英は、1804（文化元）年陸奥国水

高野長英居住地跡

206　維新ゆかりの宇和島

伊達氏以前の宇和島

コラム

地域がまもる仏像 義経由来の大イブキ

　宇和島市内各地では、伊達氏以前の文化財もみられる。

　現存する最古の仏像は、市南部の薬師谷集落の集会所にある薬師如来立像(県文化)で、毎年8月7日、地域の盆行事の際に一般公開されている。平安時代の作といわれるケヤキの一木造で、保存の程度もきわめてよく、地域の人びとの手で大切にまもられている。

　市北部の和霊神社前を流れる須賀川を、国道56号線をこえて東にさかのぼると、愛媛女子短期大学の対岸に伊吹八幡神社がある。この拝殿前に2本のイブキの巨木がある。八幡神社のイブキ(国天然)は樹齢およそ800年といわれており、伊予守源義経が社殿を造営したとき、家臣に植樹させたものと伝えられている。

　また、この八幡神社には、舞楽に使われた面がある。「嘉元三(1305)年」の銘のあるこの舞楽面(県文化)は、散手面とよばれる武人面で、不定期ではあるが、宇和島市立伊達博物館に展示される。

　市の南西部宮下にある来応寺(臨済宗)は、戦国時代のこの地方の領主西園寺氏の菩提寺で、門前にある廟は、安土・桃山時代ごろの西園寺宣久の墓である。

沢(現、岩手県)に生まれた。1838(天保9)年に江戸幕府の外交政策を批判した『戊戌夢物語』をあらわし、翌年蛮社の獄で逮捕され、永牢処分をうけた。しかし、1844年牢舎の火災による「お解き放ち」を機に逃走し、諸国に潜伏した。1848(嘉永元)年、洋式兵学の導入に熱心な藩主宗城の招きでひそかに来藩し、伊東瑞渓という変名で藩士に蘭学を教授し、兵書の翻訳につとめた。また、御荘(愛南町)の久良砲台の設計も行った。滞在8カ月で幕府に探知され、1849年1月に宇和島を離れ江戸に戻るが、翌年幕吏に追いつめられ自刃した。なお、石碑の文字は、長英の故郷水沢出身の後藤新平のものである。

　高野長英の居住地から西に少し進み、最初の角を右にまがると穂積橋がある。「銅像にて仰がるるより　萬人の渡らるる橋になりたし」という穂積陳重の生前の志から名づけられた橋である。

伊達10万石の城下町—宇和島　　207

宇和島市立歴史資料館 ❿
0895-23-2400

〈M ▶ P.194, 197〉宇和島市住吉町2-4-36
P
JR予讃線宇和島駅🚶20分，または🚌赤松行住吉町🚶5分

明治時代の擬洋風建築宇和島藩の砲台跡

　穂積橋を北進して宇和島駅前の通りにでて左折，約180m進んで国道56号線と接する五差路の交差点を，56号線のバイパスである宇和島道路方向に進む。宇和島道路の高架のところで右折し，高架下を並行して道なりに進み，宇和島市総合福祉センターの交差点を左におれて進むこと約350mで，木造の擬洋風の建物がみえてくる。これが宇和島市立歴史資料館(国登録)で，1884(明治17)年に現在の市内広小路に建築された宇和島警察署庁舎である。設計者・施工者ともに不詳であるが，寄棟屋根の本棟にペディメント(三角型切妻屋根形式)を冠したバルコニーつき玄関や，縦長型上げ下げ窓などの外観はもちろん，小屋組(屋根をささえる骨組み)の合掌部にも洋風技術の利用がみられ，工事にたずさわった人びとの苦労と洋風建築への意気込みが伝わってくる。当時このような洋館は大変珍しく，見物の市民が列をなしたといわれている。なお，この建物は，1952(昭和27)年に南宇和郡西海町庁舎として移築され，1990(平成2)年まで使用された。強い保存の要望から取りこわされず，1992年に現在地に移して復元された。

　この建物の前の石垣の施設が樺崎砲台跡である。埋立てが進み，現在は海から距離があるが，1855(安政2)年の完成時には宇和島湾に面しており，5門の大砲がすえられて，藩の海防政策上重要な役割をはたしていた。8代藩主宗城の命による建造で，御荘の久良砲台に続くものであった。しかし，実戦能力は甚だ疑問で，1866(慶応

宇和島市立歴史資料館

維新ゆかりの宇和島

日振島

コラム

豊後水道の孤島
藤原純友の反乱の舞台

　JR宇和島駅から15分ほど歩くと宇和島港に着く。ここから高速艇にのり約50分で、豊後水道の中央に位置する日振島に着く。宇和島から西方22km、面積3.25km²の島である。足摺宇和海国立公園の特別地域として指定され、明海の日崎海岸には、1979(昭和54)年に南予レクリエーション都市の第6号公園が開設され、キョウチクトウやハマユウが美しく咲く浜辺は、夏には、海水浴の観光客で賑わっている。

　平地はほとんどなく、断崖に囲まれ、断崖の切れ目の入江にかろうじて小集落が点在しているくらいである。島の名は、同島で狼煙をたいたことによると思われ、神武東征のとき、この島から火をふって航路を示したので日振というとの伝承もある。

　日振島が歴史に登場するのは、10世紀のなかば、藤原純友がこの島によっておこした承平・天慶の乱によってである。1976(昭和51)年にNHK大河ドラマ「風と雲と虹と」が放映されて、純友とともに日振島も知られるようになった。

　純友は藤原家の傍系の出で、長じて伊予掾となったが、任期が終了しても帰京せず、そのまま土着して、みずから海賊団の首領としてその勢力をのばした。そのため朝廷は936(承平6)年、伊予守紀淑人に命じてこれを鎮定させたが、939(天慶2)年には関東の平将門の反乱に呼応するごとく、再びたち、その勢力は四国西端の豊後水道・宇和海から瀬戸内海一円におよび、一時は九州の大宰府をも占領した。

　しかし941年、朝廷が派遣した追捕使小野好古の軍勢に敗れ、伊予に逃げ帰ったが、警固使橘遠保に捕らえられ、その子とともに斬られた。

ハマユウの咲く海岸

藤原純友籠居之跡碑

2)年に、イギリス公使館の書記官アーネスト・サトウが来航したときの記録にも「実際の防禦よりも、むしろ見せかけのものだった」と記されている。

❷ 法華津峠から陣屋の町へ―吉田

大洲の城下とを結ぶ宇和島街道最大の難所法華津峠をくだると、伊達家3万石の陣屋町の佇まいを残す吉田に至る。

法華津峠 ⑪

〈M ▶ P.194〉宇和島市吉田町・西予市宇和町
JR予讃線卯之町駅🚌宇和島行江良🚶40分

つづら折りの峠道 眼下にリアス式海岸

国道56号線から宇和町の江良バス停より左手の旧道を進むと、宇和島街道最大の難所で、吉田町境にある法華津峠(標高436m)に到達する。峠は東西にのびる法華津山脈の鞍部にあたり、南東側は仏像構造線の断層が走り急斜面をなす。峠一帯は足摺宇和海国立公園に指定され、峠を南へ少しさがった崖のうえに展望台があり、段畑のミカン畑、法花津湾、リアス式海岸の宇和海の島々、さらに九州の山並みまでのぞむことができ、南予随一の景勝地である。この崖頭には、西村清雄の賛美歌「山路こえて」の歌碑がたつ。

1890(明治23)年以降馬車道に改修、1901年には県道、第二次世界大戦後国道56号線となり、車道は改修されたが悪路は続いた。1970(昭和45)年、中腹の標高約240mの地点に、法華津隧道(1320m)をはじめ、10本のトンネル(総延長2453m)を建設し完成した。新国道56号線は峠道の約半分の5.7km、所要時間も約10分に短縮された。今では、通行する車も訪れる観光客も少ない峠の法花津坂をくだると、現国道に合流する。

法華津峠

大乗寺 ⑫

〈M ▶ P.194, 211〉宇和島市吉田町立間1番耕地3661 Ⓟ
JR予讃線立間駅🚶15分、またはJR予讃線伊予吉田駅🚌大河内行大乗寺前🚶3分

JR立間駅から旧国道56号線を南下し、立間川にさしかかる手前を左折して立間小学校方面に、川沿いに10分ほどいくと、吉田郷一

の名刹大乗寺(臨済宗)がある。老杉並木の参道を進み，小門をくぐると天保山のうっそうとした森に囲まれた本堂がみえる。吉田藩初代藩主伊達宗純は，陣屋町造成とともに領内諸社寺の修復を志し，1658(万治元)年太昜禅師を中興開山として大乗寺を再建し，吉田藩伊達家の菩提寺とした。かつて，歴代藩主や一族の墓があったが，1956(昭和31)年の改葬で墓域が縮小整理され，宇和島藩初代藩主伊達秀宗の供養碑と初代宗純の墓碑および7代藩主宗翰の墓碑など数基を残すだけとなった。また，1671(寛文11)年の伊達騒動での政争に敗れ，吉田藩へ預けられた伊達兵部一族4人の墓石もある。なお，当寺は典雅な庭園や茶室，禅道場としても有名である。

吉田藩伊達家の菩提寺　伊達騒動兵部一族の墓

吉田藩陣屋跡 ⓭

〈M ▶ P.194, 211〉宇和島市吉田町御殿内
JR予讃線立間駅🚃宇和島行吉田町図書館前🚶3分

国道56号線をしばらく南下し，吉田市街地の最初の御殿内橋東交差点にさしかかると，右手前方に旧陣屋を模した吉田町図書館が目にはいる。交差点を右折し，国安川を渡ると吉田藩陣屋跡を示す石碑がある。

吉田藩は，1657(明暦3)年宇和島藩初代藩主伊達秀宗の5男宗純が，10万石のうち85カ村3万石を分知され創設された。陣屋町は，吉田湾奥の河内川と立間川が合流するヨシの群生する低湿な三角州や干潟の新田開発を行ったのち，約30万m²(約9万坪)の埋立工事を

吉田町の史跡

法華津峠から陣屋の町—吉田

吉田陣屋跡の石碑

伊達家3万石の陣屋町
吉田ふれあい国安の郷

して建設された。吉田の地名は、このヨシが群生する湿田という意からつけられたともいわれる。

また、立間川と河内川をつなぐ約50mの支流国安川と陣屋町を南北に二分する横堀川が人工的に開削された。陣屋は中世山城の石城南麓におかれ、国安川と河内川を濠として家中町と仕切られた。陣屋は廃藩後数年にして本館など多くの建物が撤去され、現在では御殿内の地名や長屋門の礎石の一部などを残すにすぎない。横堀川にかかる桜橋から上流の市街地が家中町で、家臣240余人の武家屋敷があった。今でも御家中とよばれ、南北に走る本丁通りを中心に城下町特有の丁字型や鉤型の街路が残る。

横堀川より南側が町人町で、南北に東から裡町・本町・魚棚の3本の通りと東西に3条の横丁が走る3町9カ丁の町割がほぼ今も残る。本町・魚棚には多くの豪商があり、なかでも魚棚には藩随一の御用商人、和紙などをあつかう法華津屋があった。また、職人町の裡町にはせまい道をはさんで長屋などが残る。

南端の海岸には藩の港である御船手があり、御用船の繋ぎ場や役所があった。当時、汐濡れした御船道具の洗い場にあてられた御用井戸跡が残る。

現在、旧家中町の吉田支所付近には、大正期の街路景観を伝える建造物が点在し、国登録有形文化財に2件指定された。旭醤油醸造場は大正時代の店舗と3棟の醸造蔵が残り、上甲家住宅は大正時代初期の切妻造平入の土蔵造の商家である。なお、魚棚にあった1859(安政6)年建築の豪商法華津屋の重厚な店舗部分は、陣屋跡西側の吉田公園から南へはいった谷あいにある吉田ふれあい国安の郷に1995(平成7)年、移築・復元された。武家屋敷、農家・漁師の家なども復元され、展示館では山車・牛鬼・ホタなど郷土の祭りを紹介し、三百有余年の陣屋町吉田の歴史や町並みを学べる施設である。

維新ゆかりの宇和島

安藤神社

安藤神社 ⓮

〈M▶P.194, 211〉宇和島市吉田町
東小路甲131
JR予讃線伊予吉田駅🚶10分

祭神は吉田騒動で自刃した家老安藤継明

　伊予吉田駅から北へ進み，横堀川にかかる桜橋より北へ100mほどで右手に安藤神社がある。吉田騒動の吉田藩家老安藤儀太夫継明を祭神として，1873（明治6）年安藤の旧邸内に継明神社を造営し，のち安藤神社と改称した。吉田騒動（武左衛門一揆）とは，藩の財政難打開のため紙の専売制を実施し，御用商人法華津屋と結び，資金貸しや紙買い取りを法華津屋に独占させたため，困窮した農民がおこした一揆である。1793（寛政5）年，専売制廃止などを訴願すべく宇和島藩中間村（現，宇和島市伊吹町）の八幡河原に集結した農民に対して，継明は死を決意して出向いたが，説得に失敗し，藩の責を一身に負い自刃した。これを機に，農民は11カ条の願書を提出して帰村。宇和島藩の調停もあり，11カ条の要求は全面的に聞き届けられ解決した。宇和島市八幡神社近くの須賀川土手には，安藤継明忠死の碑がある。

大信寺 ⓯

〈M▶P.194, 211〉宇和島市吉田町立間尻甲837
JR予讃線伊予吉田駅🚶6分

吉田藩主宗純の開基　宇和島藩献上の食籠

　JR伊予吉田駅をでて右手の踏切を渡り，公民館前をとおり，左におれると，1658（万治元）年吉田藩初代藩主伊達宗純を開基とする大信寺がある。本尊は阿弥陀三尊像。当寺には，宇和島藩伊達家から施入されたと伝えられる，食籠（県文化）がある。食籠は食物を盛る漆器で，高さ23cm・直径13cmの木製筒形，身三重のうえに蓋を重ね最下部に高台をつけている。黒漆塗り，これに室町時代末期から桃山時代にかけて流行した高台寺蒔絵の手法で，藤房が一面にあしらってある。上下の縁取りにある南蛮風の唐草模様は，伊達家の調度品に特有のものという。なお，初代藩主宗純の母が寺に埋葬されているため，戒名にちなんで常照院恵林山を寺号としている。

法華津峠から陣屋の町へ─吉田

③ 予土交易の郷—鬼北盆地

四万十川の支流広見川流域に広がる鬼北盆地は，のどかな農山村地域で，古くより予土交易の郷として豊かな文化を育んできた。

仏木寺 ⓰
0895-58-2216
〈M ▶ P.194, 216〉宇和島市三間町則273 P
JR予讃線宇和島駅🚌仏木寺行終点🚶1分

牛馬の守り仏大日さん
霊場唯一の茅葺き鐘楼

バスを下車するとすぐ，「大日さん」の名で親しまれる，四国霊場第42番札所仏木寺(真言宗)がある。仁王門をくぐり石段をのぼると右手に霊場唯一の茅葺き鐘楼が，左奥に本堂と大師堂がある。807(大同2)年，弘法大師(空海)がウシを引く老人に導かれ，クスの大木に宝珠を発見。霊地と感じ，クスで大日如来像をきざみ眉間に宝珠をおさめ，堂宇を建立したのが始まりで，のち牛馬家畜の守り仏として信仰を集めた。

吉田藩3代藩主伊達村信が，1728(享保13)年に建立した本堂には，本尊の木造大日如来坐像(県文化)がおさめられている。鎌倉時代中期の作で，高さ120.2cm，カヤの一木造の構造であるが，頭・体部をつうじて前と後ろ2材を寄せている。宝珠を頂き智拳印を結び，大振りの円形光背板があり，「建治元(1275)年」の墨書銘がある。大師堂には木造弘法大師坐像(県文化)がある。高さ87.5cm，ヒノキの寄木造で，僧衣に袈裟をかけ，左手に念珠，右手に五鈷杵をもつ。素朴で地方色が濃く，「正和四(1315)年」の墨書銘があり，鎌倉時代後期の作といわれる。

木造弘法大師坐像(仏木寺)

仏木寺から県道宇和三間線を成妙小学校をすぎ宮野下方面に約4km進むと，小高い山の中腹に四国霊場第41番札所龍光寺(真言宗)がある。元の本尊が稲荷大明神だった名残りの石の鳥居をくぐり，石段をのぼると本堂と大師堂が，さらにのぼると稲荷神社がある。地元ではお稲荷さんと親しまれている。

維新ゆかりの宇和島

正法寺観音堂 ⑰

〈M▶P.194, 216〉宇和島市三間町黒井地2285　P
JR予土線伊予宮野下駅🚶30分、またはJR予讃線宇和島駅🚌仏木寺行三間小学校前🚶25分

室町時代中期の唐様の本堂／児島惟謙の生母の墓所

　三間小学校前バス停から、町道黒井地線を北に向かい寺前橋を渡ると、右手の山裾にみえる赤屋根の堂宇が正法寺（真言宗）である。石段をのぼると境内北寄りに、本堂の観音堂（県文化）がある。観音堂は方三間、宝形造茅葺き（鉄板包み）、内部一室の仏堂で須弥壇を設け、入母屋造の厨子（県文化）を安置する。

　1711（宝永8）年に、屋根や壁の大修理をした際の後補材を取り去るとほぼ純粋な唐様の仏堂となり、室町時代中期の建立とされる。柱は上下を丸くすぼめる粽の手法をほどこし、大瓶束、頭貫の拳鼻、出組の詰組といった唐様の細部は正統で、全国的にも現存例の少ない中世の唐様建築である。

　本尊の如意輪観音像をおさめる厨子も本格的な唐様で、室町時代後期の造立。細部は当時の瀬戸内地方の形式を示す。なお、大津事件で知られる児島惟謙の生母の墓がある。

正法寺観音堂

大森城跡 ⑱

〈M▶P.194, 216〉宇和島市三間町小沢川
JR予土線伊予宮野下駅🚶30分・山頂まで🚶40分

吉田藩の在町宮野下／土居清良の中世山城

　JR伊予宮野下駅から北へ200mほど歩くと、三間支所を中心に東西に宮野下の街村がのびる。738（天平10）年大三島から三島神社が勧請され、その鳥居前町の形成が起源という。その後、吉田藩の在町として計画的な町割がほどこされ発展した。三島神社西隣の白業寺には、1846（弘化3）年の宮野下の町並みを示す絵図が残る。

　宮野下の町並みをぬけ線路沿いの県道を東へ進むと、左手にみえる標高319m・比高差160mの独立丘陵上に大森城跡がある。山頂へは、城跡の北側に位置する宇和島市コミュニティバス停の鬼ヶ峠か

予土交易の郷—鬼北盆地

伊予宮野下駅周辺の史跡

ら、左手の竹林をぬけてのぼることができる。戦国時代に活躍した武将土居清良の山城で、急峻な地形を利用して山頂に主郭、東西斜面には郭を配置し、土塁・石塁・竪堀・堀切・石落しなどの中世山城の遺構を今に残す。

土居清良は、大森城主として豊後大友氏や土佐の一条・長宗我部氏らと戦ったが、一度も攻め込まれなかったと、土居氏の軍記物『清良記』に記されている。『清良記』は全30巻からなり、第7巻の『親民鑑月集』は清良の招いた松浦宗案の手による農書といわれる。三間川をはさんだ対岸の土居中は豪族屋敷村で、その山麓には遺徳をしのんで建立された清良神社がある。

旧庄屋毛利家住宅 ⑲

〈M ▶ P.194, 216〉宇和島市三間町是能419
JR予土線伊予宮野下駅🚌仏木寺行石ヶ鼻🚶20分

鍵屋づくりの角屋座敷
貴重な旧庄屋建物

県道宇和三間線の仏木寺と龍光寺の分岐点となる石ヶ鼻バス停から西へ1.3km進み、是能にはいると吉田への街道沿いに旧庄屋毛利家住宅がある。毛利家は吉田藩旧是房村の庄屋で、屋敷は三方を山の緑に囲まれ、街道より見上げる正面には、頑強な石垣のうえに白壁

旧庄屋毛利家住宅

維新ゆかりの宇和島

鬼北地方の民俗芸能

コラム

芸

保存会により古き伝統をうけつぐ芸能

伊予神楽(国民俗)は、北宇和郡や宇和島市の各神社の春夏の祭りに舞われ、別名男神子神楽ともよばれ、神職のみで奉納される。宇和島市伊吹八幡神社に、1738(元文3)年神主渡辺応曹編『伊予神楽舞歌並次第目録』が残され、35番の神楽の説明があるが、現在の神楽は当時とほぼ同じで、古い形態が多く残されており、文化遺産としての価値が高い。

1963(昭和38)年には、古文書をもとに装束調度類が新調され、現在は伊予神楽神奈会が組織され、保存活動が進んでいる。

宇和島市三間町曽根の天満神社では、天満花踊り(県民俗)が、9月1日に、魂を鎮め子孫繁栄と五穀豊穣を祈り踊られる。天正年間(1573～92)、土佐の長宗我部元親に討たれた歯長城主の霊をとむらうためにはじめられたという。城主の鼻を取ったので鼻取り踊り、転じて花踊りとなった。高知西部から南予に伝わる太刀踊りに属し、演目は14種類ある。少年がたたく太鼓と古老たちの歌にあわせ、白紙の垂をつけた長柄の太刀や鎌をもち踊る姿は、勇壮可憐である。

北宇和郡鬼北町に鬼北文楽人形頭・衣裳道具一式(県民俗)が伝わる。もとは1935(昭和10)年、泉村(現、鬼北町)の毛利善穂らが1897(明治30)年ごろに、淡路(兵庫県)の上村平太夫一座が売却した人形・道具一式を買いうけ、泉文楽の名で活動をはじめ、1953年まで公演していた人形座のもので、のち鬼北文楽と改称した。

その後活動は途絶えたが、人形頭は火災で損傷をうけながらも修理され、天狗久(天狗屋久吉)作の頭7体を含む39体が残った。由緒ある人形頭25体は、鬼北町町民会館ロビーに展示され、1987年には鬼北文楽保存会が組織され、公演活動が再開されている。

鬼北町清水の天満神社には、11月3日の祭礼に奉納される五つ鹿踊り(県民俗)が伝わる。鹿踊りは、1615(元和元)年伊達政宗の長子秀宗が宇和島に移封されたおり、東北地方の獅子踊りを藩内に広めたのが始まりという。獅子踊りの一種で、豊猟を祈願した祭祀儀礼から発展した。

保存会のある清水下組では、歌い手は笛の伴奏で長唄に続いて歌詞をとなえ、踊り手は、雄鹿4人と雌鹿1人が太鼓を抱えて打ちながら踊る。歌詞・服装は東北地方の獅子踊りに似るが、鹿頭の形、唄の旋律、踊りの形態には南予独自の風情がある。

の長屋門を配する。1333m²の敷地に、茅葺き寄棟造の母屋を中心に中庭をはさみ、東に米蔵、西に納屋があり、一段さがった南側に瓦葺き切妻造の長屋門がたつ。母屋は1753(宝暦3)年の建築。鍵屋

とよばれる建て方で，東端の一部が直角に突きでた角屋座敷という貴重な建物である。毛利家を守る会により，1998(平成10)年に母屋の茅葺き替え工事が行われ，江戸時代の庄屋屋敷として250年の歴史をきざんだ品位と風格を今に伝える。

旧等妙寺跡 ⑳ 〈M▶P.194〉北宇和郡鬼北町中野川1035
JR予土線近永駅 🚶60分

後醍醐天皇の勅願寺 天台宗山岳寺院の遺構

　JR近永駅から南へ約2kmの中野川集落を市の又川沿いにのぼり，道が三方に分かれる地点で，左手の橋を渡り，砂利道の林道を1kmほどのぼると，鬼ヶ城山系郭公岳中腹から麓にかけて旧等妙寺跡が広がる。1994(平成6)年からの発掘調査で，標高約340m，集落との比高差約200mのゆるやかな山腹に天台宗山岳寺院跡が確認された。曲輪となる削平地が20余りあり，西側には最大の広さをもつ如意顕院跡，眺望のよい北側の台地には智光院跡，東側の谷には11余りの坊院跡や墓の畦といわれる集石墓がある。また，石積・礎石・柱穴などが数多く確認され，ルソン壺・青磁・白磁など中国からの陶磁器や備前焼の甕，宋銭，和釘なども出土した。

　『宇和旧記』によると，開基は1320(元応2)年淡路島(現，兵庫県)出身の理玉和尚で，本尊は如意輪観音像。西園寺宣房の庇護を経て10年後には12坊まで造営され，末寺も72カ寺を数えた。理玉和尚は1331(元弘元)年上洛し，後醍醐天皇から勅願寺と定められ，天下四箇寺・四戒場の1つとなり，京都の名刹法勝寺の法系下におかれた。その後寺運はますます栄えたが，豊臣秀吉の四国征討後，1587(天正15)年戸田勝隆の宇和郡入りにより寺領を没収。1588年には天火のため12坊を含む伽藍は焼失したという。

　なお，焼失後の1590年，芝村(現，鬼北町芝)の鎌田正秀により山麓の芝に再建されたのが現在の等妙寺(天台宗)である。

岩谷遺跡 ㉑ 〈M▶P.194〉北宇和郡鬼北町岩谷511-2
JR予讃線近永駅 🚌日吉方面行岩谷橋 🚶5分

縄文時代後期の環状列石や組石を配した祭祀遺構

　JR近永駅から国道320号線を日吉方面へ進み，岩谷橋バス停から左手へはいり泉小学校前をすぎると，岩谷遺跡の案内板がみえる。縄文時代後期の遺跡で，広見川沿いの河岸段丘上に上下2段に分かれて分布する。

1976(昭和51)年からの発掘調査で多数の土器・石器とともに，下段から直径4.5mの環状列石や組石などの配石遺構が確認された。広見川での豊漁を祈念した祭祀遺構と考えられ，西日本では数が少なく貴重な遺跡で，祭儀用とみられる石製装飾品(ペンダント)も出土した。出土した縄文時代後期の土器片5000点，さらに打製および磨製石斧や姫島産黒曜石の石鏃など石器167点は，遺跡近くの鬼北町泉公民館に保管・展示されている。

善光寺薬師堂 ㉒

〈M ▶ P.194〉 北宇和郡鬼北町小松1557　P
JR予讃線宇和島駅 日吉方面行三島診療所前 5分

　岩谷橋から日吉方面に国道320号線を進むと，三島診療所前バス停前の西の高台に善光寺(曹洞宗)がある。1451(宝徳3)年の開山で，長い坂道をのぼると，境内に仏堂の薬師堂(国重文)がたつ。薬師堂は，室町時代の禅宗様式の特徴を備えた三間堂の建造物で，屋根は方形造茅葺き，堂内中央の四天柱は，平安時代以来の一間四面堂の伝統を継承する。

善光寺薬師堂

　1982(昭和57)年の復元修理の際，「文明十五(1483)年」の墨書銘が発見された。堂内には，四方一間，入母屋造・板葺きの禅宗様の厨子(国重文)があり，本尊である高さ70cm，ヒノキの寄木造で鎌倉時代の作といわれ，「正平十三(1358)年」の修理銘がある木造薬師如来坐像がおさめられている。境内からは平家伝説の山，戸祇御前山(標高946m)がのぞめる。

室町時代の禅宗様式の茅葺き仏堂と厨子

広福寺遺跡 ㉓

〈M ▶ P.194, 221〉 北宇和郡松野町延野々1962
JR予土線松丸駅 12分

　JR松丸駅から広見川にかかる大門橋を渡り北進すると，河岸段丘上に広福寺(真言宗)がある。阿弥陀堂には木造阿弥陀仏坐像が安置されている。「正応三(1290)年」の修復銘があり，町内唯一の鎌倉時代作の仏像である。

旧石器時代からの遺物住居・寺院跡の遺構

予土交易の郷―鬼北盆地

1987(昭和62)年から寺院前の畑地における発掘調査で、平安時代末期か鎌倉時代初期の寺院跡遺構や、縄文時代前期に比定される石鏃と柱穴の検出により、竪穴住居跡と推定される遺構が確認された。この遺構は広福寺遺跡とよばれ、旧石器時代からの生活の場があったと考えられ、旧石器の遺物に比定される尖頭器(ポイント)・削器(サイド・スクレイパー)、そして大小の剝片が数多く出土した。

河後森城跡 ㉔ 〈M▶P.194, 221〉北宇和郡松野町松丸1600
JR予土線松丸駅🚶15分

県内最大級の中世山城 現地で学べる史跡公園

　JR松丸駅南方にみえる独立丘陵上に、河後森城跡(国史跡)がある。駅前を左折し松野町役場へ向かい、案内板にしたがい山道をのぼると、15分ほどで標高約172m・比高差約88mの頂上へ着く。おもに15〜17世紀初めにかけて機能した愛媛県内最大級の中世山城で、当地方の領主河原淵氏の城跡である。四万十川の支流広見川をはじめ、三方を河川にまもられた独立丘陵上に築かれ、尾根筋を削った平坦な曲輪跡が、谷となった風呂ヶ谷を囲む馬蹄形の山城である。城跡は古城・本郭(本城)・新城の3郭から構成され、本郭を中心に、西には9つの曲輪が、東には古城の大規模な平坦地が、さらに南には新城がある。

　1988(昭和63)年からの発掘調査で、各曲輪には掘立柱建物・柵列・土塀・門などに伴う多数の柱穴跡、本郭の西南部には城への出入口の虎口、風呂ヶ谷には井戸跡を確認した。中国産の青磁・白磁、備前焼の瓶・壺などの陶磁器や、石臼、硯、鉄製の短刀・釘、銅銭、鉛弾なども出土した。さらに瓦の出土も多く鯱瓦も検出され、1604(慶長9)年に宇和島城の月見櫓として移築されたという天守の存在の可能性も推定できる。

　1999年から12年計画で環境整備事業がはじまり、中世山城の建物・門・道・土塁・堀切などの表示を進め、当時の生活の姿を現地で学べる史跡公園をめざしている。

　城跡下の松丸は、江戸時代に宇和島藩の在町として町割がなされ、伊予と土佐交易により栄えた。国道381号線から南へはいった松丸街道には、商家や造酒屋などの旧家が今に残る。昭和時代初期の俳壇に彗星のごとくあらわれた芝不器男の生家もあり、芝不器男記念

河後森城跡

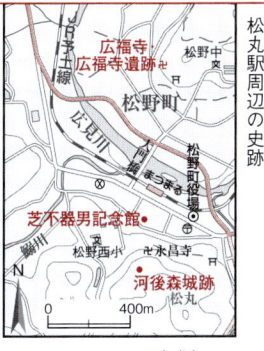

館となっている。27歳の短い生涯であったが、「あなたなる　夜雨の葛の　あなたかな」をはじめ清冽な青春の叙情句を多く残した。また、国道381号線を東進し広見川を渡ると、吉田藩の在町である吉野に至る。三間幅の直線道路に沿い、間口4間・奥行16間分の計画的町割がなされ、土佐との要地にあり、明治時代まで物資の集散地として栄えた。

目黒ふるさと館の山形模型 ㉕

〈M▶P.194〉北宇和郡松野町大字目黒684-2
JR予土線松丸駅🚌森の国バス・目黒方面行ふるさと館前🚶3分

松野駅周辺の史跡

江戸時代の山境争いを知る木彫りの山形模型

　松丸から県道を滑床渓谷方面に向かい、目黒隧道をこえると松野町立目黒ふるさと館がある。その土蔵造の展示室に目黒山形模型（県文化）が公開されている。1658（明暦4）年からの吉田藩目黒村と宇和島藩次郎丸村（現、松野町豊岡）の山境争いにからみ、目黒村が1665（寛文5）年に幕府の裁定を仰ぐ資料として作製した山形模型で、そのしたに敷く村落などを記した敷絵図と組み合わせになっている。

　イチョウの木に山形を彫り込み、山や谷などが表現され、材のうえに胡粉を塗り彩色面をつくり、山地は濃緑、平地は黄土色、道は赤線、河川は藍色、集落は家の形で示し、地名は白文字で書かれる。6つに分割できる組立式で、縮尺は5900分の1、全体で縦190cm・横262cmの大きさがあり、当時の測量技術の高さがうかがえる。

　なお、測量記録である分縮帳、江戸幕府が境界を定めて申し渡した裁許絵図とその取扱記録も残り、江戸時代の山境争いの実態を知る貴重な資料といえる。

予土交易の郷―鬼北盆地

④ 宿毛街道に沿って―南宇和

土佐へつうじる宿毛街道沿いの南宇和地方には，伊予第一の札所観自在寺を中心に，歴史的な見どころが散在している。

柏坂遍路道 ㉖

〈M ▶ P.194〉 南宇和郡愛南町柏
JR予讃線宇和島駅🚌宿毛行柏🚶7分

遍路道の難所
地元の有志により復活

　柏バス停から，柏川右岸の道を約500m上流に進むと，柏坂遍路道の登り口がある。愛南町の柏地区から旧宇和島街道へとつうじる標高460mの急勾配の坂道である。1919（大正8）年の海岸回りの幹線道開通まで，地域住民の生活道・交易道であり，また多く「遍路」が歩いた険しい山道である。

　柏川右岸の道を進むと，山崎橋のたもとに柏坂越えの里程を示した自然石の道標があり，「坂上二十一丁　よこ八丁　下り三十六丁」ときざまれている。登り口から標高350mの柳水大師堂のある柏坂休憩所まで約1.7kmの道程である。柏坂最高峰の大師峰は標高502m，つわな奥展望台からは，眼下に宇和海に浮かぶ由良半島や竹ヶ島が手にとるように鳥瞰できる。

　海岸部をとおる現在の国道56号線が整備されるにつれ，柏坂をとおる人は減少し，道は荒廃していたが，旧内海村や「柏を育てる会」の人たちの懸命な努力によって生き返った。この道は現在，国土交通省などの選定「四国のみち」に指定されており，毎年ウォーキングイベントが開かれている。

柏坂遍路道標石

観自在寺 ㉗
0895-72-0416

〈M ▶ P.194, 223〉 南宇和郡愛南町御荘平城2253-1　Ｐ
JR予讃線宇和島駅🚌宿毛行平城札所前🚶2分

　平城札所前で下車し，札所前信号交差点を左折すると，御荘湾と町並みを南にのぞむやや小高くなった海岸段丘上に，観自在寺（真

観自在寺山門　　　　　　　　　　　　　　　　　　　　　　　観自在寺境内

言宗)がある。この寺は，四国霊場第40番札所であり，1番札所からもっとも遠いため，「四国霊場の裏関所」とよばれている。愛媛県内では最初の札所となっていて，参道の両側に並ぶ商店の屋並みも，かつては門前町として繁栄したものである。

　この寺の開基については，弘法大師が平城天皇の勅願によって，807(大同2)年，1本の霊木から本尊の薬師如来と脇侍の阿弥陀如来，十一面観世音菩薩の3体をきざんで安置し，七堂伽藍を建立したものとの言い伝えがある。中世の南宇和地域の開発は観自在寺が行い，のちに租(税金)の免除のため，比叡山延暦寺に庇護をたのみ，寄進，荘園化したものとされる。鎌倉時代の1229(寛喜元)年には，延暦寺(天台宗)のしたにある勝蓮華院が観自在寺領を所領としていたが，建武新政下の1335(建武2)年，比叡山の門跡領が統合され，青蓮院門跡領となった。

　現在の南宇和地域を古くから御荘(御庄とも書く)とよぶのは，この地が青蓮院門跡領の荘園で，「観自在寺御荘」と尊称されていたが，のち寺号を省き御荘と称するようになったからである。1959(昭和34)年の火災で本堂を焼失したが，1964年に大師創建時の姿に復旧された。

　現在の山門は，1910(明治43)年観自在寺が焼失したあと，町内の大工が大師信仰による大病全快の礼として，1911年に建立した。総欅材を用い，地上から屋根まで約7m，幅

四国霊場の裏関所　第40番札所

愛南町の史跡

宿毛街道に沿って―南宇和

6mの堂々たるものである。山門の天井には，直径1mほどの珍しい方角盤がある。干支の絵で方角を示した巡拝者用の案内板と思われる。中央にカメが描かれ鬼門にあたる東北の方向を向いている。

平城貝塚 ㉘ 〈M ▶ P.194, 223〉南宇和郡愛南町御荘平城
JR予讃線宇和島駅🚌宿毛行平城札所前🚶5分

縄文時代後期の貝塚 日本最古の貝笛出土

僧都川河口付近は，御荘湾とそれに続く遠浅の広い干潟を備え，海・山からの安定した食糧の確保ができる恵まれた生活場所であったため，多くの遺跡がみられる。それらの遺跡のなかで代表的なのが平城貝塚（県史跡）である。

平城札所前で下車し，札所前交差点を東に進み商店街の路地を右折すると，平城貝塚がある。この貝塚は1891（明治24）年に発見され，1954（昭和29）年に最初の学術調査が行われたあと，たびたび発掘調査が行われている。調査地点のすべてが平城商店街の中心に位置していたため，店舗や住宅の建て替え工事のわずかな期間を利用しての調査となった。出土遺物の土器編年は，縄文時代早期から晩期までのものが連続的に出土しているが，大量に出土するのは縄文時代後期中葉のものであり，放射性炭素^{14}C測定法によって，約3300～3900年前のものとされている。

出土する土器の特徴から，瀬戸内および九州の文化圏という，かなり広い地域との文化交流があったことをうかがい知ることができる。また，高知県の宿毛貝塚（国史跡）との年代的な連続性も確認されている。その規模の大きさ，出土遺物の量とともに，県内に比類

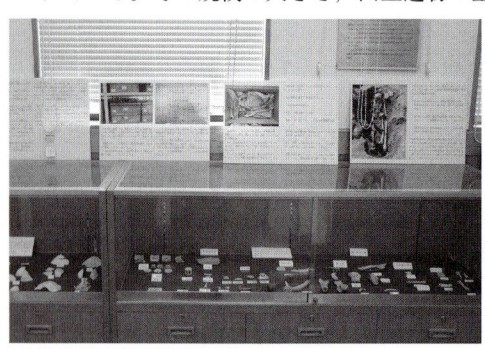

平城貝塚出土品（平城公民館）　　　　　　　　　　　　平城貝塚記念碑

維新ゆかりの宇和島

のない貴重な遺跡である。ここから出土したものは，現地から200m東の平城公民館に展示されており，見学できる。調査地には平城貝塚の位置を示す記念碑がたてられている。

常盤城跡 ㉙
0895-72-1011

〈M ▶ P.194, 223〉 南宇和郡愛南町 城 辺甲1782 P
JR予讃線宇和島駅🚌城辺行終点 🚶 5分

南宇和領主の本城跡　長宗我部軍により落城

観自在寺から旧国道56号線を東へ約2km，城辺市街を見下ろす諏訪山(標高40m)に常盤城跡がある。戦国時代，御荘殿とよばれた南宇和の領主勧修寺氏が，平城から郡の中心地である諏訪山に移り，城を築いた。これが当城である。常盤城とも，山の形から亀が城ともよばれた。城辺という地名は，城の辺，つまり城の辺りという意味である。本城守備のため，緑城，鳶巣城，猿越城などの枝城を築いたが，土佐の長宗我部軍の侵攻にたえていた御荘勢も，つぎつぎに枝城を奪われ，1584(天正12)年，ついに落城した。

常盤城跡は，現在諏訪公園として町民の憩いの場所となっており，諏訪神社(祭神大国主命)がまつられている。本城のすぐ近くの山に築いた枝城が大森城である。現在は南レク城辺公園となり，当時の面影は少ないが，空堀や狼煙台，土塁の跡が一部残っている。

さらに南の久良漁港近くの天巉の鼻に，幕末の蘭学者高野長英築造の台場跡(県史跡)がある。江戸幕府に追われる身となった長英が，宇和島藩8代藩主伊達宗城によってかくまわれたとき，海岸の要地深浦湾の入口に築く砲台の設計を命じられた。設計書をつくり工事にかかったが，幕府に所在を知られたため，1849(嘉永2)年に宇和島を去り，翌年幕吏に追われて自害した。

砲台は，海面から20mあまりの断崖のうえに土塁を築き，2門のシャクリウチ砲(火縄使用)であったが，のちに雷管打ち砲(雷管使用)に改良された。1989(平成元)年，長英自筆の「砲場土図」「久良砲台絵図」

常盤城跡(左)と大森城跡

宿毛街道に沿って—南宇和

など多数の砲台場関係資料が発見された。砲台場の土塁は、長年の風雨により変形したが、幕末の砲台場を代表する貴重な史跡である。

宇和海海中公園 ㉚

〈M ► P.194〉南宇和郡愛南町鹿島
JR予讃線宇和島駅🚌宿毛行平城札所前乗換え外泊行船越🚶1分⛴20分

宇和海海中公園の中心、鹿島(左奥、右手前の島は三ツ畑田島)

日本初の海中公園
宇和島藩の狩猟地の島

　愛南町鹿島を中心とする宇和海海中公園は、「海のお花畑」とよばれるほど熱帯魚やテーブルサンゴが美しい。日本最初の海中公園の1つとして、1970(昭和45)年に指定された。鹿島は宇和島藩伊達家の狩猟地であったため、番所をおき一般人の立入りを禁止していたので、今でも動植物が豊かな自然公園となっている。亜熱帯植物が繁茂し、シカとサルがよく人になれて生息している。周囲約6kmのこの島は、貴重な観光地となっており、愛媛で唯一環境省選定「日本の水浴場八十八選」(2001〈平成13〉年)にも選ばれている。

文化の里外泊 ㉛

〈M ► P.194〉南宇和郡愛南町外泊　Ｐ
JR予讃線宇和島駅🚌宿毛行平城札所前乗換え外泊行終点🚶1分

「石垣の里」「文化の里」
石垣に囲まれた集落

　鹿島の対岸には、県指定「文化の里」、石垣の里として有名な外泊地区がある。せまい山腹の急斜面に石垣にまもられた家々がたち並んでいる。小規模な集落だが、一軒一軒が軒の高さまでの石垣に囲まれている。西浦湾から吹きつける冬の季節風や高潮を防ぐ目的でこのような構造になった。建て替えによって建物は新しくなったが、石垣はほとんどが昔のままである。

　この地区は、隣の中泊地区の住民の2男・3男が、分家しても家をたてる場所がないという事情から、その解決策として開発され

維新ゆかりの宇和島

外泊の石垣

たものである。全戸入居したのは1879(明治12)年ごろとされ、その年の戸籍によると47戸あったようである。比較的風の弱い中泊は住宅が改築される都度、石垣を取りのぞいていったが、強風にさらされてきた外泊は、取りはらうこともできず、今日、民俗資料として全国に名を知られるようになった。1994(平成6)年に日本の美しい村コンテストで「農林水産大臣賞」を受賞している。

松尾峠 ㉜ 〈M▶P.194〉南宇和郡愛南町小山
JR予讃線宇和島駅🚉宿毛行一本松🚶登り口まで60分，登り口から峠まで🚶60分

土佐・伊予間の難所　宿毛街道の主要道

南宇和地域における，藩政時代の伊予と土佐との往来は，松尾峠(標高310m)をこえる宿毛街道が許された唯一の陸路であった。松尾峠をこえる遍路は，土佐藩の松尾坂番所で通行手形を改められたあとに国境の松尾峠をこえた。伊予宇和島領にはいると，小山村(現，愛南町小山)に井戸の遺構が残る，1650(慶安3)年設置の宇和島藩小山番所跡がある。

1929(昭和4)年に旧宿毛トンネルが完成し，さらに1935年一本松・宿毛間の道路が開通し，人の流れがかわった。現在，この松尾坂越えの山道は，国土交通省などの選定「四国のみち」に指定され，自然歩道として整備されている。小山地区の登り口から松尾峠まで，約1.7kmの上りの道は，ほとんどが急坂である。峠の東側には昭和時代初期まであったという2軒の茶屋跡があり，その近くに松尾大師堂跡がある。現在峠にはあらたな大師堂が再建され，2001

松尾峠の領界石

宿毛街道に沿って―南宇和

(平成13)年12月に落慶法要を行った。

峠東側に、土佐藩建立の「従是東土佐国」、西側に「従是西伊豫国宇和島藩支配地」の領界石がある。

ここから約100m西に進むと、藤原純友城跡がある。松尾峠から愛媛側の約1.5kmが、「伊予遍路道　観自在寺道」として、2018(平成30)年に国史跡となった。

篠山神社 ㉝　〈M ▶ P.194〉南宇和郡愛南町正木3041
JR予讃線宇和島駅🚌120分、駐車場から🚶30分

山岳信仰の霊地　四国霊場の番外札所

旧一本松町広見地区の札掛には、観自在寺の奥院であった篠山観世音寺の前札所である、篠山神社一の鳥居と小さな社がある。篠山神社は正規の札所ではないが、奥院である観世音寺とともに参拝する人が多かった。しかし、篠山神社は標高1065mの山頂近くにあり、そこへ至るのは難路であったことから、札掛で篠山神社の御札をおいて遙拝すれば、篠山を参拝したとされるようになった。札掛という地名の由来であるという。

ここから町道国立公園篠山2号線を東にいくと、増田地区に増田の花取り踊り(国選択・県民俗)で有名な安養寺(浄土宗)がある。ここには高山尊神という神がまつられ、土地の人びとは「高山様」と称して敬い、旧暦7月11日には古式そのままの踊りがおごそかに行われている。明治時代初年の神仏分離令にもかかわらず、今もそれが続いている珍しい例である。

さらに峠をこえ、正木地区の篠川沿いを県道篠山公園線に沿って北に進むと、篠山が真正面にみえる。旧道にはいると、正木の旧庄屋蕨岡家がある。蕨岡家は、篠山神社開創以来もっとも関係が深く、古来篠山神社の加護によって長く栄えた家とされ、「戸たてず

篠山神社一の鳥居

戸たてずの庄屋

コラム

伝

篠山の天狗伝説

「戸たてずの庄屋」については『伊予の伝説』につぎのような伝えがある。

正木の旧庄屋蕨岡家の庭には，枝の張りも大きく，樹形の美しさもすばらしい2本のクスがある。昔，このクスにとまって悪さをしていた篠山に住む天狗を，当主が矢で射落として，その翼をとってしまった。当主がその翼を返してやると，天狗は，「お礼に子々孫々にわたり，この家に泥棒がはいらないようにしよう」といい残して篠山に飛び去った。

その後，泥棒がいったが，でようとして敷居までくると体が動かなくなった。以来，泥棒がはいらなくなり，蕨岡家ではいっさい戸を閉めないことから，人びとは「戸たてずの庄屋」とよび，敷居を削って盗難除けのお守りにしたという。

の庄屋」として知られている。暴風雨以外は夜も戸を閉めないが，盗難にあったためしがないという。その敷居は盗難除けの護符として篠山神社の参詣者が削りとってもち帰っていた。蕨岡家の隣には，正木の花とり踊り（県民俗）で有名な歓喜光寺（曹洞宗）がある。

篠山神社二の鳥居がある御在所から，篠山山頂まで約6kmの遍路道は急な尾根道であるが，現在は篠山の駐車場までの自動車道はよく整備されている。しかし，ここから篠山神社や頂上までの登山道約1kmは，急峻な道である。篠山神社（祭神伊弉冉命ほか）は，ササの密生する原生林に囲まれている。その開基はつまびらかではないが，篠山神社が熊野権現系であることは，地元でも古くから信じられている。かつては篠山（笹山）権現といわれていたが，1871（明治4）年に改称した。

篠山神社は，御荘の観自在寺と神仏習合の関係にあり，篠山神社の神宮寺といわれる篠山観世音寺（真言宗）は，観自在寺の奥院としての性格をもった寺であった。観世音寺は頂上から約300mくだった位置にあり，四国霊場の番外札所

篠山をのぞむ

宿毛街道に沿って―南宇和

でもあった。しかし，明治時代にはいると，神仏分離令により廃寺となった。

　篠山神社三の鳥居をくぐり，108段の石段をのぼると篠山神社の社殿がたっている。社殿の裏側の小高い場所が篠山の山頂である。アケボノツツジの群落が有名で，春にはいっせいに開花する。山頂の広場には，予土国境の領界石がたち，国境の目安とされた矢筈の池がある。山頂からは，眼下に沖の島(高知県宿毛市)や，遠くは九州の山並みまで眺望できる。

あとがき

　山川出版社より新全国歴史散歩シリーズ改訂企画が示され，愛媛県高等学校教育研究会地理歴史・公民部会が依頼を受けたのが2002（平成14）年2月であった。部会では早速，当時の歴史部門の役員・支部長を中心に7月に第1回準備検討会を開き，会則の制定・執筆委員の選定にあたった。委員の先生方に委嘱して執筆メンバーを編成したのは2003年4月である。7月26日に第1回編集委員会が開かれ，山川出版社より改訂の趣旨・執筆要綱の説明がなされた。全面的な改訂，従来の歴史散歩と多少違う，専門性を持たせながら読者が読みやすく，わかりやすい内容にしていく趣旨も確認された。また編集方針として，国・県指定の重要文化財をできるだけ掲載することとし，とにかく現地に赴いて調査・確認のうえ執筆することにした。

　その後執筆作業に入り，2004年2月の第2回編集委員会で執筆経過・問題点などが話し合われ，原稿提出を8月末と決定した。さらにテーマ性を持たせるか，あるいは地域性を持たせるかが議論され，最終的に地域性を持たせた散歩コースに沿って執筆することに決定した。この論議により一部の執筆委員には迷惑をかけてしまったが，その後の3度にわたる編集会議を経て原稿提出の運びとなった。

　本書をご覧になって他県との違いがわかると思うが，愛媛県の節見出しは歴史的・地理的・文化的なテーマで表現し，サブタイトルとして市・町などの地名をいれることとした。また全面改訂の方針で執筆を行ったが，史跡・文化財などの歴史的遺産は今も変わらず残されており，1991年版の『愛媛県の歴史散歩』などを引用させていただいた。本書を歴史探訪のガイドブックとして活用いただき，少しでも役に立てるなら幸いである。

　最後に，本書の出版にあたって，写真・資料などを提供していただいた県・市町村教育委員会，その他関係機関の皆様に心よりお礼を申し上げます。

　　　2006年2月

　　　　　　　　　『愛媛県の歴史散歩』編集委員長　本田信芳

【愛媛県のあゆみ】

愛媛県の概観

　四国の北西部に位置する愛媛県は，西日本の最高峰である石鎚山系をはじめとする急峻な山地が県域の約80％を占める山岳県で，平野部が極端に少ない。また，半島としては日本でもっとも長い佐田岬半島をはじめ，リアス式海岸で知られる宇和海沿岸や200余りの島嶼部を有し，それらをあわせると全国第5位にあたる，約1500km以上の海岸線をもつ海洋県でもある。

　こうした地形は，修験道で知られる石鎚山の山岳信仰をうみ，村上水軍などに代表される人びとを育んだ。また，複雑な地形とあいまって気候や風土も多様で，隣接する地域であっても，峠を1つこえれば異なる方言を話す生活圏が認められるなど，現在でも地域ごとに独特な生活文化や風俗を残している。近世，伊予一国内に8藩が存在した背景には，こうした風土の特色が密接に関係していると思われる。

　愛媛県を地域ごとに区分するとき，頻繁に使われる呼称として，東予，中予，南予の3つの区分がある。東予とは香川県との県境から四国中央市を経て，新居浜・西条・今治の各市を含んだ県東部をさし，ほぼ燧灘に面した一帯をいう。

　この地域は，住友財閥系の企業城下町として発展した新居浜市をはじめ，製紙業や造船業などが盛んな地域で，産業都市としての顔をもつ。これに対して，中予は高縄半島の西南地域一帯をさす。ここは県都松山市を中心に，松山市のベッドタウンとしての砥部町や松前町などの周辺市町や，久万高原町などを含み，県の政治経済の中心地域としての機能をはたしている。

　南予は，県西南部の山間地とその間の盆地や海岸部で構成され，内子町から大洲市・八幡浜市などを経て，西予市，宇和島市から愛南町までの広範囲な地域をいう。ここはミカンに代表される果樹栽培や，タイ・ハマチ・真珠の養殖業など，豊かな自然を生かした第1次産業の盛んな地域である。

　複雑な地形から派生したこのような地域区分は，交通網の発達した現在でも広く県民の意識のなかに定着している。

原始

　約2万年前のウルム氷期は旧石器時代後期にあたるが，このころの瀬戸内海は広大な陸地で，その付近に生息していたナウマン象やオオツノジカなどの大型獣を追って，人びとが生活を営みはじめていた。弓削島の鯨遺跡や伯方島の金ヶ崎遺跡ではサヌカイト製のナイフ形石器が出土するなど，芸予諸島をはじめとして，県内各地からこの時代に比定される遺物が出土している。

　やがて縄文時代を迎える約1万年前には氷河期がおわり，海面が上昇して現在とほぼ同じ海岸線が形成された。気温の上昇とともに動植物の相にも大きな変化が生じ，木の実の採集や小動物を狩って各地の森林や，河岸の洞穴などで生活した縄

文人の足跡が，県内に多く残存している。

この時代の代表的な遺跡として，全国的に有名な久万高原町にある上黒岩岩陰遺跡では，時期の異なる複数の地層からイノシシやニホンシカ，ノウサギなどの骨をはじめ，土器や石鏃など多くの遺物が出土している。とくに縄文時代早期の第4層からは十数体の男女の人骨と並んで，丁寧に埋葬された狩猟犬とみられる2頭のニホンイヌの骨もみつかっている。

また，遺跡の最下層にあたる第9層からは，長髪の女性を陰刻した全国的にも珍しい，長さ約5cmの線刻礫が出土しており，女神石と称されている。また，中予松山市の船ヶ谷遺跡や南予愛南町の深泥遺跡などからは，大分県姫島産の黒曜石を使った石器類が多数出土しており，九州地方との盛んな交易をうかがわせる。

紀元前4〜3世紀前後に朝鮮半島から九州北部に伝えられた水稲耕作は，西日本一帯に急速に広まり，やがて愛媛県でも水稲耕作を中心とする弥生時代の到来を迎えた。松山市の大渕遺跡では，石包丁や石鎌などの農耕具，籾圧痕の残る土器が出土しており，県内でも比較的早くから稲作が行われていたと推測される。

稲作の普及は大規模な集落の形成を促したとみられ，愛媛大学城北キャンパスに広がる文京遺跡では，弥生時代の集落跡から柱の直径が30〜50cm，床面積が100m²をこえると想定される大型の掘立柱建物跡が数棟発見されている。

また，弥生時代中期以降，県内各地に高地性集落が出現する。その分布をみると，四国中央市から松山市を経て佐田岬半島東部に至る平野部周辺の山頂部，今治市や越智郡の島嶼部，さらに宇和海をのぞむ海岸地帯にかけての広範囲におよんでいる。

高地性集落の出現が，『三国志』のなかの『魏志』倭人伝の倭国大乱にあたる弥生時代中期後半から後期初頭に集中しており，この時期に県内でもムラ同士による争乱のあったことをうかがわせる。

弥生時代に稲作と並んで，大陸より金属器が伝えられたことは広く知られているが，愛媛県でも弥生時代の青銅器が数多く出土している。このうち祭祀用と思われる身幅が広い平型銅剣の出土数は，愛媛県と香川県が全国の約8割を占めており，県内では松山平野を中心に出土している。

一方，北部九州を中心に出土する銅矛のうち，弥生時代後期後半にみられる広型銅矛が，宇和盆地を中心とする南予地方で多く発見されている。このことから，弥生時代後期後半の愛媛県では，松山平野や瀬戸内沿岸を中心とする平型銅剣の文化圏と，南予地域の広型銅矛を中心とする文化圏が共存していたことが推察できる。

弥生時代を経て一段と広がった階層差は，やがて特定の有力者が支配階級として共同体を統治し，権力の象徴として古墳を築造する時代を迎える。

県内でも今治市の相の谷1号墳や妙見山古墳，松山市の朝日谷2号墳，宇和盆地の小森古墳などは，古墳時代前期につくられた前方後円墳として知られる。相の

谷古墳・妙見山古墳・朝日谷古墳のいずれも，海をみおろす山頂や丘陵地につくられており，被葬者と瀬戸内海の海上交通とのかかわりが推測される。古墳時代後期になると古墳は爆発的に増加し，島嶼部を含む県内各地に築造された。

古代

　大和政権の支配が地方におよぶにつれて，やがて各地の有力豪族は国造に任命され，大和政権の一翼をになう存在となっていった。『国造本紀』によると，伊予国には伊余・久味・小市・怒麻・風速の5人の国造名が散見され，大和政権と結びついたこれらの有力豪族の存在がうかがえる。

　しかし，こうした国造制も中国の律令制度を手本に，中央集権国家をめざす諸政策のなかで，地方行政が国・評（のち郡）・里制へと移っていくにつれ，やがて姿を消してゆく。松山市久米地区の来住台地周辺には，7～8世紀ころの地方官庁にあたる官衙遺構が集中して発見されており，付近の久米高畑遺跡からは「久米評」と記された須恵器片が出土している。この地域はのちの久米郡にあたり，国造制から評，さらには郡への移行の連続性がみてとれる全国的にも貴重な地域である。

　なお，他の国造の4つの支配地もそれぞれ，のちの伊予郡・越智郡・野間郡・風早郡の各郡に相当している。

　律令制度の完成によって，伊予国は南海道に属する上国とされ，越智郡（現，今治市）に国府がおかれた。国内は13郡（のち喜多郡が宇和郡から独立して14郡）に分けられ，中央と結んだ駅路も整備された。国府の推定地付近にあたる今治市国分には，聖武天皇が741（天平13）年に発した国分寺建立の詔をうけて造営された，国分寺の塔礎石が12個残されている。

　奈良時代に成立した『伊予国風土記』逸文には，聖徳太子が596年に高句麗の僧恵慈や近臣の葛城臣らとともに道後に来浴し，湯の南側にある伊佐邇波の岡に碑文を建立したと記されている。逸文の真偽については諸説あるが，631年の舒明天皇の来湯は『日本書紀』にも記されており，道後の湯は，古代から都に知られた名湯であったことは推察できる。

　とくに661年にあたる斉明天皇一行の来湯は，同行した額田王が詠んだ『万葉集』の「熟田津に　船乗りせむと　月待てば　潮もかなひぬ　今は漕ぎ出でな」の歌で名高い。熟田津の場所については諸説あるが，新羅に滅ぼされた百済救済のため，九州に向けて出発した当時68歳の斉明天皇が，道後に約2カ月も滞在したのは，徴兵と療養が目的であったとされる。このあと博多についた斉明天皇は，その約4カ月後に没している。

　東予市の永納山で発見された古代の山城跡は，白村江の戦いで敗れた日本が，唐や新羅の来攻に備えて築いた防御施設に関係するとの見方が有力である。

　平安時代も半ばになると，律令制の動揺とともに伊予国を含む瀬戸内海周辺は，海賊の横行する地域となった。とくに，伊予国の日振島などを拠点に瀬戸内の海賊

の首領として活躍した藤原純友がおこした反乱は、東国の平将門の乱とともに都を震撼させた。藤原北家傍流の流れをくむ純友は、武勇にすぐれ、当初は伊予掾として赴任し、海賊追討で功績をあげた。

やがて伊予国に土着し、瀬戸内や豊後水道の海賊をしたがえて国司らと対立する一大勢力となった純友は、讃岐・備後・周防・土佐を襲い、さらに大宰府を襲撃するまでに至った。東西の乱の鎮圧に手を焼いた朝廷は、いったんは純友を懐柔したのち、941（天慶4）年に小野好古らを派遣してようやく乱を鎮定した。

現在、県内には純友伝承にまつわる史跡がいくつかある。純友を祭神とする新居浜市の中野神社、純友の駒繋岩の伝承が残る松山市の久枝神社などがその代表である。

中世

伊豆の源頼朝が兵を挙げて半年後の1181（治承5）年、伊予の河野通清が軍兵を率いて、反平氏の挙にでた。河野氏は風早郡河野郷（現、松山市北条）を拠点とする在地領主で、平氏の家人として東予地方に大きな勢力を有した新居氏と対立関係にあった。源氏の勝利で終わった合戦は河野氏の地位を上昇させ、これ以後河野氏は、鎌倉幕府の有力御家人として伊予国内の武士の代表となった。

しかし、河野氏は通信の代に、承久の乱（1221年）で後鳥羽上皇方について没落し、河野氏の家督は、一族で唯一幕府方についた通久につがれた。河野氏はその後、元寇で活躍した河野通有の代になって勢力を盛り返し、有力御家人として存続していく。近年、河野氏の中予地方の拠点とされる松山市の道後湯築城跡が発掘調査され、注目されている。

なお、鎌倉時代に将軍と主従関係を結んで御家人となった伊予国の武士には、松山市中島町忽那島を本拠とする忽那氏らがいる。また、伊予国の守護には、頼朝近臣の佐々木盛綱や宇都宮氏ら、関東の有力御家人が任じられた。

鎌倉時代は地頭の勢力が伸張する時代で、荘園領主と地頭の争いが各地でみられた。伊予国にあった荘園のうち、塩の荘園として知られる東寺領の越智郡弓削島荘では、その支配をめぐって地頭と荘官が争い、領地を折半する下地中分が行われたことが確認できる。

鎌倉時代に活躍した伊予国ゆかりの僧侶のうち、もっとも著名な人物は、時宗の開祖である一遍であろう。一遍は河野一族の出身であったが、母の死を機に10歳で出家し、父の死後いったんは還俗したが、やがて再び出家した。これ以後、1289（正応2）年に51歳で没するまでの約15年間、家族やすべての財産を捨てて諸国を遊行したことから「捨聖」とよばれた。一遍は念仏の歓喜を踊念仏によって表現し、急速に信者をふやしてゆくが、その死後、教えをうけた弟子たちによって、時宗の教団が結成される。

鎌倉幕府の滅亡から南北朝の争乱にかけて、伊予国内の武士らもその存亡をかけ

て争いを繰り返した。後醍醐天皇方についた伊予国忽那島の忽那氏や、土居氏、得能氏らに対して、足利尊氏方で戦った河野惣領家の河野通盛は、室町幕府成立後は伊予国守護に任じられた。南北朝の争乱はしばらく続くが、瀬戸内海地域では南朝方の勢力が根強く、忽那氏もその1人で、忽那氏は九州へ向かう懐良親王を島に迎え、2年間にわたって厚く遇している。

室町幕府のもとで河野氏の領国支配は安定期にはいるが、一方で讃岐を本拠とする有力守護の細川氏の侵入によって、新居・宇摩2郡(現、新居浜市・西条市・四国中央市付近)が細川氏の支配領域となった。伊予国内の国人には、久米郡の戒能氏や浮穴郡(現、久万高原町、松山市南部付近)の大野氏や平岡氏、越智郡の正岡氏、島嶼部の忽那氏や二神氏らがいたが、河野氏は国人衆を家臣団に組みいれ、領国支配の強化をめざした。

また、南予地方には喜多郡(現、大洲市周辺)に宇都宮氏、宇和郡(現、西予市宇和町周辺)に西園寺氏が台頭し、河野氏と覇を競っていた。応仁の乱(1467～77年)後、室町幕府が急速に衰えるなか、各地の守護大名や国人はしだいに独立性を強め、なかには戦国大名に成長するものがあらわれた。

伊予国では河野氏が、内紛や家臣団の統制の弱体化などで一国を支配する戦国大名には成長できず、東予の宇摩郡や新居郡では細川氏の被官である石川氏が、南予の喜多郡や宇和郡では、宇都宮・西園寺の両氏が支配権を確立した。こうした小勢力による領国支配は、他国の戦国大名である土佐の長宗我部氏、豊後の大友氏らによる侵略をしばしばうける結果となった。こうしたなかでも、芸予諸島の能島・来島・因島(広島県)を拠点に活躍した三島村上氏らの海賊衆は、強い独立性を保ちつつその勢力を保持した。

近世

豊臣秀吉の四国平定に応じた小早川隆景が伊予国に兵を進め、湯築城の河野通直をはじめ伊予の各武将は降伏した。小早川隆景を伊予35万石の大名に任じたが、隆景の転封後、東中予には福島正則、中南予には戸田勝隆が赴任した。

関ヶ原の合戦後、加藤嘉明と藤堂高虎が伊予国を二分しておさめた。在任期の短かった藤堂高虎だが、1602(慶長7)年には今治城を築城した。一方の加藤嘉明は、松山平野の中心地にある勝山に松山城を築城した。普請奉行の足立重信は、石手川の流路を南にかえて松山城下を水害から回避させるとともに、城の外堀としての役目をになわせた。

1627(寛永4)年に嘉明が会津へ転封後は、蒲生忠知が24万石の松山藩主についた。忠知が1634年に疱瘡で没すると、松山城は大洲藩主加藤泰興の城番となった。このとき泰興は、風早郡と桑村郡(現、西条市丹原町北部および旧東予市付近)の大洲藩飛び地所領と、松山藩領の伊予郡、浮穴郡との領地交換を願い出て許可されている。1635年、松山藩主に松平定行がはいり15万石の城主となって以後、松平氏の

治政が幕末まで続いた。また、定行の弟の定房は、今治に入封して3万石をあたえられた。

東予の宇摩郡・新居郡は1636年に一柳直盛が領主に任じられたが、直盛が赴任する途中に病死したため、西条宇摩郡3万石を長子の直重に、川之江1万8600石を2男直家に、小松1万石を3男直頼にあたえた。その後西条藩領の一部宇摩郡津根(現、四国中央市)は天領となったが、1691(元禄4)年に付近で別子銅山の開発がはじまり、以後泉屋(のちの住友)のもとで銅山経営が進められた。銅は江戸幕府の重要な輸出品となり、その運搬経路はやがて幕領に編入されていった。そのため、この地域は藩領と天領が入り組む、複雑な地となった。

一方、西条藩も直興のとき改易されたため、しばらく天領となったが、1670(寛文10)年に徳川御三家の1つ紀州藩主徳川頼宣の2男、松平頼純が3万石で入領以後、幕末まで松平氏が支配した。小松藩は一柳氏が幕末まで存続したが、川之江藩は直家が病死後の1642(寛永19)年に天領となった。

宇和郡は藤堂高虎ののち富田信高が支配し、板島丸串城(現、宇和島城)の築城と城下町の整備をはじめた。信高以後一時天領となったが、1614(慶長19)年に仙台藩初代藩主伊達政宗の長男の秀宗が、宇和島藩10万石の藩主となり、以後幕末まで続いた。途中、秀宗が5男宗純に3万石をあたえて吉田藩を成立させた。7万石へと藩の格がさがった宇和島藩は、減少した石高を新田畑の開発や検地竿を変更して測量し3万石をうみだし、10万石への高直しを認められた。しかし、農民には重い負担となり、家臣にはたびたび倹約令がでた。

大洲地方は戸田勝隆・藤堂高虎を経て、1609(慶長14)年には脇坂安治が領主となったが、大坂の役後の1617(元和3)年、伯耆国(現、鳥取県中西部)から加藤泰貞が6万石で大洲へはいり、以後幕末まで加藤氏の領有となった。大洲藩では泰貞の遺言で、2男直康に1万石を譲り支藩とするが、藩内がまとまらず、幕府の調停で1642(寛永19)年に新谷藩が成立する。

こうして、伊予一国内に、西条・今治・小松・松山・大洲・新谷・宇和島・吉田の伊予8藩と天領がいりくんだ、全国的にもまれな支配体制が成立することとなった。

18世紀前半におこった享保の大飢饉は、西日本一帯に大きな被害をもたらしたが、とりわけ松山藩では藩全体で約5700人という、全国でもっとも多くの餓死者をだした。同藩では飢饉後も復興が遅れ、飢饉から9年後の1741(寛保元)年には、年貢減免などを要求して、多くの農民らが大洲藩に逃散する久万山騒動がおこった。

伊予国は百姓一揆の多発国で、約155件が確認されており、全国でも有数の発生件数である。これだけの数が確認できているのは、各藩の資料が多く残っている点もあるが、各藩の専売制の強化や、小藩が多く藩財政の逼迫を領民への負担増で補おうとしたことなどに原因が求められる。伊予国内の大規模な一揆は、享保の飢饉

後の18世紀後半以降におこっている。なかでも1750(寛延3)年の大洲藩の内ノ子騒動, 1793(寛政5)年の吉田藩紙騒動(武左衛門一揆)などが知られている。

　江戸幕府の文治政治への転換期にあたる17世紀後半以後, 伊予各藩でも教学の振興に力をそそぎはじめた。とくに大洲藩では2代藩主泰興の治世に, のちにわが国における陽明学の祖とうたわれる中江藤樹が勤仕していた。藤樹は初代藩主加藤貞泰の転封にしたがった祖父とともに幼少期に大洲藩に移り, 陽明学をもとに藤樹学ともいえる独自の学問をうちたてた。後年は故郷の近江国に帰り, のちに藤樹書院とよばれる自宅で, 藤樹の門をたたいた大洲藩士をはじめ, 多くの学才を育てた。のち, 藤樹の百年忌にあたって陽明学を再興しようと, 大洲藩6代藩主泰衍が, 江戸から陽明学者川田雄琴を招いて1747(延享4)年, 伊予8藩で最初の藩校である明倫堂を開いた。ここでは箱館の五稜郭を建設した武田成章らが学んでいる。

　幕末の四賢侯と称される宇和島藩8代藩主の伊達宗城は, 実父が渡辺崋山の門人であったため, 早くから洋学に興味を抱いていた。宗城は, 同じくシーボルトの弟子であった二宮敬作を頼って宇和島に逃亡してきた高野長英を保護し, 久良砲台の設計を依頼している。また, 村田蔵六(大村益次郎)を藩士に取り立てて蘭学を教授させるなど, 開明的な藩主として知られる。

　幕末の伊予各藩の動向は, 維新後の処遇にも大きな影響をあたえた。親藩の松山藩は, 2度にわたる長州征討に際して幕府方の先鋒をつとめ, 長州側と戦った。また, 14代藩主松平定昭は老中に任じられ, 長州征討失敗後の幕府再建を期待されるなど, 終始幕府側での動きを示した。

　一方, 宇和島藩は第二次長州征討では出兵を延期したり, のちに土佐藩とともに大政奉還を上表するなど, 幕府と距離をおく動きを示した。やがて戊辰戦争が勃発すると, 朝敵となった松山藩は, 土佐藩とともに外様の宇和島藩・大洲藩などからの侵攻をうけて恭順の意を表し, 松山城を明け渡した。

近代

　1871(明治4)年の廃藩置県以後, 伊予の8県は松山・宇和島の2県となり, やがてそれぞれ石鐵(鉄)県・神山県と改称後, 両県が統合して1873年に愛媛県が誕生した。一時期香川県が廃止されて愛媛県に編入されたが, その後再び分離するなどの過渡期を経て, 全国は3府43県となった。

　維新当初は, 西郷隆盛を首領としておこった西南戦争に, 県内から大洲・吉田・宇和島の士族が呼応する動きがみられた。のち, 大日本帝国憲法の制定に前後して市政・町村制と府県制・郡制が公布され, 愛媛県内最初の市として松山市が誕生した。

　殖産興業政策のもと, 愛媛県では養蚕業・製糸業の振興がはかられ, 本県の地場産業に定着していく。また, 1888年には松山・三津浜間に小林信近がおこした伊予鉄道が開通し, 日本最初の軽便鉄道として注目された。産業面では1900年代には

いると,今治綿ネルなど織物業が,宇摩地方では製紙業が発展した。また,住友の別子銅山は,1890年代に機械化と近代化を進め,産銅量を増加させた。このころ,住友四阪島精錬所の亜硫酸煙が東予地方に流れ込み,農作物に被害をあたえる問題がおこった。この事件は,足尾銅山鉱毒事件と並んで大きな社会問題となり,のちに住友側は,多額の賠償金を支払うこととなった。

日清・日露の両戦争は内外に大きな影響をもたらしたが,愛媛県ではとくに日露戦争にかかわりの深い秋山好古・真之の兄弟が知られる。好古は騎兵旅団長として活躍し,真之は連合艦隊の主席参謀としてバルチック艦隊を破る作戦を遂行した。松山には,両戦争で捕虜となった清国人やロシア人の俘虜収容所がおかれた。

秋山兄弟と親しい人物の1人に,和歌・俳句の革新運動で知られる正岡子規がいる。子規は1892年に帝国大学文科大学(現,東京大学)を中退後,日本新聞社にはいり日清戦争の取材の帰途,喀血し小康を得て帰郷する。そのころ愛媛県尋常中学校(旧制松山中学校)の英語教師として松山にいた夏目漱石と,「愚陀仏庵」と称する住まいで同居する。子規はその後上京し,35歳の短い生涯をおえるが,高浜虚子や河東碧梧桐らの著名な俳人を育てた。

1914(大正3)年に勃発した第一次世界大戦は,大戦景気と活況をもたらし,愛媛県の産業界も活気づいた。今治では綿ネルを中心にアジア向けの注文が殺到し,松山を中心とする伊予絣は,全国の絣生産の過半を占めた。南予地方の製糸業は,品質日本一の名声を得,アメリカ市場に向けて輸出を大幅に拡大した。

また世界的な船舶不足で,海運・造船業は空前の好景気に沸き,「船成金」がうまれた。吉田町出身の山下亀三郎のおこした山下汽船会社は,日本第3位の海運会社に発展した。しかし,1918年の米価高騰により米騒動が勃発すると,愛媛県でも郡中(現,伊予市周辺)・松山市・宇和島などで米騒動に刺激された民衆の騒擾がおこった。

このころ文化面でも大きな変化がおこった。教育の普及と知識人の増加で,『海南新聞』(現,『愛媛新聞』)などの発行部数が大幅に増加し,1928(昭和3)年には,県内でもラジオ放送が受信できるようになった。ラジオの普及によって,スポーツでは,全国中等学校野球大会での松山商業の活躍などが実況放送された。また,松山に映画館が開館され,カフェーなど新しい生活様式が地方にも波及しはじめた。

第一次世界大戦後の戦後恐慌以降,日本経済は昭和にはいっても,金融恐慌に続く昭和恐慌と深刻な不況が続いた。不況のもと農村の危機打開策として,大規模な満蒙開拓移民が進められ,愛媛県からも多くの移民が開拓団として中国大陸に渡った。やがて,合理化を進めるなか産業構造にも変化がみられ,新居浜には住友の重化学工業地帯が形成され,東予や中予の臨海部には倉敷絹織や東洋レーヨンなどの化学繊維工業が進出した。

日中戦争に続いて,1941(昭和16)年に太平洋戦争が勃発すると,物資不足に加え,

経済統制がいっそう強まった。愛媛県の中等学校以上の生徒は，阪神や中国方面の軍需工場などに勤労動員された。また，高等女学校の生徒も，阪神方面や県内の軍需工場に動員されたが，当地で空襲にあって命を落とす生徒もいた。その一方で，空襲を逃れて大阪の国民学校の児童が，愛媛県に集団疎開するなどした。1945年になると，愛媛県にも米軍機が飛来し，松山・今治・宇和島が空襲をうけ，焦土と化した。県内全般では，死者約1200人余り，罹災者12万4900人を数え，終戦を迎えた。

現代

ポツダム宣言を受諾し終戦を迎えた1945（昭和20）年，松山に，同年10月アメリカ兵約1万2000人が進駐し，農地改革をはじめ民主化政策がつぎつぎと遂行された。戦後の混乱期から朝鮮戦争による特需景気を経て，高度経済成長期にはいった。愛媛県でも県民所得の増大に伴い生活水準が向上し，1960年代には，白黒テレビ・冷蔵庫・洗濯機のいわゆる「三種の神器」の普及や，1970年代には，3C（カラーテレビ・クーラー・カー〈車〉）といった大量消費時代を迎えた。

農業生産では，温州ミカンや伊予柑をはじめとする果樹栽培が好調で，全国一の生産県となった。また，南予地方を中心にハマチやタイの養殖が盛んとなり，宇和海の真珠養殖では，三重県と全国1位の座を競った。1962年に地域格差の是正や過密・過疎による諸問題を解消するため，全国総合開発計画が決定されると，新産業都市建設促進法に基づき，東予地区が新産業都市の指定をうけ，瀬戸内臨海工業地帯の拠点の1つとして開発が進められた。しかし，石油ショックによる高度成長の終焉とともに企業進出も鈍化し，計画の見直しが迫られた。

四国電力では，国の安定した電力供給構想に基づいて，原子力発電所建設の推進計画を策定し，その建設地に四国西北端に位置する西宇和郡伊方町を選んだ。やがて1977年に伊方原発1号機が，出力56.6万kwで操業を開始した。1982年の2号機に続いて1994（平成6）年には3号機が完成し，合計で約200万kw超の出力に至っている。

瀬戸大橋をはじめ，本州と四国を結ぶ「夢のかけ橋」は県民の長年の悲願であった。愛媛県関係では，本州四国連絡橋の尾道・今治ルートのうち，まず大三島橋が1979（昭和54）年に完成したのを皮切りに，因島大橋，伯方・大島大橋と続き，1999（平成11）年5月，西瀬戸自動車道の今治・尾道間が全通した。この愛称を全国に公募し，瀬戸内しまなみ海道と命名された。

このルートの最大の特徴は，すべての橋を徒歩あるいは自転車で通行でき，瀬戸内海の多島美を眺めることができる点にある。なお，一部島内道路を利用する区間があったが，2006年度にはすべてのルートが専用道路で結ばれた。

本州四国連絡橋と並んで，四国縦貫自動車道は主として瀬戸内海地域を結ぶルートで，本州との一体化と地域経済発展の重要な役割をになうことが期待された。愛媛県では1985（昭和60）年に，土居―伊予三島・川之江間11kmが開通し，ようやく

ハイウェイ時代の到来となった。

　その後，1994(平成6)年には川内ICが開通し，県都松山の玄関口と阪神方面が高速道路で直結した。2004年には西予市まで連結し，2011年度末には宇和島市まで延長された。

　愛媛県では宇摩郡別子山村の新居浜市への編入をはじめとして，いわゆる「平成の大合併」がはじまった。これによって，県内にあった面河村，広田村，朝倉村，日吉村など行政単位としての村がすべて消滅し，市と町のみとなった。なお，2005年度中に，すべての合併が完了した。

【地域の概観】

いで湯と文学の町松山

　愛媛県の政治・経済の中心である松山市は、地理的にも愛媛の中心松山平野に位置する。合併により北条市と瀬戸内の中島町をかかえることになり、県都にふさわしい風格をもつに至った。平野の中心にそびえる市のシンボル松山城や、聖徳太子も訪れたという伝承をもつ道後温泉には、年間をとおして多くの観光客が訪れる。俳人正岡子規の誕生の地であり、また夏目漱石の小説『坊っちゃん』の舞台ともなり、まさに「いで湯と文学の町」というにふさわしい地である。

　松山市を中心とした地域を中予とよぶ。瀬戸内特有の温暖な気候風土に恵まれ、古くから文化の花開く地域となっている。四国山地の山間の久万高原町にある上黒岩岩陰遺跡は、縄文時代の遺跡として全国に知られているが、やがて松山平野でも重信・石手両川の沖積地域で農耕生活が営まれるようになり、古照遺跡に代表されるような弥生時代の遺跡を多く確認することができる。また、松山平野から旧北条市周辺の丘陵地には多くの古墳がみられ、有力な支配者の登場を今に伝えている。さらに、松山市東部の久米地区には、白鳳時代の遺跡である官衙跡や来住廃寺などが発見され、中央政権と密接な関係をもつ地域勢力の存在や、仏教文化の繁栄を知るうえで貴重な資料を提供している。

　中世になると風早郡河野郷（松山市）を拠点とした河野氏が登場する。源氏の挙兵に呼応した河野氏は、鎌倉幕府において相応の地位を獲得した。承久の乱（1221年）で後鳥羽上皇方に与し一時衰退したが、弘安の役（1281年）において河野通有が活躍し、勢力を盛り返した。室町時代には幕府から伊予守護職に任ぜられ、河野氏は安定期を迎え、また、風早の地から高縄山をこえた道後湯築城に拠点を移した。しかし、細川氏の侵略と内部抗争などの内憂外患のなかで勢力を伸張できず、1585（天正13）年、豊臣秀吉の命により伊予に進攻した小早川隆景軍の前に降伏し、その2年後河野氏は滅亡することになる。しかし、近年、湯築城跡の発掘調査が行われ、河野氏の栄華の様子があきらかになってきている。

　近世になると、加藤嘉明が慶長年間（1596～1615）、勝山の丘陵上に松山城を築き、城下町の基盤ができあがった。加藤氏のあとをうけた蒲生氏が断絶すると、松平定行が15万石の城主に封ぜられ、以後親藩として重きをなしてきた。

　1871（明治4）年の廃藩置県で松山県となり、のち石鐵県と改称した。1873年、愛媛県となり、ここに県都松山が誕生した。1888年には市制がしかれ、愛媛県最初の市となった。第二次世界大戦の戦火により、1945（昭和20）年、市街地の大半が焦土と化したが、戦後急速な復興をみせ、また周辺地域を合併しながら発展をとげ、人口50万人をこえる四国第一の都市となった。

今治と瀬戸の島々

　愛媛県のほぼ中央部から北方にのびる高縄半島の最北部に位置する現在の今治市

は、旧今治市と越智郡の11の町村が大合併をして、2005(平成17)年に誕生した。今治市は関西と九州を結ぶ航路の中間地点にあり、また広島・竹原・三原などの山陽路への航路をもつ瀬戸内海交通の重要な拠点である。さらに対岸の広島県尾道市との間に点在する芸予諸島の島々を全10橋で結ぶ西瀬戸自動車道、通称しまなみ海道が1999(平成11)年に開通し、その四国側の拠点としての役割をになうことになった。この地域の多くは瀬戸内海国立公園に含まれ、砂浜や変化に富む岩礁、沿岸の松林など自然美に恵まれている。

　今治市には伊予国の国府や国分寺がおかれ、古代から政治・文化の中心地であった。温暖で自然の幸に恵まれたこの地域は、旧石器時代や縄文時代の遺跡も多く、近年では弥生時代の高地性集落や多くの古墳群などが注目されている。なかでも、近見相の谷前方後円墳は県内最大規模、また唐子台古墳群の遺跡数は県内最多をほこる。

　中世以降の遺跡や文化財も多く、古来より信仰をあつめていた大三島の大山祇神社には、国宝・重要文化財の甲冑・刀剣などの武具類が多く残され、その数は全国の8割を占めるといわれている。また、能島や来島は村上水軍の拠点として知られ、宮窪地区に開館した村上水軍資料館には、陶磁器や銅銭・武具など、海賊衆の活躍を伝える資料が展示されている。そのほか、芸予諸島の上島地域の4町村が合併して誕生した上島町の中心である弓削は「塩の荘園」として知られ、その領主であった京都の東寺に伝えられた豊富な史料は、荘園研究の貴重な資料となっている。

　近世になるとこの地域は、今治藩・松山藩に属することになる。今治には当初藤堂高虎がはいり、堀の一部が海につうじているという独特の構造をもった今治城を築いた。のち、松平家が入封し、その居城として明治維新を迎える。藩主に伝えられた美術品や文書は、復元された今治城内の展示室や河野美術館など、各所に収蔵されている。また、今治市波止浜は、松山藩に属し、大規模な塩田があったことでも知られる。

　今治市の代表的産業はタオルと造船であるが、長引く不況や激しい国際競争などの厳しい環境のなか、新製品の開発などあらたな試みが進んでいる。そのほか、今治地域では、近世以来の伝統をもつ海運・漁業など、海の仕事にかかわる人が多くみられる。第二次世界大戦後は多くの地域がミカン園化したが、近年は施設園芸も盛んとなり、魚とともに新鮮な果物や野菜・花卉を阪神市場を中心に供給している。

西条・新居浜と霊峰石鎚

　この地域は、燧灘に面した細長い地域・石鎚山系の北麓という点では共通するが、その歴史的環境や生活圏ではいくつかに区分されている。

　西端に位置する西条市は、西条市・東予市・丹原町・小松町の4市町が合併により誕生した市である。旧東予市・丹原・小松地域には、大明神山と中山川流域の穀倉地帯が形成され、旧東予市の臨海工業地帯以外は、陣屋町の小松や在町の丹

原など静かな雰囲気を残している。また，西条は西条藩松平氏3万石の陣屋町であり，陣屋跡や大手門など，藩政時代の面影を今も各所にみることができる。加茂川流域や陣屋周辺に市街地が形成されたが，下流域には氷見や禎瑞などの新田開発に伴う平野がひろがる。1955年ごろまでは静かな田園地帯であったが，近年海岸埋立地に電気機械器具や鉄工業・IC（集積回路）工業関連の工場が立地し，おおいに発展している。また，西日本最高峰の霊峰石鎚への登山口としても知られ，毎年7月の山開きでは大勢の登山者や参拝者により賑わう。

新居浜市は，律令時代の新居郷に由来し，中世には新居氏や金子氏が活躍した。江戸時代に別子銅山が開発されると，新居浜市と合併した旧別子山村を中心に開発が進み，鉱山集落が形成された。近代以降は精錬などの工場群が新居浜の臨海部に林立し，住友財閥系の企業城下町として発展を遂げ，1937（昭和12）年市制を施行した。1973年の別子銅山の閉山は，鉱工業ばかりでなく地元の商業や生活に大きなショックをあたえたが，近年は銅山関連の遺構を中心に据えた，近代化遺産保存の運動が展開され，多くの観光客が訪れるようになった。また，10月に行われる新居浜太鼓祭りは勇壮華麗で知られ，毎年県内外から多くの見物客が訪れる。

東端の宇摩地区にあった川之江・伊予三島・新宮・土居の4市町村は，合併を経て新しく四国中央市となった。この地域は遠浅の燧灘，沿岸部の狭長な16kmの宇摩平野，南の法皇山脈からなり，とくに法皇山脈から吹きおろすやまじ風は有名である。宇摩製紙発祥の地であり，その伝統のなかで製紙業が育まれ，現在では工場群が林立する大製紙工場地帯を形成している。

以前は，10の行政区に分かれていた地域も，「平成の大合併」により3つの市に集約され，また高速道路の開通などにより一体化が進んでいる。

水郷大洲と内子・宇和の町並み

愛媛県西部に位置するこの地域は，律令制下では宇和郡に属したが，その歴史や風土は一様ではない。肱川流域の諸盆地やリアス式海岸の湾頭部のわずかな平地は，海と山とに厳しく隔てられ，人びとの生活舞台がいくつにも分かれていたためである。戦国時代，宇和盆地を中心に西園寺氏，大洲には宇都宮氏がいたが，2氏ともに土佐（現，高知県）の一条・長宗我部氏，道後の河野氏，中国の毛利氏，九州の大友氏らの勢力と抗争を繰り返し，定まるところがなかった。藩政時代には大洲市付近に大洲藩，八幡浜市から西予市にかけての地域は宇和島藩となり，それぞれ加藤氏・伊達氏が統治するところとなった。しかし，17世紀半ばに大洲藩6万石のうち1万石，宇和島藩10万石のうち3万石がそれぞれ分知され，新谷・吉田藩が成立すると，大洲藩領のなかに新谷領が，宇和島藩領のなかに吉田領が多数の飛び地として散在することになった。

現在，大規模な市町村合併を経て，大洲市・八幡浜市・西予市・内子町・伊方町に編成され，加えて高速道路の南進に伴い，その雰囲気も大きく様変わりしている。

しかし，それぞれの地域に，それぞれの歴史と文化が息づいていることにかわりはない。

内子地域は木蠟業の隆盛をしのばせる八日市・護国の町並みを残し，かつては大洲和紙の里として栄えた五十崎は，大凧合戦という伝統行事を育んだ。大洲盆地は大洲城跡を中心に静かなたたずまいをみせ，中江藤樹の遺訓をうけつぐとともに，肱川流域での鵜飼いやいもたきなどの生活文化を育てた。宇和海をのぞむ八幡浜は藩政時代から漁業や海運業が発達し，九州や関西方面との交易で賑わったが，今も西四国の玄関港としての地位を保っている。日本一狭長といわれる岬十三里に，陸上交通幹線「佐田岬メロディーライン」が整備され，半島住民の生活は大きくかわったが，耕して天に至る山畑を切り開いた佐田岬半島の人びとの勤勉さは今もかわらない。

西予市の中心宇和盆地は，弥生・古墳時代の遺跡や卯之町の町並み，開明学校などを残す文化の里であり，野村盆地では泉貨紙が漉かれ，養蚕や製糸業での町おこしが盛んに行われている。また，第二次世界大戦後の開拓の進んだ大野ヶ原では，雄大な自然のなかで牛の放牧をみることができる。

そのほかにも，西予市の三瓶・明浜地域の人形浄瑠璃，大洲市長浜の青島盆踊り，内子町の内子座などの貴重な伝統芸能とその施設の継承・保存がはかられており，それぞれの地域が個性を生かした町づくりを進めている。

維新ゆかりの宇和島

愛媛県南端に位置し，美しいリアス式海岸と背後の険しい山並み，そして温暖な気候を特色とする地域である。県都松山とは，犬寄・鳥坂・法華津の各峠でさえぎられ，その結果，独自の歴史と風土を育むことになった。

古代は宇和郡に属していた。海と山に狭められ，わずかな平地しかもたないこの地域では，大きな発展はのぞめず，古墳の存在もほとんど確認されていない。立間や三間の郷名のほか，藤原純友の乱(939～941年)に関係して日振などの地名が散見するのみである。

鎌倉時代以降，北部に西園寺氏の所有する宇和荘，南部には旧御荘町を中心に青蓮院門跡領御荘の2つの荘園が形成された。室町時代になると西園寺氏の下向・土着化で新展開がみられる。地形的な要因もあってか，伊予の守護河野氏の権限は南予にはおよばなかったらしく，当地方は西園寺氏の支配下にあった。豊後（現，大分県）から大友氏が来攻し，土佐（現，高知県）の長宗我部氏ともしばしば合戦が行われた戦国時代になっても，この関係に大きな変化はみられない。高知県との県境の松野町で発掘された中世城郭河後森城跡は，西園寺氏をはじめとする南予の勢力と土佐勢力の攻防の歴史を，今に伝えている。

宇和島が南予の中心的都市となるのは，近世にはいってからである。豊臣秀吉の四国征討以後，この地域の領主はめまぐるしく交代したが，1615(慶長20)年，伊

達秀宗が入国するにおよんで，その城下町となった。宇和島藩は当初八幡浜市以南の地域を領域としていたが，2代藩主宗利のとき，吉田藩3万石が分立する。そのため，宇和島藩領の各地に，吉田藩領が飛び地として散在することになった。幕末には，7代藩主宗紀・8代藩主宗城による藩政改革が行われ，薩摩（現，鹿児島県）や土佐などの雄藩と連携した活動がみられた。

かつては海に頼っていた交通も，現在は鉄道や国道56号線の大改修により大幅な改善がはかられている。2011年度末には，高速道路が宇和島まで開通し，県都松山とは1時間余りで結ばれることになった。

西海海中公園をはじめとする豊かな自然を中心とした観光事業，真珠をはじめとする養殖業が推し進められる一方，高齢化や過疎化に伴い，農業・水産業を中心に後継者不足の問題をかかえる地域でもある。

【文化財公開施設】　　　　　　　　　　　　　　①内容，②休館日，③入館料

〈東予地方〉

紙のまち資料館　〒799-0101四国中央市川之江町4069-1　℡0896-28-6257　①製紙に関する史料の展示，物産・手漉き和紙の実演，②月曜日，祝日の翌日，12月29日〜1月3日，5月の大型連休は別途知らせる。③無料

四国中央市歴史考古博物館(開館準備中)　〒799-0101四国中央市川之江町2217-83　℡0896-28-6260　①古代から現代までの川之江の歴史・文化に関する資料の展示，②月曜日(祝日の場合は翌日)，12月29日〜1月3日，③無料

別子銅山記念館　〒792-0844新居浜市角野新田町3-13　℡0897-41-2200　①別子銅山開坑以来の史料，銅山労働者の生活風俗・採鉱技術に関する資料，②月曜日，祝日(日曜日をのぞく)，12月29日〜1月3日，10月17・18日，③無料

新居浜市美術館　〒792-0812新居浜市坂井町2-8-1あかがねミュージアム2F　℡0897-65-3580　①新居浜市内出土の考古資料・歴史民俗資料・新居浜太鼓台の展示，②月曜日(祝日の場合は翌日)，年末年始，③無料

愛媛県総合科学博物館　〒792-0060新居浜市大生院2133-2　℡0897-40-4100　①自然・科学技術・産業分野を広く展示，プラネタリウム投影，②月曜日(第1月曜日・祝日の場合は翌日)，年末年始，③有料(中学生以下無料)

広瀬歴史記念館　〒792-0046新居浜市上原2-10-42　℡0897-40-6333　①国重文の旧広瀬邸と展示館(広瀬宰平の書・写真)，②月曜日，祝日の翌日(日曜日をのぞく)，12月29日〜1月3日，③有料

愛媛民芸館　〒793-0023西条市明屋敷238-8　℡0897-56-2110　①土蔵造の建物を利用し，全国の民芸品・工芸品(陶器や漆器など)を展示，②月曜日，祝日の翌日，年末年始，③有料

西条市立西条郷土博物館　〒793-0023西条市明屋敷237-1　℡0897-56-3199　①古陶器や西条藩関係の古文書・民俗資料，鉱物コレクション，②月曜日，祝日の場合は翌日，10月16日(地方祭)，12月29日〜1月3日，③無料

西条市考古歴史館　〒793-0036西条市福武乙27-6　℡0897-55-0419　①八堂山遺跡や西条市内の遺跡からの出土品を中心とする展示，火おこし体験，②月曜日，祝日の翌日，12月28日〜1月3日，③無料

今治城　〒794-0036今治市通町3-1-3　℡0898-31-9233　①武具・甲冑・刀剣・古文書・屏風などの展示，今治の地場産業の紹介，②12月29日〜31日，③有料

今治市河野美術館　〒794-0042今治市旭町1-4-8　℡0898-23-3810　①河野信一が寄贈した平安時代から現代に至る書画・仏像，『古今和歌集』など古写本の展示，②月曜日(祝日の場合は翌日)，12月29日〜1月3日，③有料

愛媛文華館　〒794-0037今治市黄金町2-6-2　℡0898-32-1063　①中国・朝鮮・日本の陶器や刀剣・漆工芸品など1500点を展示，②月曜日(祝日の場合は翌日)，8月14〜16日，12月29日〜1月3日，③有料(中学生以下無料)

朝倉ふるさと美術古墳館　〒799-1603今治市朝倉下甲898　℡0898-56-3754　①朝倉地域の遺跡・古墳の紹介，銅鏡・銅剣などの出土品，古墳や竪穴住居の模型を展示，②月曜日(祝日の場合は原則翌日振替)，12月29日〜1月3日，③無料

玉川近代美術館　〒794-0102今治市玉川町大野甲86-4　℡0898-55-2738　①ピカソ・ミロ，黒田清輝・藤島武二らの近・現代洋画を中心に展示，②月曜日(祝日の場合は翌日)，12月29日～1月3日，③有料(高校生以下無料)

今治市波方歴史民俗資料館　〒799-2102今治市波方町樋口乙730-1　℡0898-41-7111　①波方地域の民具や遺跡からの出土品を展示，②毎週月曜日(祝日の場合は翌日)，祝日，12月29日～1月3日，③無料

今治市大西藤山歴史資料館　〒799-2205今治市大西町宮脇乙579-1　℡0898-53-2313　①妙見山古墳の石槨や出土品を展示，②月曜日(祝日の場合は翌日)，12月29日～1月3日，③有料(高校生以下無料)

今治市野間仁根バラのミュージアム(吉海郷土文化センター)　〒794-2103今治市吉海町福田1290　℡0897-84-2566　①野間仁根の作品を中心とする洋画・日本書画，陶磁器・武具などの展示，②月曜日(祝日の場合は翌日)，12月29日～1月3日，③有料

今治市村上水軍博物館　〒794-2203今治市宮窪町宮窪1285　℡0897-74-1065　①村上水軍に関する文献・出土品などの展示，②月曜日(祝日の場合は翌日)，12月29日～1月3日，③有料(高校生以下無料)

今治市伯方ふるさと歴史公園(資料館)　〒794-2305今治市伯方町木浦甲546　℡0897-72-2374　①復元した木浦城(居館)内の公園内にある古墳からの出土品，隣接する資料館に伯方島の産業・文化資料を展示，②月曜日(祝日の場合は翌日)，12月29日～1月3日，③無料

大山祇神社宝物館　〒794-1304今治市大三島町宮浦3327　℡0897-82-0032　①全国の約8割を占める国宝や重文指定の武具・甲冑類の保存・展示，②無休，③有料

村上三島記念館(上浦歴史民俗資料館)　〒794-1402今治市上浦町井口7505　℡0897-87-4288　①村上三島の作品をはじめ，国内の代表的書道家の作品3800点を収蔵・展示，上浦町の歴史・民俗資料も展示，②月曜日(祝日の場合は翌日)，12月29日～1月2日，③有料

〈中予地方〉

北条鹿島博物展示館(かしまーる)　〒799-2430松山市北条辻1596-3　℡089-948-6556(松山市観光国際交流課)　①瀬戸内海を主とした海産動植物や郷土の人文科学資料の収集・保管，②無休，③無料

愛媛県美術館　〒790-0007松山市堀之内　℡089-932-0010　①モネ・セザンヌらの西洋絵画，横山大観らの日本画のほか，郷土の画家の作品などを展示，②月曜日(祝日の場合は翌日)，12月29日～1月3日，③有料(中学生以下無料)

松山市立子規記念博物館　〒790-0857松山市道後公園1-30　℡089-931-5566　①正岡子規の俳句・書簡・原稿などの資料，夏目漱石に関する資料も展示，②火曜日(祝日をのぞく)，③有料(高校生以下無料)

湯築城資料館　〒790-0857松山市道後公園　℡089-941-1480　①平山城に関する資料を集めた資料館。武家屋敷や土塀の復元，湯築城の出土遺物や遺構を映像などで展示，②月曜日(祝日の場合は翌日)，③無料

松山市考古館　〒791-8032松山市南斎院町乙67-6　℡089-923-8777　①松山市内で出土した土器や石器などの考古資料約8200点を時代別に展示，体験学習なども実施，②月

曜日(祝日をのぞく), 祝日の翌日(日曜日をのぞく), 12月29日～1月3日, ③有料(高校生以下無料)

久万高原町立久万美術館　〒791-1205上浮穴郡久万高原町菅生2番耕地1442-7　℡0892-21-2881　①井部栄治が収集した美術品を主として, 近代洋画を中心に近世から近代の書画・陶磁器などを展示, ②月曜日(祝日をのぞく), 祝日の翌日(土・日曜日をのぞく), 12月28日～1月3日, ③有料

上黒岩岩陰遺跡考古館　〒791-1501上浮穴郡久万高原町上黒岩1092　℡0892-56-0369　①上黒岩岩陰遺跡の出土品, 後期旧石器時代のヴィーナス像や, 人骨・貝類や動物の骨でつくった装身具類などを展示, ②月曜日, 12月1日～3月31日, ③有料

面河山岳博物館　〒791-1710上浮穴郡久万高原町若山650-1　℡0892-58-2130　①面河山系とその周辺の自然, 石鎚山岳信仰と登山史を中心に展示, ②月曜日(祝日の場合は翌日), 祝日の翌日, 12～3月は土・日曜日および祝日, ③有料

〈南予地方〉

五十崎凧博物館　〒795-0301喜多郡内子町五十崎甲1437　℡0893-44-5200　①世界の凧400点を展示, 凧作り教室の実施, ②月曜日(祝日をのぞく), 12月29日～1月2日, ③有料

内子町歴史民俗資料館(商いと暮らし博物館)　〒791-3301喜多郡内子町内子1938　℡0893-44-5220　①江戸時代後期から明治時代の商家を利用した資料館。商家の日常生活を人形や道具を使って再現, 内子町の歴史や民俗などを紹介, ②12月29日～1月2日, ③有料

木蠟資料館上芳我邸　〒791-3301喜多郡内子町内子2696　℡0893-44-2771　①1894(明治27)年に建築された商家を利用した資料館。国の重要有形民俗文化財である製蠟用具の展示, 木蠟生産の過程を紹介, ②12月29日～1月2日, ③有料

大洲市立博物館　〒795-0054大洲市中村618-1　℡0893-24-4107　①大洲を治めた戦国大名の古文書や加藤家の書画, 大洲城の絵図や天守の模型, 肱川流域の動植物などの展示, ②月曜日(祝日の場合は翌日), 12月29日～1月2日, ③無料

大洲市立肱川風の博物館・歌磨館　〒797-1505大洲市肱川町予子林99-1　℡0893-34-2181　(風の博物館)　①「風」をテーマに風車模型や玩具・うちわ・風鈴などを展示, 歌磨館では喜多川歌麿の版木を中心に浮世絵や現代版画を展示, ②火曜日(祝日の場合は翌日), 年末年始, ③有料

八幡浜市民ギャラリー・郷土資料室　〒796-0066八幡浜市本町60-1　℡0894-22-0917　①郷土出身の画家の作品を収蔵, 二宮忠八晩年の住居の一部を移築公開, ②月曜日(祝日の場合は翌日), 12月28日～1月3日, ③無料

西予市明浜歴史民俗資料館　〒797-0201西予市明浜町高山甲461-1　℡0894-64-1171　①網漁具や釣漁具など漁業関係民俗資料200点・考古資料約400点などを展示, ②7～8月は月曜日(祝日の場合は翌日), 9～6月は月・水・木・金曜日(祝日の場合は翌日), 年末年始, ③有料

西予市立城川歴史民俗資料館　〒797-1717西予市城川町下相568　℡0894-82-1111　①城川町から出土した考古資料150点のほか, 古文書や国民学校以前の教科書などを展示, ②火曜日(祝日の場合は翌日), 12月31日～1月1日, ③有料

愛媛県歴史文化博物館　〒797-8511西予市宇和町卯之町4-11-2　℡0894-62-6222　①古代

から現代までを4つの時代に分類し資料やレプリカで紹介，竪穴住居や中世の一般住宅など各時代の建物を実物大で再現，②月曜日(祝日の場合は翌日)，12月29日〜1月1日，毎月第1月曜日は開館(翌日休館) ③有料(中学生以下無料)

旧開明学校　　〒799-0015西予市宇和町卯之町3-109　℡0894-62-4292　①国重文。2階には開校当時の教室を再現，教育資料など600点を展示，②月曜日(祝日の場合は翌日)，年末年始，③有料

宇和先哲記念館　　〒799-0015西予市宇和町卯之町4-327　℡0894-62-6700　①宇和町ゆかりの偉人の紹介，②月曜日(祝日の場合は翌日)，年末年始，③有料

宇和米博物館　　〒799-0015西予市宇和町卯之町2-24　℡0894-62-6514　①旧宇和町小学校校舎を移築した建物で109mの廊下は有名。宇和地方の農耕の歴史・農耕具などを展示，②月曜日(祝日の翌日)，年末年始，③無料

宇和歴史民俗資料館　　〒799-0015西予市宇和町卯之町3-110　℡0894-62-4292　①旧開明学校の第2校舎を模した資料館。宇和町から出土した縄文時代から室町時代の遺物約5000点を収蔵し，常時350点を展示，②月曜日(祝日の場合は翌日)，年末年始，③有料

宇和島市立伊達博物館　　〒798-0061宇和島市御殿町9-14　℡0895-22-7776　①宇和島藩主伊達家の古文書・武具・甲冑・刀剣などを展示，②月曜日(祝日の場合は翌日)，12月29日〜1月3日，③有料(中学生以下無料)

【無形民俗文化財】

国指定
伊予神楽　　宇和島市・北宇和郡(伊予神楽かんなぎ会)　4月諸社春祭り

国選択(◎は「県指定」もうけているもの)
年齢階梯制　　愛媛県

伊予の茶堂の習俗　　愛媛県

南予地方の牛の角突き習俗　　南予地方　年5回定期場所(宇和島市)，年3回定期場所(南宇和郡愛南町)

興居島の船踊り◎　　松島市興居島(小冨士文化保存会)　10月6日(秋祭り)，11月松山市民文化祭

窪野の八つ鹿踊り◎　　西予市城川町窪野(窪野八つ鹿踊り保存会)　4月17日(三滝祭り)

城川遊子谷の神仏講の習俗　　西予市城川町遊子谷(上川区)　4月10日

増田の花取踊り◎　　南宇和郡愛南町増田(花取踊り保存会)　旧暦7月11日

県指定
伊予源之丞　　松山市古三津(伊予源之丞保存会)　不定期

福見川の提婆踊り　　松山市福見川町(提婆踊り保存会)　8月15日

今治及び越智地方の獅子舞　　今治市祇園町(鳥生獅子連中)　5月諸社春祭り

　　　　　　　　　　　　　　今治市高部(高部獅子舞保存会)　5月諸社春祭り

　　　　　　　　　　　　　　今治市神宮(神宮獅子舞保存会)　5月諸社春祭り

　　　　　　　　　　　　　　今治市矢田(矢田獅子舞保存会)　5月諸社春祭り

　　　　　　　　　　　　　　今治市野間(野間獅子連中)　5月諸社春祭り

　　　　　　　　　　　　　　今治市延喜(延喜獅子舞保存会)　5月諸社春祭り

　　　　　　　　　　　　　　今治市宅間(宅間獅子連)　5月諸社春祭り

　　　　　　　　　　　　　　今治市阿方(阿方獅子舞保存会)　5月諸社春祭り

　　　　　　　　　　　　　　今治市枇田(真名井神社獅子連中)　5月諸社春祭り

　　　　　　　　　　　　　　今治市古谷(多伎獅子舞保存会)　5月5日

　　　　　　　　　　　　　　今治市波方町波方(波方青年獅子連中)　波方大祭

　　　　　　　　　　　　　　今治市波方町樋口(樋口獅子保存会)　波方大祭

　　　　　　　　　　　　　　今治市波方町小部(小部獅子保存会)　波方大祭

　　　　　　　　　　　　　　今治市波方町養老(養老獅子保存会)　波方大祭

　　　　　　　　　　　　　　今治市大西町脇(脇獅子連)　大西春祭り

　　　　　　　　　　　　　　今治市大西町別府(別府獅子連)　大西春祭り

　　　　　　　　　　　　　　今治市大西町九王(九王獅子保存会)　大西春祭り

いさ踊り　　宇和島市遊子津の浦(津の浦自治会)　8月13～15日

三浦天満神社祭礼の練り　　宇和島市三浦東(三浦天満神社総代会)　10月19日

長命講伊勢踊り　　八幡浜市穴井(長命講伊勢踊り奉賛会)　1月11日

五反田の柱祭　　八幡浜市五反田(五反田区)　8月14日

川名津の柱松行事　　八幡浜市川上町川名津(川名津神楽保存会)　4月第3土・日曜日

鹿島の櫂練り　　松山市鹿島(鹿島櫂練り保存会)　4月15日，10月12日

鐘踊り　　四国中央市新宮町(鐘踊り保存会)　8月最終日曜日

畑野の薦田踊り　四国中央市土居町畑野(畑野薦田踊り保存会)　8月16日
お籠踊り　西条市丹原町田滝(田滝民俗芸能保存会)　8月15日
朝倉矢矧神社の獅子舞とにわか　今治市朝倉北(矢矧獅子保存会)　5月3日
お供馬の行事　今治市菊間町浜(加茂神社)　10月第3日曜日
一人相撲　今治市大三島町宮浦(大山祇神社)　旧暦5月5日，旧暦9月9日
大三島の神楽　今治市大三島町大見(明日神社，大見神社)　旧暦1月12日
岡村島の弓祈祷　今治市関前岡村(弓術保存会)　8月16日
麓の楽頭　東温市山之内麓(麓組)　8月14日
川瀬歌舞伎　上浮穴郡久万高原町直瀬(川瀬歌舞伎保存会)　9月15日ほか不定期
青島の盆踊り　大洲市長浜町青島(青島盆踊り保存会)　8月14・15日
大凧合戦　喜多郡内子町五十崎(喜多郡内子町五十崎)　5月5日
大谷文楽　大洲市肱川町大谷(大谷文楽保存会)　9月または11月の県合同公演ほか
河辺鎮縄神楽　大洲市肱川町山鳥坂・河辺町山鳥坂(山鳥坂部落鎮縄神楽部)　神社により不定期
朝日文楽　西予市三瓶町朝立(朝日文楽保存会)　諸行事などで上演
俵津文楽　西予市明浜町俵津(俵津文楽保存会)　俵津地桜祭りほか
遊子谷の七鹿踊り　西予市城川町遊子谷(遊子谷七鹿踊り保存会)　遊子谷秋祭りほか
土居の御田植行事　西予市城川町土居(土居地区)　7月第1日曜日
花踊り　宇和島市三間町曽根(曽根花踊り保存会)　9月1日
清水の五つ鹿踊り　北宇和郡鬼北町清水(清水五つ鹿踊り保存会)　天満神社秋祭りほか
正木の花とり踊り　南宇和郡愛南町正木(正木花とり踊り保存会)　旧暦10月18日
久良の能山踊り　南宇和郡愛南町久良(能山踊り保存会)　7月31日〜8月14日

【おもな祭り】(国・県指定無形民俗文化財をのぞく)

かけめし神事　松山市猪木　1月6日
追山行事　西予市宇和明石(明石寺)　1月11日
とうどおくり　新居浜市大島　1月15日
椿まつり　松山市居相町(伊予豆比古命神社)　旧暦1月7〜9日
十日えびす　八幡浜市　旧暦1月10日
弓祈禱神事　県内各地　旧暦1月10日
鬼の金剛　上浮穴郡久万高原町父野川　旧暦1月16日
西山初観音　西条市丹原町古田(西山興隆寺)　旧暦1月18日
厄除け大祭　今治市菊間町浜(遍照院)　2月3日
百手祭　四国中央市川之江(川之江八幡神社)　3月第1日曜日
高昌寺の涅槃会　喜多郡内子町城廻(高昌寺)　3月15日
島四国　今治市宮窪町・吉海町　旧暦3月19〜21日
座敷雛　八幡浜市真穴　4月2・3日
笠鉾祭り　今治市古谷(多伎神社)　5月1日
御田植祭　今治市大三島町　旧暦5月5日
実盛送り　西予市城川町魚成　6月最終日曜日

管弦祭　　西条市壬生川(鷺森神社)　旧暦6月17日
石鎚お山開き　　西条市西田(石鎚神社)　7月1日
御田植祭り(どろんこ祭り)　　西予市城川町土居(三嶋神社)　(休止中)
和舟競漕　宇和島市津島町下灘　7月15日
和霊大祭　宇和島市和霊町(和霊神社)　7月22～24日
きうり封じ　　西条市楠(世田薬師栴檀寺)　7月土用
遊行上人祭　　喜多郡内子町内子(願成寺)　8月1日
お接待　西予市城川町嘉喜尾　8月1日～29日
歌舞伎くずし盆踊り　　西予市明浜町渡江　8月14日
テンテコ　越智郡上島町魚島　8月15日
しゃんしゃん踊り　　西宇和郡伊方町大久　9月1日
松山地方の秋祭り　　松山市内各所　10月5～7日
三崎祭り　西宇和郡伊方町三崎(八幡神社)　10月8・9日
風早火事祭り　　松山市北条の各所　10月11日
西条祭り　西条市内各所　10月の体育の日の前々日と前日，10月14～17日
宇和間の奴振り　　松山市中島町宇和間(天満神社)　10月16日
新居浜太鼓祭り　　新居浜市内各所　10月16～18日
保内町秋祭り　　八幡浜市保内町宮内(三嶋神社)　10月23日
宇和津彦神社秋祭　宇和島市野川(宇和津彦神社)　10月29日
吉田祭り　宇和島市吉田町立間(八幡神社)　11月3日
御荘秋祭り　南宇和郡愛南町御荘八幡野(八幡神社)　11月3日
るり姫まつり　　大洲市長浜町白滝　11月23日
乙亥大相撲　西予市野村町野村　11月26日
巳正月　　県内各地　12月第1，または第2巳の日
御面渡御祭　　東温市牛渕・野田　12月20日
大師講　西予市城川町寺野　12月21日

【有形民俗文化財】

国指定
内子及び周辺地域の製蠟用具1444点　　喜多郡内子町　喜多郡内子町

県指定
伊予源之丞人形頭・衣裳道具一式　　松山市古三津町　伊予源之丞保存会
大谷文楽人形頭・衣裳道具一式　　大洲市肱川町大谷　大谷文楽保存会
御幸の橋　大洲市河辺町北平　天神社
朝日文楽人形頭・衣裳道具一式　　西予市三瓶町朝立　朝日文楽保存会
俵津文楽人形頭・衣裳道具一式　　西予市明浜町俵津　俵津文楽保存会
鬼北文楽人形頭・衣裳道具一式　　北宇和郡鬼北町出目　毛利高光
伊佐爾波神社算額　　松山市桜谷町　伊佐爾波神社
金刀比羅神社算額　　大洲市中村　金刀比羅神社

【無形文化財】

国選択

泉貨紙　　西予市野村町高瀬　菊地孝

県指定

大洲神伝流泳法　　　大洲市大洲　大洲神伝流泳法保存会
砥部焼　　伊予郡砥部町五本松　酒井芳美

【散歩便利帳】

[県・市町村の観光担当課および教育委員会]
愛媛県観光物産課　〒790-8570松山市一番町4-4-2　℡089-912-2490
愛媛県教育委員会文化財保護課　〒790-8570松山市一番町4-4-2　℡089-912-2975
愛媛県歴史文化博物館　〒797-8511西予市宇和町卯之町4-11-2　℡0894-62-6222
愛媛県立図書館　〒790-0007松山市堀之内　℡089-941-1441
(公財)愛媛県埋蔵文化財調査センター　〒791-8025松山市衣山4-68-1　℡089-911-0502
松山市観光・国際交流課　〒790-8571松山市二番町4-7-2　℡089-948-6558
松山市教育委員会文化財課　〒790-0003松山市三番町6-6-1　℡089-948-6603
松前町役場産業課　〒791-3192伊予郡松前町筒井631　℡089-985-4120
松前町教育委員会　〒791-3192伊予郡松前町筒井631　℡089-985-4135
伊予市経済雇用戦略課　〒799-3193伊予市米湊820　℡089-982-1120
伊予市教育委員会　〒799-3193伊予市米湊820　℡089-982-5155
東温市産業創出課　〒791-0292東温市見奈良530-1　℡089-964-4414
東温市教育委員会　〒791-0212東温市田窪2370中央公民館　℡089-964-1500
砥部町地域振興課　〒791-2195伊予郡砥部町宮内1392　℡089-962-7288
砥部町教育委員会　〒791-2195伊予郡砥部町宮内1369　℡089-962-5952
久万高原町ふるさと創生課　〒791-1201上浮穴郡久万高原町久万212　℡0892-21-1111
久万高原町教育委員会　〒791-1201上浮穴郡久万高原町久万188　℡0892-21-0139
今治市観光課　〒794-8511今治市別宮町1-4-1　℡0898-32-1541
今治市教育委員会文化振興課　〒794-0027今治市南大門町2-5-1　℡0898-36-1608
上島町商工観光課　〒794-2506越智郡上島町弓削下弓削1037-2　℡0897-77-2252
上島町教育委員会　〒794-2506越智郡上島町弓削下弓削121　℡0897-77-2207
西条市観光振興課　〒793-8601西条市明屋敷164　℡0897-52-1690
西条市教育委員会生涯学習課　〒793-8601西条市明屋敷164　℡0897-52-1628
新居浜市運輸観光課　〒792-8585新居浜市一宮町1-5-1　℡0897-65-1261
新居浜市教育委員会文化振興課　〒792-8585新居浜市一宮町1-5-1　℡0897-65-1554
四国中央市観光交通課　〒799-0497四国中央市三島宮川4-6-55　℡0896-28-6187
四国中央市教育委員会　〒799-0497四国中央市三島宮川4-6-55　℡0896-28-6043
大洲市まちづくり観光課　〒795-8601大洲市大洲690-1　℡0893-24-1717
大洲市教育委員会文化スポーツ課　〒795-8601大洲市大洲690-1　℡0893-57-9993
内子町町並・地域振興課　〒791-3392喜多郡内子町内子1515　℡0893-44-2118
内子町教育委員会　〒791-3392喜多郡内子町内子1515　℡0893-44-2114
八幡浜市商工観光課　〒796-8501八幡浜市北浜1-1-1　℡0894-22-3111
八幡浜市教育委員会　〒796-0292八幡浜市保内町宮内1-260　℡0894-22-3111
伊方町産業課　〒796-0301西宇和郡伊方町湊浦1993-1　℡0894-38-2657
伊方町教育委員会　〒796-0301西宇和郡伊方町湊浦1993-1　℡0894-38-2661
西予市経済振興課　〒797-8501西予市宇和町卯之町3-434-1　℡0894-62-6408
西予市教育委員会スポーツ・文化課　〒797-8501西予市宇和町卯之町3-434-1　℡0894-62-6416

宇和島市商工観光課　　〒798-8601宇和島市曙町1　℡0895-49-7023
宇和島市教育委員会文化・スポーツ課　　〒798-8601宇和島市曙町1　℡0895-49-7033
鬼北町企画振興課　　〒798-1395北宇和郡鬼北町大字近永800-1　℡0895-45-1111
鬼北町教育委員会　　〒798-1395北宇和郡鬼北町大字近永800-1　℡0895-45-1111
松野町ふるさと創生課　　〒798-2192北宇和郡松野町大字松丸343　℡0895-42-1116
松野町教育委員会　　〒798-2192北宇和郡松野町大字松丸343　℡0895-42-1118
愛南町商工観光課　　〒798-4196南宇和郡愛南町城辺甲2420　℡0895-72-7315
愛南町教育委員会　　〒798-4195南宇和郡愛南町城辺甲2420　℡0895-73-1112
［県内のおもなJR駅］
松山駅　　℡089-943-5101
伊予北条駅　　℡089-992-0128
今治駅　　℡0898-23-0049
伊予西条駅　　℡0897-56-3133
新居浜駅　　℡0897-37-2717
伊予三島駅　　℡0896-23-2070
川之江駅　　℡0896-58-2032
伊予大洲駅　　℡0893-24-2319
内子駅　　℡0893-44-2233
八幡浜駅　　℡0894-22-0495
卯之町駅　　℡0894-62-0121
宇和島駅　　℡0895-22-0175
［県内のおもな公共交通機関］
伊予鉄道　　℡089-948-3222
　　鉄道関係　　℡089-948-3323
　　バス関係　　℡089-941-3574
伊予鉄南予バス　　℡0894-22-3200
宇和島自動車バスセンター　　℡0895-22-2220
JR四国バス松山支店　　℡089-943-5015
瀬戸内運輸今治営業所　　℡0898-23-3881
瀬戸内周桑バス　　℡0898-72-5639
瀬戸内海交通大三島営業所　　℡0897-82-0076
大三島ブルーライン（今治～大三島）　　℡0898-32-6713
ごごしま船（松山～興居島）　　℡089-961-2034
盛運汽船（宇和島～日振島）　　℡0895-22-4500
中島汽船（松山～中島）　　℡089-997-1221

【参考文献】

『朝倉村誌』上・下　　朝倉村誌編さん委員会編　朝倉村誌編さん委員会　1986・2004
『五十崎町誌』　　五十崎町誌編纂委員会編　五十崎町　1971・2004
『伊方町誌』　　伊方町誌改訂編集委員会編　伊方町　1987
『一本松町史』　　一本松町史編集委員会編　一本松町　1979
『今治城見聞録』　　今治築城・開町400年祭実行委員会編　今治築城・開町400年祭実行委員会　2003
『伊予市誌』　　伊予市誌編さん会編　伊予市　2005
『伊予史料集成2　善応寺文書　付長隆寺文書』(改訂三版)　　景浦勉編　伊予史料集成刊行会　1985
『伊予灘漁民誌』　　渡部文也・高津富男　愛媛県文化振興財団　2001
『伊予の地域史を歩く』　　山内譲　青葉図書　2000
『伊予の遍路道　平成13年度遍路文化の学術整理報告書』　　愛媛県生涯学習センター編　愛媛県生涯学習センター　2002
『伊予三島市史』上・中・下　　伊予三島市史編纂委員会編　伊予三島市　1984-86
『岩城村誌』上・下　　岩城村誌編集委員会編　岩城村　1986
『魚島村誌』自然・歴史編　　村上和馬編　魚島村　1994
『内子町誌』　　内子町誌編纂委員会編　内子町　1971
『宇和島市誌』　　宇和島市誌編さん委員会編　宇和島市　1974
『宇和島の自然と文化』　　宇和島市文化財保護審議会　宇和島文化協会　1985
『宇和町誌』1・2　　宇和町誌編纂委員会編　宇和町　1976・2001
『江戸時代人づくり風土記38　ふるさとの人と知恵　愛媛』　　内田九州男・大石慎三郎ほか監修　農山漁村文化協会　1997
『愛媛温故紀行　明治・大正・昭和の建造物』　　えひめ地域政策研究センター編　えひめ地域政策研究センター　2003
『愛媛県上浦町誌』　　上浦町誌編さん委員会編　上浦町役場　1974
『愛媛県史』原始古代・中世・近世・近代・人物・地誌・年表・資料編考古　　愛媛県史編さん委員会編　愛媛県　1982-89
『愛媛県中世城館跡分布調査報告書』　　愛媛県教育委員会文化振興局編　愛媛県教育委員会　1987
『愛媛県の歴史』　　内田九州男・寺内浩・川岡勉・矢野達雄　山川出版社　2003
『愛媛県の歴史散歩』(新版)　　愛媛県高等学校教育研究会社会部会編　山川出版社　1991
『愛媛県風土記』　　松友孟ほか監修　旺文社　1991
『愛媛の風土と観光』　　愛媛県商工労働部・愛媛県観光協会編　愛媛県商工労働部　1993
『愛媛の文化財』　　愛媛県教育委員会文化財保護課編　愛媛県教育委員会　1993
『大洲市誌』　　大洲市誌編纂会編　大洲市誌編纂会　1972
『大西町誌』　　大西町誌編纂委員会編　大西町教育委員会　1977
『大三島町誌』一般編・大山祇神社編　　大三島町誌編纂会編　大三島町　1988
『風早探訪―北条市の文化財―』　　得居衛　風早歴史文化研究会　1986
『川之江市誌』　　川之江市誌編さん委員会編　川之江市　1984

『川之江市の文化財』　　川之江市教育委員会編　川之江市教育委員会　1992
『菊間町誌』　　菊間町誌編さん委員会編　菊間町　1979・2004
『近世今治物語』　　大成経凡　創風社出版　2000
『久万町誌』　　久万町誌編集委員会編　久万町　1968
『河野氏と伊予の中世』　　網野善彦ほか　愛媛県文化振興財団　1987
『河野氏ゆかりの地をゆく』　　記念誌編集委員会編　風早歴史文化研究会　2000
『西条市誌』　　久門範政編　西条市役所　1966
『重信町誌』　　重信町誌編纂委員会編　重信町　1988
『しまなみ海道の近代化遺産』　　大成経凡　創風社出版　2005
『しまなみ水軍浪漫のみち文化財調査報告書―石造物編―』　　愛媛県教育委員会文化財保護課編　愛媛県教育委員会　2002
『城辺町誌』　　城辺町誌編集委員会編　城辺町　1966
『城辺町誌』続　　続・城辺町誌編集委員会編　城辺町　1983
『城川町誌』　　城川町誌編集委員会編　城川町　1976・99
『新今治市誌』　　今治市誌編さん委員会編　今治市役所　1974
『新宮村誌』歴史・行政編，自然編　　新宮村誌編纂委員会編　新宮村　1998
『新版　わすれかけの街　松山戦前戦後』　　池田洋三　愛媛新聞社　2002
『関前村誌』　　関前村誌編集委員会編　関前村教育委員会　1997
『瀬戸内水軍散歩24コース』　　瀬戸内水軍散歩編集委員会編　山川出版社　2002
『瀬戸内の海人たち』　　森浩一ほか著・瀬戸内しまなみ海道周辺地域振興協議会ほか編　愛媛新聞社・中国新聞社　1997
『瀬戸内の海人たち』Ⅱ　　森浩一ほか著・瀬戸内しまなみ海道周辺地域振興協議会ほか編　愛媛新聞社・中国新聞社　1998
『瀬戸町誌』　　瀬戸町誌編集委員会編　瀬戸町　1986
『玉川町誌』　　玉川町誌編纂委員会編　玉川町　1984
『津島町誌』　　津島町教育委員会編　津島町　1975
『土居町誌』　　土居町教育委員会編　土居町役場　1984
『東予市誌』　　東予市誌編さん委員会編　東予市　1987
『砥部町誌』　　砥部町誌編纂委員会編　砥部町役場　1978
『中島町誌』　　中島町誌編集委員会編　中島町役場　1968
『長浜町誌』　　長浜町誌編纂会編　長浜町誌編纂会　1975
『なみかた誌』　　波方町誌編纂委員会編　波方町教育委員会　1968
『新居浜市史』　　新居浜市史編纂委員会編　新居浜市　1980
『西海町誌』　　西海町誌編集委員会編　西海町　1979
『日本歴史地名大系39　愛媛県の地名』　　大石慎三郎監修　平凡社　1980
『野村郷土誌』　　野村郷土誌編さん委員会編　野村町中央公民館　1964
『伯方町誌』　　伯方町誌編纂委員会編　伯方町誌編纂会　1988
『幕末維新の宇和島藩』　　川崎宏・島津豊幸ほか　愛媛県文化振興財団　2001
『広見町誌』　　広見町誌編さん委員会編　広見町　1985
『広見町の文化財』　　広見町教育委員会編　広見町教育委員会　1996

『ふるさと吉田のお寺さん』　　吉田町史談会編　吉田町史談会　1992
『別子山村史』　　別子山村史編纂委員会編　別子山村　1981
『北条市誌』　　北条市誌編集委員会編　北条市誌編纂会　1981
『北条市の文化財』　　北条市教育委員会編　北条市教育委員会　2003
『松前町誌』　　松前町誌編集委員会編　松前町役場　1979
『松野町誌』　　須田武男編　松野町　1974
『松山市誌』　　松山市誌編集委員会編　松山市　1962
『三崎町誌』　　三崎町誌編集委員会編　三崎町　1985
『御荘町史』　　御荘町史編集委員会編　御荘町　1970
『三間町誌』　　三間町誌編纂委員会編　三間町　1994
『宮窪町誌』　　宮窪町誌編集委員会編　宮窪町　1994
『民家と人間の物語　愛媛・古建築の魅力』　　犬伏武彦　愛媛新聞社　2003
『目黒山形模型並びに関係資料調査報告書』　　松野町教育委員会編　松野町教育委員会　2000
『八幡浜市誌』　　八幡浜市誌編纂会編　八幡浜市　1987
『吉田町誌』上・下　　吉田町誌編纂委員会編　吉田町教育委員会　1971・76
『吉田の文化財』　　吉田町教育委員会編　吉田町教育委員会　1996
『吉海町誌』　　吉海町誌編集委員会編　吉海町　2001
『弓削町誌』　　弓削町役場編　弓削町役場　1986・2004

【年表】

時代	西暦	年号	事項
旧石器時代			鯨遺跡・立石山遺跡(越智郡上島町),金ヶ崎遺跡(今治市)
縄文時代		草創~早期	穴神洞遺跡(西予市),上黒岩岩陰遺跡(上浮穴郡久万高原町)
		前期	中津川洞遺跡(西予市),大見遺跡(今治市)
		中期	水崎遺跡(今治市)
		後期	平城貝塚(南宇和郡愛南町),岩谷遺跡(北宇和郡鬼北町),山神遺跡(上浮穴郡久万高原町),上野遺跡(松山市)
		晩期	叶浦遺跡(今治市),船ヶ谷遺跡・大淵遺跡(松山市)
弥生時代		前期	文京Ⅲ遺跡・持田遺跡・鶴ヶ峠遺跡・西野遺跡(松山市),阿方貝塚・片山貝塚(今治市)
		中期	文京遺跡・大峰ヶ台遺跡・釈迦面山遺跡(松山市),立石山遺跡(越智郡上島町)
		後期	八堂山遺跡(西条市),土壇原遺跡・釜ノ口遺跡(松山市),大窪台遺跡(西予市)
古墳時代		前期	相の谷1号墳(今治市),古照遺跡・宮前遺跡(松山市)
		中期	経石山古墳(松山市),金子山遺跡(新居浜市)
		後期	東宮山古墳(四国中央市),大下田古墳群(伊予郡砥部町),伊予岡古墳群(伊予市),葉佐池古墳(松山市)
大和時代	596	(推古4)	聖徳太子,伊予の湯に浴し,湯の岡に碑を建立
	639	(舒明11)	舒明天皇,皇后とともに伊予の湯に行幸
	661	(斉明7)	斉明天皇,百済救援の途次,熟田津石湯に行幸
奈良時代	713	和銅6	諸国に『風土記』の撰修を命ず
	741	天平13	国分寺建立の詔
平安時代	837	承和4	伊予国大山積神,名神に列せられる
	939	天慶2	藤原純友の乱,宇和島日振島を拠点におこる
	941	4	小野好古・越智好方ら,藤原純友を討つ
	1185	文治元	河野通信,源義経の軍に加わる
鎌倉時代	1221	承久3	承久の乱おこる。河野通信,朝廷に味方する
	1223	貞応2	越智郡大三島の大山祇神社焼失
	1240	延応2	温泉郡石手寺の金剛力士像がつくられる
	1281	弘安4	元軍来寇し,河野通有奮戦する
	1289	正応2	一遍上人没する
	1299	正安元	『一遍聖絵』なる
	1305	嘉元3	和気郡太山寺の本堂,再建される。このころ,石手寺に本堂・仁王門・三重塔・鐘楼など建立
	1315	正和4	宇和郡仏木寺の弘法大師坐像がつくられる
	1333	元弘3	土居通増・得能通綱ら,後醍醐天皇に呼応。長門探題北条時直

時代	西暦	和暦	事項
南北朝時代			の兵を久米郡星ノ岡で破る
	1335	建武2	河野通盛，足利尊氏にしたがい伊予で挙兵。このころ，通盛，道後に湯築城を築き武家方の本拠地とする
	1339	暦応2 延元4	征西大将軍懐良親王，温泉郡中島に行啓し，忽那義範が供奉する
	1342	康永元 興国3	脇屋義助，宮方の軍統率のため今治に来援，国府で病没する
	1350	観応元 正平5	河野通盛，伊予国守護となる
	1365	貞治4 正平20	細川頼之，河野通堯を攻撃する
	1371	応安4 建徳2	越智郡奈良原神社の多宝塔，建立
	1375	8 文中4	桑村郡興隆寺の本堂，再建
	1386	至徳3 元中3	『歯長寺縁起』なる
室町時代	1399	応永6	野間郡菊間荘の加茂神社造営
	1427	34	大山祇神社の本殿，修築
	1431	永享3	東宇和郡龍沢寺，再興
	1443	嘉吉3	西園寺公広，宇和荘代官職となる
	1467	応仁元	応仁の乱はじまる。河野教通(宗家)・通春(予州家)が参戦する
	1475	文明7	宝厳寺の一遍上人木像つくられる
	1481	13	河野通直，石手寺の本堂・山門などを再建
	1564	永禄7	このころ，松浦宗案，日本最古の農書『親民鑑月集』をあらわし，領主土居清良に献上
安土・桃山時代	1581	天正9	西園寺公広，宇和郡歯長寺再建
	1583	11	喜多郡菅田村の少彦名神社，再興
	1584	12	河野通直，長宗我部元親に降伏
	1585	13	豊臣秀吉の四国征討で，小早川隆景が湯築城など伊予国諸城をおとしいれる。河野通直・西園寺公広ら服属する。秀吉，伊予国を小早川隆景らに分与する
	1587	15	戸田勝隆，大洲城主となる
	1588	16	福島正則，湯築城主となる
	1595	文禄4	秀吉，伊予国を加藤嘉明・藤堂高虎に分与する。加藤嘉明，伊予郡松前城を築く
	1596	慶長元	藤堂高虎，宇和郡宇和島城の普請をはじめる
	1597	2	泉貨紙の考案者兵頭太郎右衛門没する
	1600	5	関ヶ原の戦いがおこる。加藤嘉明・藤堂高虎，東軍(徳川家康)に参戦

江戸時代	1602	慶長7	藤堂高虎,越智郡今治城の普請をはじめる
	1603	8	加藤嘉明,松山城を築く
	1604	9	足立重信,河川の開発に従事する
	1609	14	脇坂安治,大洲城主となる
	1614	19	伊達政宗の庶長子秀宗,宇和島藩主となる
	1617	元和3	加藤貞泰,大洲藩主となる。中江藤樹,大洲にくる
	1620	6	新居郡金子村の一宮神社,再建
	1621	7	宇和郡八幡浜の八幡神社,造営
	1623	9	加藤直泰,新谷藩主となる
	1627	寛永4	加藤嘉明,会津若松に転封。蒲生忠知が松山藩主となる
	1631	8	和気郡大宝寺,再興
	1634	11	中江藤樹,近江国に帰る
	1635	12	松平定行が松山藩主,弟松平定房が今治藩主となる
	1636	13	一柳直盛が西条藩主,子一柳直頼が小松藩主となる
	1642	19	松山城の五重天守閣,三重に改築される
	1653	承応2	宇和島藩主伊達宗利,和霊神社創建
	1657	明暦3	宇和島藩主伊達秀宗の2男宗純,吉田藩主となる
	1667	寛文7	松山藩主松平定長,道後湯月八幡宮(伊佐爾波神社)を造営
	1669	9	盤珪永琢,大洲如法寺の住職となる
	1670	10	紀州藩主徳川頼宣の2男松平頼純,西条藩主となる
	1691	元禄4	別子銅山,住友家請負で採掘開始
	1703	16	松山藩預かりの大石主税ら赤穂浪士,切腹
	1732	享保17	伊予各藩で大飢饉おこる。伊予郡筒井村の義農作兵衛餓死する
	1747	延享4	大洲藩校明倫堂設置
	1748	寛延元	宇和島藩校(のちの明倫館)設置
	1775	安永4	大洲如法寺,焼失
	1784	天明4	松山城天守閣,落雷で焼失
	1793	寛政5	吉田領武左衛門一揆おこる
	1795	7	小林一茶,松山に遊び,道後温泉に入浴
	1802	享和2	菊屋新助,伊予絣工法創案
	1803	3	鍵谷カナ,伊予絣を織りはじめる
	1804	文化元	小松藩,儒者近藤篤山を招く
	1808	5	伊能忠敬,測量のため伊予にくる。喜多郡出石寺,再建
	1813	10	儒者尾藤二洲(川之江出身)没する
	1827	文政10	青地林宗(松山出身),『気海観瀾』をあらわす。松山藩校明教館開校
	1829	12	蘭医二宮敬作(卯之町出身),シーボルト事件に連坐する
	1844	弘化元	伊達宗城,宇和島藩主となる
	1848	嘉永元	高野長英,ひそかに宇和島にくる
	1853	6	村田蔵六,伊達宗城に招かれて宇和島にくる

	1854	安政元	松山城天守閣,再建される
	1860	万延元	武田成章(大洲出身),箱館五稜郭築造
	1864	元治元	長州征討に松山・今治藩も参戦
	1867	慶応3	松山藩主松平定昭,老中首席となる
	1868	4	土佐藩士,松山城接収のため松山市街にはいる
明治時代	1869	明治2	伊予8藩,版籍奉還
	1871	4	伊予8藩廃止,8県設置。やがて松山・宇和島2県に統合
	1872	5	松山・宇和島県,石鐵・神山県と改称
	1873	6	石鐵・神山2県廃止され,愛媛県設置
	1874	7	岩村高俊,愛媛県権令に任命される
	1875	8	愛媛県立英学所(のちの松山中学校),設置
	1876	9	伊予尋常師範学校開校。『愛媛新聞』創刊。香川県,愛媛県に統合
	1877	10	特設愛媛県会開設
	1883	16	宇和町開明学校校舎落成
	1885	18	松山歩兵第22連隊創設
	1888	21	道後公園開園。伊予鉄道松山・三津間開通。香川県,愛媛県から分離する
	1889	22	松山,市制施行
	1891	24	児島惟謙(宇和島出身),大津事件を裁く
	1892	25	四国新道開通
	1893	26	正岡子規(松山出身),俳句革新運動をおこす
	1894	27	日清戦争がおこり,松山歩兵第22連隊出征。道後温泉本館(三層楼)落成。今治タオル製造はじまる
	1895	28	夏目漱石,松山中学校に赴任
	1897	30	正岡子規ら,俳句雑誌『ホトトギス』創刊。大和田建樹(宇和島出身),「鉄道唱歌」つくる
	1904	37	日露戦争おこる。松山にロシア兵俘虜収容所をおく
	1905	38	松山歩兵第22連隊,旅順攻撃に参戦する
	1906	39	夏目漱石,「坊っちゃん」を『ホトトギス』に発表。桜井忠温(松山出身),『肉弾』刊行。高浜港開港式をあげる
	1909	42	三津浜港起工式をあげる
	1910	43	松山城,松山公園として開放される
	1911	44	市内電車松山・道後間開通
大正時代	1918	大正7	米騒動,郡中・松山・宇和島などでおこる
	1919	8	松山高等学校開校
	1921	10	久松定謨伯別邸,松山城山麓に落成する
	1923	12	松山高等商業学校開校
	1925	14	子規堂,正宗寺境内に設置
	1927	昭和2	国有鉄道高松・松山間開通

時代	西暦	和暦	事項
昭和時代	1929	昭和4	愛媛県庁舎落成
	1936	11	愛媛県観光協会発足
	1939	14	新居浜高等工業学校開校，第二次世界大戦はじまる
	1941	16	NHK松山放送局，放送開始。日本，米英へ宣戦布告
	1945	20	国鉄予讃線，宇和島まで開通する。今治・松山・宇和島など空襲をうける。第二次世界大戦おわる
	1949	24	愛媛大学・松山商科大学開学
	1950	25	松山国際観光温泉文化都市法制定。昭和天皇，四国に巡幸
	1953	28	第8回国民体育大会，松山市などで開催
	1954	29	南海放送局，放送開始
	1956	31	松山空港，民間航空場として開設される
	1957	32	NHK松山中央放送局，テレビ放送開始
	1960	35	上黒岩岩陰遺跡発見される
	1970	45	石鎚スカイライン開通
	1972	47	愛媛県立美術館開館。古照遺跡発見される
	1973	48	別子銅山閉山
	1979	54	愛媛県政100周年記念行事，挙行。『愛媛県史』編纂事業，開始。瀬戸内海大橋・大三島橋開通
	1980	55	愛媛県文化振興財団設立
	1985	60	南予レクリエーション都市南楽園，開設
	1986	61	愛媛県民文化会館落成
平成時代	1990	平成2	第5回国民文化祭，愛媛県で開催
	1994	6	愛媛県歴史文化博物館開館。大江健三郎(内子町出身)，ノーベル文学賞受賞。道後温泉本館，国の重要文化財に指定される
	1997	9	河後森城跡国指定史跡となる
	1998	10	愛媛県立美術館・えひめこどもの城，落成
	1999	11	瀬戸内しまなみ海道開通
	2000	12	松山中央公園野球場(坊っちゃんスタジアム)落成
	2001	13	ハワイ沖で宇和島水産高校の実習船えひめ丸，アメリカの原子力潜水艦に衝突され沈没
	2002	14	湯築城跡，国指定史跡となる
	2003	15	愛媛県武道館新築なる。市町合併行われる(新居浜市)
	2004	16	「えひめ町並博2004」開催。大洲城天守閣，復元。市町村合併行われる(四国中央市・西予市・久万高原町〈上浮穴郡〉・東温市・愛南町〈南宇和郡〉・上島町〈越智郡〉・西条市)
	2005	17	市町村合併行われる(内子町〈喜多郡〉・鬼北町〈北宇和郡〉・砥部町〈伊予郡〉・松山市・大洲市・今治市・八幡浜市・伊方町〈西宇和郡〉・伊予市・宇和島市)。永納山城跡，国指定史跡となる

【索引】

―ア―

愛松亭 ……………………………………6
アイテムえひめ ………………………25
青地林宗の墓 …………………………23
阿方貝塚 ………………………………76
商いと暮らし博物館(内子町歴史民俗資料館) ………………………………166
秋山好古・真之兄弟の生誕地 ………7
朝倉ふるさと美術古墳館 ………98, 99
旭醤油醸造場 ………………………212
朝日文楽 ……………………………180
朝日山古墳 …………………………139
足摺宇和海国立公園 …………209, 210
赤蔵ヶ池 …………………………65, 68
足立重信 …………………………7, 23
穴神洞遺跡 …………………………192
あばれみこし …………………………37
甘崎城跡 ………………………………89
天野喜四郎元明 ……………………135
天山 ……………………………………54
天山1号墳 ……………………………54
綾延神社 ……………………………118
粟島神社 ……………………………160
安国寺 …………………………………52
安藤神社 ……………………………213
安藤継明忠死の碑 …………………213
安徳の窟 ……………………………137
安養寺(今治市) ……………………80
安養寺(南宇和郡愛南町) …………228
安楽寺 ………………………………187

―イ―

医王寺 ……………………………52, 53
五十崎大凧合戦 ……………………169
五十崎凧博物館 ……………………169
伊加奈志神社 ………………………100
いさ踊り ……………………………205
伊佐爾波神社 ……………………16, 22
石崎汽船本社 ……………………6, 26

石鎚山 ……………68, 113, 115, 119, 164
石鎚神社 ……………………………113
石手寺 …………………………14, 18-20, 22
伊曽乃神社 ……………………106, 108-110
一宮神社 ………………………131, 132
五つ鹿踊り …………………………217
一草庵 ……………………………21, 22
一遍 ……………………………15, 66, 87
井手家住宅 ……………………………96
稲荎神社 ……………………………140
稲荷山公園 …………………………160
伊吹八幡神社 …………………207, 217
今治街道 …………………………5, 34
今治市河野美術館 ……………………74
今治城跡 ………………………………72
今治地域地場産業振興センター ……74
今治藩主の墓 …………………………83
いもたき ……………………………157
伊予稲荷神社 …………………………45
伊予岡八幡神社 ………………………42
伊予岡八幡神社古墳群 ………………42
伊予神楽 ………………………205, 217
伊予軍印 ……………………………144
伊予源之丞人形頭 ……………………24
伊予港(旧称萬安港・郡中港) ……44
『伊予小松藩会所日記』 ……………115
伊豫豆比古命神社(椿神社) ……47, 55
伊予節 ……………………………11, 51
伊予万歳 ………………………………11
岩城八幡神社 …………………………91
石清水八幡宮 ………………………100
岩谷遺跡 ……………………………218
岩屋寺 ……………………………15, 65, 66
石湯行宮 …………………………30, 50

―ウ―

鵜飼い ………………………………157
牛神古墳 ………………………………98
内子座 …………………………167-169

馬島	94
馬立本陣跡	140
宇摩向山古墳	139
海山城展望公園	96
梅の堂	170, 171
宇和海中公園	226
宇和米博物館	183
宇和島城	197-199
宇和島市立伊達博物館	200, 204, 207
宇和島市立歴史資料館	208
宇和先哲記念館	185
宇和津彦神社	204
宇和民具館	184

―エ―

永納山城	121, 122
栄福寺	100
江口貝塚	95, 96
江湖	161
茘原城跡	56, 57, 59
愛媛県紙産業技術センター	144
愛媛県歴史文化博物館	186, 187, 198
愛媛蚕種(旧日進館)	174, 175
愛媛人物博物館(県民メモリアルホール)	
	59
愛媛文華館	73
愛媛民芸館	105, 106
衛門三郎	19, 57, 59
円蔵寺	95
円通寺	124
円福寺	8, 11
円明寺	28

―オ―

大可賀新田	25
大木遺跡	92
大下田古墳群	58, 59
おおず赤煉瓦館	156
大洲街道	5, 165
大洲城	151, 152
大洲神社	156, 157
大洲の巨石遺跡	160

大洲和紙	168
大館氏明	85, 120
大西神社	140
大西藤山歴史資料館	96
大西元武	140
大三島	87, 89
大村家	165, 166
大森城跡(宇和島市)	215
大森城(南宇和郡愛南町)	225
大森彦七	41, 61, 88
大山祇神社(今治市大三島町)	51, 65, 74,
75, 79, 87, 126, 132, 142, 173	
大山積神社(新居浜市)	126
大除城跡	63, 64
岡城跡	182
岡村島の弓祈禱	90
沖浦観音(瑞龍寺)	162, 163
おしぶの森	118
王至森寺	112
越智玉興	12
越智玉澄	74, 80, 142
乙亥大相撲	189
面河渓	67
面河山岳博物館	68
雄甲城跡	40

―カ―

櫂練り	32
鍵谷カナ頌功堂	24
河後森城跡	220
笠取峠	141
笠松山城跡	99
鹿島	31, 33
鹿島城跡	31
鹿島神社	32
柏坂遍路道	222
歌仙の滝	97
勝軍八幡神社	55
加藤貞泰	152-154, 158, 161
加藤泰興(月窓)	43, 152, 157, 158, 168
加藤嘉明	7, 8, 18, 41, 49, 65

鐘踊り	140
金子城主累代の墓所	133
金子山古墳	133
金子城跡	133
樺崎砲台跡	208
鎌大師	33, 34
上浦歴史民俗資料館	89
上黒岩岩陰遺跡	66, 67
上島町の島々	90
紙のまち資料館	137, 144
上芳我家	165, 166
亀山城跡	91
蒲生忠知	4, 5, 8, 11, 43
加茂神社	97
唐子台古墳群	84
臥龍山荘	155, 156
川上神社	52
川上神社古墳	52
川瀬歌舞伎	65
川田雄琴の墓	157
河内寺	131
川之江八幡神社	137
かわらがはな窯跡	46
かわら館	97
歓喜坑	124
歓喜光寺	229
観自在寺	222, 223, 225
甘藷地蔵	89
観念寺	119, 120
観音水	104
姜沆顕彰碑	149, 150

―キ―

菊屋新助の墓	12
来住廃寺跡	48, 50
鬼女伝説	61
喜多浦八幡神社	90
義農作兵衛の墓	42
紀親安	191
樹之本古墳	98, 99
鬼北文楽	217
客神社	97
木屋旅館	202
旧開明学校	183, 184
旧庄屋長屋門(西予市三瓶町下泊)	180
旧庄屋毛利家住宅	216
旧白石和太郎洋館	174
旧等妙寺跡	218
旧東洋紡績赤レンガ倉庫	175
旧端出場水力発電所	125
旧平磯水底線陸揚室	179
旧広瀬邸	128
旧三浦邸(岩城郷土館)	91
旧三崎精錬所焼窯	179
旧山中家住宅	67
暁雨館	144
行基	27, 28, 48, 53
経石山古墳	17, 20

―ク―

久貢屋敷	135
久貢山	135
櫛玉比売命神社	36
櫛玉比売命神社古墳	37
鯨山古墳	79, 80
愚陀仏庵	6, 7
口屋跡記念公民館	131
忽那義範	29
国津比古命神社	36, 37
窪野八つ鹿踊り	191
熊野神社(四国中央市)	140
久万美術館	65
久妙寺	118
久米官衙遺跡群	48, 50
久米窪田Ⅱ遺跡	50
久米高畑遺跡	50
栗田樗堂	10
来島城跡	94, 95
来島(越智)通総	31, 34, 75, 93, 99
黒島神社	133
黒瀬城	182
桑名神社	30

軍艦波止(旧正野谷桟橋) …………179	薦田踊り ……………………………144
―ケ・コ―	薦田神社 ……………………………144
芸予要塞……………………………94	金剛院(光明寺) ……………………111
鶏卵饅頭……………………………75	近藤篤山邸 …………………………116
顕手院 ………………………………190	金毘羅街道(讃岐街道) ………5, 49, 52, 114
向雲寺………………………………89	―サ―
香園寺 ………………………………115	西園寺宣久の墓 ……………………207
甲ガ森城跡 …………………………192	西条市考古歴史館 ……………111, 112
興願寺 ………………………………142	西条市こどもの国 …………………106
光教寺 ………………………………184	西条市立小松温芳図書館 …………114
仰西渠 ……………………………62, 63	西条市立西条郷土博物館 …………106
興聖寺………………………………4	西條神社 ………………………110, 111
庚申庵 ……………………………10, 11	西条藩陣屋跡 …………………105, 106
興善寺 ………………………………157	西条祭り ………………………106, 109
光徳院(歓喜寺) ……………………38	彩浜館…………………………………45
香渡晋の墓 …………………………160	最明寺 ……………………………33, 34
河野通有 ……………………………45	斉明天皇……………………14, 30, 88
河野通朝 …………………………34, 121	西林寺 ……………………………50, 51
河野通朝並びに来島水軍の墓所……34	樟の森 ………………………………139
河野通盛 …………………………16, 17, 39	坂本屋 ………………………………59
広福寺 ………………………………219	坂本龍馬 ………………………141, 159
広福寺遺跡 …………………………219, 220	桜井漆器会館 ………………………83
弘法大師(空海) ……19, 27, 28, 66, 106, 139, 140, 164, 214, 223	さざえ堀 ……………………………45
	篠山神社 ………………………228-230
弘法水 ………………………………106	佐多岬灯台 ……………………177, 178
高龍寺 ………………………………93	三角寺 ………………………………139
興隆寺(西山寺) …………………118, 119	三皇神社 ……………………………139
光林寺 ………………………………100	三島村上水軍 ………………………93
国分城(国府城)跡…………………86	―シ―
国分寺………………………………29, 84-86	塩成の堀切 …………………………176
国分寺塔跡 ………………………84, 86	子規堂 ………………………………4
国分尼寺塔跡 ………………………81	慈眼寺 ……………………………132, 133
五色浜………………………………45	四国カルスト ………………………68
児島惟謙 ……………………199, 202, 215	四国中央市歴史考古博物館 ………137
児島惟謙生誕地 ……………………202	志島ヶ原 ……………………………82
五反田の柱祭り ……………………171	七間塚古墳 …………………………98
古照遺跡……………………………12	歯長寺 ………………………………186
小早川隆景 ……18, 34, 40, 64, 110, 132, 152	至徳堂(中江藤樹邸跡) ………152, 153
小林一茶 …………………………10, 33, 139	東雲神社 …………………………9, 11
小松陣屋跡 ……………………114, 116	芝不器男記念館 ……………………220

七五三ヶ浦遺跡	96
下柏の大柏	139
下谷八幡神社	137
十八人塚	34
出石寺	150, 163, 164
祥雲寺	91
上甲家住宅	212
定光寺	91
庄古墳群	35
生子山城	126
正宗寺	4
常信寺	20-22
乗禅寺	77, 78
浄土寺	47, 48
正法寺	215
証名寺	93
庄薬師堂	35, 36
浄瑠璃寺	59
白木城跡	187
城川地質館	191
城川文書館	192
申義堂	183, 184
新城山古墳群	35

―ス・セ・ソ―

瑞応寺	126-128
須賀の森(須賀公園)	176, 177
住友化学愛媛工場歴史資料館	130
西江寺	206
西予市明浜歴史民俗資料館	181
西予市立城川歴史民俗資料館	192
清楽寺	115
清良神社	216
石造層塔(伊予市大平字曽根)	46
世田山城跡	99, 120
泉貨居士の墓	187
善光寺薬師堂	219
千秋寺	22
栴檀寺(世田薬師)	121
善応寺	39, 40
千疋峠	99
善福寺	93
仙遊寺	100
仙龍寺	139
曹渓院	153, 154, 158
奏者社	55
宗昌寺	34, 37, 38
外泊	226, 227

―タ―

大恩寺	160
太山寺	14, 27, 28
大乗寺	210, 211
大信寺	213
大禅寺	154
大蟲宗吟	34, 37
大通寺	34
泰之山城跡	28
太平記の里	85
泰平寺	201
大宝寺(上浮穴郡久万高原町)	64-66
大宝寺(松山市)	12
ダイヤモンド水	123
大隆寺	203, 206
大林寺	11
高峠城	110
鷹取山城跡	99
高縄山	40
高野長英	186, 200, 201, 206, 207, 225
高野長英居住地跡	206
高野長英築造の台場跡(久良砲台)	207, 225
高野長英の隠れ家	185
高橋製錬所跡	123
高浜街道	5
高浜虚子	17
高原大空古墳群	144
高山の鯨塚	181
高山の石仏	160
多岐神社	98
多岐神社古墳群	98
多々羅遺跡	89

立石山遺跡	91
伊達秀宗	196, 198, 200, 203, 205, 211, 217
伊達宗純	211, 213
伊達宗紀	176, 181, 199, 200, 201, 206
伊達宗利	170, 173, 198-200
伊達宗城	199-201, 204, 206, 208, 225
伊達村候	205, 206
種田山頭火	21, 22, 67
玉川近代美術館	100
俵津文楽	180, 181
端華の森古墳	139

―チ・ツ・テ―

長円寺跡石造宝篋印塔	78, 79
継ぎ獅子	73, 97
綱敷天満宮	82
椿神社	47, 55
禎祥寺	104
テクスポート今治	77
天赦園	200, 201
天神花踊り	217
伝宗寺	178
天徳寺	22
天満神社（宇和島市鬼北町清水）	217
天満神社（宇和島市三浦）	205
天満神社（宇和島市三間町曽根）	217

―ト―

土居構跡（久門氏邸）	108-110
土居清良	216
土居家住宅	188
等覚寺	170, 171, 203
東宮山古墳	138
陶芸の里・砥部	60
道後温泉本館	13-15, 20, 22
道後公園	16-18
道後村めぐり	17
陶祖ヶ丘	60
藤堂高虎	7, 72, 75, 86, 87, 89, 150-152, 164, 173, 197, 198, 204
土釜社	137
戸祇御前山	219

常盤城跡	225
常盤神社	115
土佐街道	5, 56, 58, 59, 62, 140, 141
豊島家住宅	56
戸たてずの庄屋	229
砥部焼	60-63
砥部町文化会館郷土資料展示室	59
砥部町陶芸創作館	60, 63
砥部焼伝統産業会館	60, 63
鳥居門	186
どろんこ祭り	191

―ナ―

内藤鳴雪の髭塔	4
中津川洞遺跡	192
中町の町並み	184
長浜大橋	161
中山琴主	144
灘町の家並み	43
夏目漱石	4, 6, 7, 15, 17, 27, 111
波方歴史民俗資料館	96
楢原山	100
奈良原神社	99, 100
楢本神社	110
南光院	124
南光坊	75, 76
難波奥の谷古墳	35

―ニ・ヌ―

新谷藩陣屋跡	158
熟田津	30
二之丸史跡庭園（松山城）	5, 11
二宮敬作	149, 174, 185
二宮忠八	172
新張城跡	57
鈍川温泉	99
「日本における電信の黎明」記念碑	149
如法寺	156-158, 163
鵺伝説	68

―ノ―

能島城跡	92
野々瀬古墳群	98

野間馬ハイランド……………………80	福島正則………………………18, 86
野間覚庵石造五輪塔(野間の双つ墓)……79	福見寺……………………………53
野間神社石造宝篋印塔………………78	藤原純友………………86, 158, 209
野間坪之内石造五輪塔(大墓)………79	藤原純友城跡……………………228
─ハ─	札之辻……………………………5, 49
伯方ふるさと歴史公園………………90	仏心寺…………………………114, 115
萩の岡貝塚……………………………89	仏殿城跡(川之江城)………………136
波止浜…………………………………95	仏木寺……………………………214
芭蕉塚………………………………34	船奉行御屋敷跡……………………162
八堂山遺跡……………………111, 112	文化の森公園………………………39
八幡神社(上浮穴郡久万高原町)………65	文中年間の板碑(松山市)……………29
八幡神社(西宇和郡伊方町)…………177	─ヘ─
八幡神社(八幡浜市)…………………171	平家谷……………………………175
岬アジ・岬サバ………………………179	別宮大山祇神社……………………74
盤珪………………………………158, 163	別子銅山………………………92, 123-130
萬翠荘(愛媛県美術館分館郷土美術館)	別子銅山記念館……………………126
……………………………6, 26	別子銅山口屋跡……………………130
繁多寺……………………………47, 49	別子山……………………………123
─ヒ─	別子ライン…………………………125
日尾八幡神社…………………47, 49	別名の大楠…………………………80
東野お茶屋跡………………………20	─ホ─
日暮別邸……………………………92	保安寺……………………………171
斐光園………………………………172	法安寺……………………………117
肱川あらし…………………………163	峰翁祖一(大暁禅師)………………34
尾藤二洲の記念碑…………………136	報恩寺……………………………192
一柳直盛…………………………105, 114	法眼寺……………………………160
一柳直頼…………………………114	保国寺……………………………108
一柳頼徳………………………111, 112, 114	宝厳寺………………………15, 16, 22
一人相撲……………………………87	宝寿寺……………………………115
日振島……………………………209	北条鹿島博物展示館………………31
白業寺……………………………215	宝蔵寺……………………………100
平岡通倚の墓………………………59	法通寺……………………………176
平城貝塚………………………224, 225	法華津峠…………………………210
広瀬公園……………………………128	星ノ岡……………………………54
広瀬宰平………………………123, 128-130	星岡表忠之碑………………………55
広瀬歴史記念館……………………129	法華寺……………………………81
─フ─	坊っちゃん列車……………………27
深尾権太輔光清………………134, 135	穂積陳重………………………199, 202, 207
福岡八幡神社………………………118	穂積八束………………………199, 202
ふぐざぐ……………………………135	堀切大橋…………………………176

本芳我家	165, 166

―マ―

真穴の座敷雛	173
マイントピア別子	125, 126
前神寺	110, 113
前原巧山の墓	206
正岡子規	4, 7, 13, 15, 17, 55, 59, 74
松前(正木)城跡	41
正木の花とり踊り	229
増田の花取り踊り	228
魔住が窪地蔵堂	61
町家資料館	166
松尾峠	227, 228
松尾芭蕉	74, 76
松平(久松)定勝	8, 9
松平定房	83, 84
松平定通	9, 10
松平(久松)定行	8, 11, 14, 20, 21, 84, 119
松平頼純	105, 110, 132
松平頼啓	106, 134
松野町立目黒ふるさと館	221
松葉城跡	181, 182
松山市考古館	12
松山市北条ふるさと館	39
松山城	5, 7-9, 18, 20, 23
松山市立子規記念博物館	17, 22
真鍋記念館	111
真鍋家住宅	137, 138
満願寺	99
万福寺	55

―ミ―

御幸寺	21
三坂峠	56, 59, 62, 65
三島神社(今治市)	80
三島神社(上浮穴郡久万高原町)	65
三島神社(西条市)	115
三島神社(四国中央市)	141, 142
三島神社(西予市)	191
三島神社(東温市)	51
三島神社(八幡浜市)	172
三島陣屋跡	141
水ガ森城	182
水引工芸	143
三瀬諸淵(周三)	148, 149, 154
三瀬諸淵生家跡	148
三滝渓谷自然公園	192
三滝城跡	190-192
三滝神社	191
三津内港	26
水満田古墳群	58
美名瀬橋	175
港三島神社	27
港山城(跡)	26, 27
御三戸嶽	67
宮内家の邸宅	43
妙見山古墳	96
明正寺	133, 134
三輪田米山(常貞)	47, 48

―ム―

村上水軍博物館	93
村上武吉	86, 93
村上義弘の墓[伝]	93
村田蔵六(大村益次郎)	149, 185, 200, 201
村田蔵六住居跡	201
村山神社	144

―メ・モ―

明教館	10
明石寺(あげいしさん)	187
明倫堂跡	149
目黒山形模型	221
雌甲城跡	40
木蠟資料館上芳我邸	166
元城跡	171
本山城跡	29
文殊院	57

―ヤ―

八釜甌穴	68
野球拳	11
八雲神社	144
八坂寺	59

八ツ塚古墳群	57
矢筈の池	230
山根製錬所	126
山本尚徳頌徳碑	154, 155
八幡山	93
山家清兵衛の墓（おたまえさん・和霊廟）	206

―ユ・ヨ―

弓削神社	91
湯神社	14
湯築城跡	17, 22
八日市・護国の町並み	165
養正館跡	116, 117
横峰寺	115
横山城跡	40
吉井勇の歌碑	34
吉海郷土文化センター	93
吉田藩陣屋跡	211, 212
吉田ふれあい国安の郷	212

―ラ・リ・ロ―

来応寺	207
来迎寺	22
蘭塔場	124, 127
龍ガ森城跡	190
龍光寺	214
竜神社	95
龍沢寺	188-190
龍門山城跡	99
領界石［伊予国・土佐国］	228
霊仙山城跡	99
龍馬脱藩之日記念館	159
麟鳳閣	159
蠟生産	167
ロシア人墓地	22
ロシア人捕虜	23

―ワ―

脇屋義助の墓	86
渡部家住宅	57, 58
蕨岡家	228, 229
和霊神社	196, 207

【写真所蔵・提供者，協力者】(五十音順，敬称略)

石鎚神社	住友化学株式会社愛媛工場
伊曽乃神社	住友共同電力
一宮神社	西予市城川総合支所
井上修	西予市野村総合支所
今治市教育委員会	岬藝社
今治地方観光協会	宗昌寺
伊予鉄道	高橋利光
内子町総合観光センター	南光院
大洲市役所	新居浜市商工観光課
大西町	新居浜市体育文化課
大山祇神社	原印刷株式会社
紙のまち資料館	広瀬歴史記念館
顕手院	仏木寺
河内寺	保国寺
財団法人愛媛県観光協会	宝厳寺
慈眼寺	松山市教育委員会
歯長寺	三瓶高校
社団法人新居浜市観光協会	明正寺
十輪寺	八雲神社
出石寺	八幡浜市商工観光課
瑞応寺	湯築城資料館
瑞龍寺	

本書に掲載した地図の作成にあたっては，国土地理院長の承認を得て，同院発行の50万分の1地方図，20万分の1地勢図，5万分の1地形図，数値地図25000(空間データ基盤)，数値地図2500(空間データ基盤)を使用したものである(平15総使，第46-3081)(平15総使，第47-3081)(平15総使，第48-3081)(平15総使，第108-3081号)(平15総使，第184-3081号)。

【執筆者】(五十音順)

編集・執筆

赤壁一彦 あかかべかずひこ(県立土居高校)
安宅理 あたぎおさむ(県立吉田高校)
遠藤真治 えんどうしんじ(松山大学)
丹下厚法 たんげあつのり(県立松山西中等教育学校)
中島康史 なかじまやすし(愛媛県教育委員会)
本田信芳 ほんだのぶよし(県立川之石高校)
松澤仁志 まつざわひとし(県総合教育センター)

執筆

池田達也 いけだたつや(県立今治東中等教育学校)
伊藤嘉浩 いとうよしひろ(県立松山北高校)
井原恒久 いはらつねひさ(県立三島高校)
加藤哲夫 かとうてつお(前宇和島東高校)
門田邦彦 かどたくにひこ(前済美平成中等教育学校)
北尾哲也 きたおてつや(県立松山南高校)
楠禎裕 くすのきよしひろ(県立松山商業高校)
郷田智成 ごうだともなり(前県立伊予高校)
髙津富男 こうづとみお(県立松山西中等教育学校)
島瀬省吾 しませしょうご(愛媛県教育委員会)
白石成二 しらいしせいじ(岡山理科大学)
野澤道生 のざわみちお(県立松山東高校)
芳我明彦 はがあきひこ(前県立内子高校)
日野親雄 ひのちかお(県立川之江高校)
藤原俊邦 ふじわらとしくに(県立宇和高校)

歴史散歩㊳

愛媛県の歴史散歩

| 2006年3月30日　1版1刷発行 | 2020年7月30日　1版3刷発行 |

編者―――愛媛県高等学校教育研究会地理歴史・公民部会
発行者――野澤伸平
発行所――株式会社山川出版社

〒101-0047　東京都千代田区内神田1-13-13
電話　03(3293)8131(営業)　　03(3293)8135(編集)
https://www.yamakawa.co.jp/　振替　00120-9-43993

印刷所――図書印刷株式会社
製本所――株式会社ブロケード
装幀―――菊地信義
装画―――岸並千珠子
地図―――東京地図出版株式会社

© Nobuyoshi Honda et al. 2006　Printed in Japan　ISBN 978-4-634-24638-6
・造本には十分注意しておりますが、万一、落丁・乱丁などがございましたら、小社営業部宛にお送りください。送料小社負担にてお取り替えいたします。
・定価は表紙に表示してあります。

愛媛県全図
都道府県界
市郡界
町村界
新幹線
JR線
私鉄線
高速道路
有料道路
国道
県庁
平家ヶ岳
1066
錦町
本郷村
廿日市市
広島市
坂町
広島湾
熊野町
呉市
馬糞ヶ岳
985
にしきちょう
大竹市
美和町
弥山
530
厳島
(宮島)
おおのうら
おおたけ
江田島
西能美島
江田島市
休山
501
くれ
黒瀬川
周南市
美川町
錦川
和木町
阿多田島
いわくに大竹市
大黒神島
東能美島
倉橋島
中国自動車道
山陽自動車道
蓮華山
676
周東町
岩国市
玖珂町
高照寺山
645
門前川
安芸灘
甲島
岩徳線
すおうたかもり
ゆう
由宇町
手島
鹿島
端島
横島
とくやま
下松市
くだまつ
光市
柳井市
岩国市
柱島
黒島
津和地島
怒和島
ひかり
いわた
前島
笠戸湾
頭島
浮島
二神島
笠戸島
島田川
田布施町
やない
嘉納山
685
片島
杵崎
平生町
屋代島
(周防大島)
馬島
周防大島町
防予諸島
尾島
牛島
佐合島
皇座山
527
由利島
沖家室島
長島
横島
柳井市
掛津島
大水無瀬島
周防灘
小祝島
祝島
上関町
平郡島
小水無瀬島
天田島
姫島村
青島
姫島
宇和島
八島
大洲市
伊予
亀崎
平根崎
国見町
瀬戸内海
肱川
壺神山
971
いよながはま
伊予灘
尻付山
587
両子山
720
豊後高田市
国東町
国東港
国東半島
大洲市
黒津崎
武蔵町
いよおおず
西宇和郡伊方町
鞍掛山
629
大分空港
たていし
安岐町
杵築市
きつき
大分空港道路
見晴山
395
川之石港
やわたはま
女子岬
八幡浜市
松山自動車道
佐田岬半島
白石鼻
権現鼻
梶谷鼻
大島
地大島
うのまち
日出バイパス
おおが
ひじ
日出町
別府湾
速吸瀬戸
(豊予海峡)
佐田岬
宇和海
別府市
大分川
大野川
大分市
大崎鼻
むでん
べっぷ
おおいた
つるさき
日豊本線
高島
関崎
いよよしだ
吉田港
宇和島湾
赤崎鼻
嘉島
こうざき
きさい
うわじま
大分自動車道
米良有料道路
東九州自動車道
戸島
むかいのおる
大分県
さしうす
臼杵湾
日振島
黒島
横島
御座ヶ岳
797
豊肥本線
うすき
楠屋鼻
保戸島
豊後水道
津久見湾
御五神島
宇和島市
いぬかい
竹ヶ島
つくみ
津久見市
蒲戸崎
観音岳
782
豊後大野市
臼杵市
すがお
大入島
由良岬
南宇和
愛南
内海
みえまち
佩楯山
754
佐伯湾
番匠川
大島
さいき
ぶんごきよかわ
なおかわ
鶴御崎
鹿島
横島
西海有料道路
元越山
582
佐伯市
高茂岬
黒崎